D1827116

E/Mブックス⑪

アレックス・コックス

本書の目次

上下とも『レポマン』

上下とも『ウォーカー』

『シド アンド ナンシー』

『シド アンド ナンシー』

『イングランド・グローリー』（マーティン・ターナー監督）

『PNDC エル・パトレイロ』

『ザ・ウィナー』

『デス＆コンパス』

DARK HORSE COMICS
GODZILLA
KING OF THE MONSTERS
ゴジラ
GODZILLA
9
$2.50 US
ALEX COX
BRANDON McKINNEY
ANDREW PEPOY
JUSTIN BLOOMER
LOST IN TIME!
GODZILLA RUNS AMOK!
DIRECT SALES

INSIDE: WIN A FREE BARB WIRE TRIUMPH MOTORCYCLE!
WE HAVE SEEN THE FUTURE, AND IT HAS BEEN DESTROYED BY
DARK HORSE COMICS
GODZILLA
KING OF THE MONSTERS
ゴジラ
GODZILLA
12
$2.95 US
ALEX COX
BRANDON McKINNEY
ANDREW PEPOY
DIRECT SALES

アレックス・コックス原作によるコミックス版『ゴジラ』

『REVENGERS TRAGEDY(復讐者の悲劇)』

『REVENGERS TRAGEDY(復讐者の悲劇)』

『シド アンド ナンシー』撮影中のアレックス・コックス

第一部
アレックス・コックス フィルム・アナーキスト
Alex Cox : Film Anarchist

スティーヴン・ポール・デイヴィーズ 著
鈴木玲子 訳

謝辞

まずアレックス・コックスには、人生についても仕事についても進んで話をしてもらえたことに深く感謝申し上げたい。また、トッド・デイヴィーズにも特別に感謝の意を捧げたい。本書に掲載された写真については次の方々から協力を賜った。ピーター・マッカーシー、マーティン・ターナー（『レポマン』）、石熊勝己、根岸邦明。また、快く取材に応じてくださった次の方々にも深く感謝申し上げる。クリストファー・エクレストン、エリック・フェルナー、ニック・ジョーンズ、デイヴィッド・ヘイマン、ミゲル・サンドヴァル、ピーター・ボイル、ダン・ウール、アビー・ウール、ザンダー・ショロス、ルディ・ワーリッツァー、そして「フィルム・コメント」誌のギャヴィン・スミス。最後に本書の企画に興味を示して多大なる協力を賜ったデニス・ホッパーには深く感謝の念を捧げたい。

【凡例】
原則として、映画作品は『 』で、書名、劇作品名、テレビ作品は「 」で、店名（映画館、ホテル含）、雑誌名は〔 〕で包んだ。また、原註は( )で、訳註は[ ]で包んだ。作品タイトルは、日本未公開作品および日本未翻訳作品は、訳題の後に丸カッコで包んで原 題を原語表記している。

序文

デニス・ホッパー

初めてアレックス・コックスと出会ったのは、サンセット・ストリップで大してうまくもないホットドッグをかじりながらだった。彼はひょろ長くやせこけた赤毛の青年で、リヴァプール訛りでしゃべった。当時、フルブライト奨学金を得て、UCLAに留学中だった。『レポマン』というタイトルの映画を撮りたいのだと言った。一九八三年のことである。彼は私にその映画に出演してくれと言った。面白そうな役だった。話し合いは淡々と進んだが、そのうち、どこからも金を出してもらえそうにないことがわかってきた。結局、その役はハリー・ディーン・スタントンがやった。良い出来だったし、デビュー作としては確かな一歩だったと思う。シュール・リアリズムっぽい味わいのある面白い作品で、興行的にも成功した。そのあと、『シドアンドナンシー』を観た。すごい映画だった。どんな映画をも凌駕する圧倒的な力があった。どんな映画にも見られなかったやりかたでひとつの時代や空間をとらえており、すばらしい感情的体験をさせてもらった。SM、麻薬、パンク、ロックンロール、そして感覚の抹殺。映画を観ているうちに、主人公シド・ヴィシャスとともに自滅していくような気分にさせられる。傑作だ！二十世紀のもっとも重要な映画の一本だと思う。『シドアンドナンシー』により、アレックス・コックスは私個人の夢の監督クラブのメンバー入りを果たした。一九八七年、私はアレックス・コックスやデイヴィッド・リンチ、ビガス・ルナ、ヴィム・ヴェンダース、そして私自身を含めた映画監督を集めて、新しい会社を発足させた。しかし、この夢は資金繰りの問題で短命に終わった。

それでも、私は一九八七年に『ストレート・トゥ・ヘル』でアレックスと一緒に仕事をする機会を得た。このときはスペインのアルメリアまで行って、グレイス・ジョーンズと共演した。撮影はわずか一日だけ。演じたのはI・G・ファーベンという役で、ブリーフケースに自動小銃を隠し持って射った。偶然だが、I・G・ファーベンというのはヒトラーに銃を供給していたドイツの実業家と同じ名前である。

どこへ行ってもちやほやされるアレックスは、まさに全知全能だった。カンヌでは『シドアンドナンシー』が絶賛されたが、それも至極もっともなことだった。彼は三日間で一本の脚本を書き上げると、銃撃戦の撮影をするためにスペインへ向かった。『ウォーカー』はメキシコで準備をするには時間がかかりそうなので、ニカラグアに行かなくてはならなくなりそうだった。私が一日だけの撮影のためにスペインへ着いたとき、『ストレート・トゥ・ヘル』は混乱しきったロックのコンサート会場のような有様になっていた。穏やかな躁状態にあった彼は、昼食の席で興味があるのは力だけだと語った。彼が欲しがっていたのは力だった。しかも、ふんだんに。ロスアンジェルスでは、『ストレート・トゥ・ヘル』より先に『ウォーカー』のことを語っていた。スペインでも再びその話題になった。この作品は製作費を集めるのにだいぶ苦労したようだったが、結局、彼はニカラグアに行き、サンディニスタ国民解放戦線のおかげで撮影を終わらせることができた。主人公のウォーカーはエド・ハリスが演じた。

　私はアレックスに、たった一日の撮影にしてはＩ・Ｇ・ファーベンのセリフが多過ぎると思うと伝えた。そして、カメラに顔を向けているときだけセリフをしゃべって、背を向けているときはしゃべっているふりをするだけではどうかと提案した。うまくタイミングを取って、あとでその部分のセリフを録音すればいいと言ったのである。最初、アレックスは私のアイディアに尻込みしているようだったが、実際にやって見せたところ、すぐに賛成してくれた。そして、メイキャップに五時間かけたグレイス・ジョーンズが登場すると、すべてがうまくいった。グレイス・ジョーンズは輝くような美しい女性である。個人的には、彼女はメイキャップの前のほうがきれいだったと思っているが、彼女の美しさはその強い自信から来ているのだろう。私と彼女は最小限のことをしただけで出演シーンの撮影を終わった。『ストレート・トゥ・ヘル』はロスアンジェルスのスタジオ・シティにある〈ピック・ウィック・ドライヴイン〉で行われたノアイユ夫妻のためのプライヴェート試写会で観た。だらだらと長ったらしいが、ときおり天才的ひらめきを感じさせる作品だった。『ウォーカー』を観たときも同じような感想を抱いたが、『ウォーカー』のほうが作品として優

れていて、歴史的価値もあるのではないかと思う。ただ、それは『ストレート・トゥ・ヘル』にも言えることだが。これはジェイムズ・ジョイス風のやりかたでマカロニ・ウエスタンに捧げられたオマージュである。その後、私はアレックスと彼のパートナーのトッド・デイヴィーズを雇って、『バックトラック（ハートに火をつけて）』のリライトを依頼した。また、アレックスにはD・H・ローレンスの幽霊役をやってもらうことにした。何とすばらしい経験だったことか。脚本家として、彼は熱心かつしっかりした仕事ぶりを示し、口ひげといい発音といい、完璧な俳優ぶりをも見せてくれた。演技がすばらしかっただけでなく、見た目もローレンスそっくりであった。

　見事な職人芸を見せてくれた佳作『PNDCエル・パトレイロ』も観た。無駄のない脚本と撮影法には強い感銘を受けた。アレックス・コックスは着実に自分の道を歩んでいる。一度もその道をはずれることなく、しかも今は以前よりもっと親しみやすい道になっているような気がする。無駄がなく、テンポの良い映画作り。見ているだけで嬉しくなる。

　話は少し脇にそれるが、彼と〔ウエスト・ビーチ・カフェ〕で昼食を楽しんだ折に、私が『ラストムービー』(71)を撮影したペルーの山岳地帯で活発化していた左翼主義者たちの革命運動「輝ける道」について話し合った。そのとき、私は彼に自分は共和党員だと告げた。彼は信じようとしないので、新たな上院議員を選出したことを讃える意味でもらった共和党員証を見せたのである。すると、彼はいきなりそれをつかみ、まっぷたつに破ってしまうと、「あんたは労働者階級の英雄のはずじゃないか！」と叫んだ。私はおたおたしながら、「そうだよ。ただ、どでかい政府っていうのが好きじゃないんだ」と言い訳した。このとき、彼は私の話に耳を貸そうとしなかった。貸す気は毛頭なかったようだし、その必要もなかった。絶対的な力というものが生まれる必要がある。絶対的な力は崩れる運命にある。だから、それを生み出しつづけ、そして崩しつづけろ。きみならできる。しかも、見事にな。

きみのアミーゴ
デニス・ホッパー

第一章
序

「この世に本物の天才があらわれると、
馬鹿どもがいっせいに徒党を組んで邪魔をしようとすることから、
そうだとわかるのである」
ジョナサン・スウィフト

アレックス・コックスはつねに瀬戸際の人生を送っている。完全にアンチ・ハリウッドというわけではないが、いわゆるメイン・ストリームの映画作りのありかたには根本的な間違いがあると強く信じている。

「映画監督の中には、ハリウッドにまったく居場所のない連中がいる。それはハリウッドのスタジオを所有しているのが、ひそかに軍事産業あるいはマフィアと結託している大企業だということと関係がある。映画産業は戦争を支援し、白人のヤッピーたちにどんどん子孫を増やせと鼓舞することこそ、自らの使命だと思っているんだ。それに賛同できない者は完全に疎外されるしかない」

コックスこそ、本物の一匹狼の映画監督である。イギリス出身の彼と同世代、あるいは彼よりもっと若い世代の映画監督にも、彼ほどアメリカで高い名声を獲得した者はそれほど多くない。映画にパンク・スピリットを吹き込んだ彼が、そのセンスを高く評価されたのは言うまでもない。それだけでなく、さらに主流の映画界での商業的成功と、映画ファンのあいだのカルト的人気の両方を獲得したのである。『レポマン』や『シド アンド ナンシー』といった作品によって、アレックス・コックスはカルト映画界屈指の映画作家として高い評価を得るに至った。その後、『ウォーカー』、『PNDCエル・パトレイロ』、『デス&コンパス』という一連の実験的作品を世に送り出し、その独自の世界と質の高さとを維持しつづけるとともに、従来の伝統的な映画表現やストーリー表現からの脱却を図ってきた。本書『アレックス・コックス:フィルム・アナーキスト』は、映画監督としての彼の半生の記録であり、また彼が生みだした豊かで多彩な作品群を貫く熱い情熱の正体を明らかにするものである。

アレックス・コックスがただの映画監督ではなく、映画評論家としても非凡な才能の持ち主であることは、誰にも異論をはさむ余地のない事実である。彼は七年間にわたってロングラン放映されたイギリスBBC2のシリーズ番組「ムーヴィードローム」の司会を務めたが、そのクラシック作品の紹介ぶりはきわめてユニークで、思わずつり込まれずにはいられない面白さに満ち、日曜の夜には何百万という人々をブラウン管の前に釘付けにしてきた。いわゆるふつうの映画評論家と違い、コックスが映画を語るときは実に容赦なく、むごいほどストレートな表現を使って、ふつうの会話と同じような調子で切り込んでいく。その言葉はよどみなく、熱く、生き生きとしていて、よくある言い古された表現の模倣しかしない評論に比べると、非常に自由闊達である。

本書はコックス本人が全面的に内容を承認した彼の評伝であり、彼が自分の人生、これまで成し遂げてきた仕事や受けてきたおもな影響などについて、初めて詳しく語ってくれたことをもとに書いたものである。彼へのインタヴューは十二ヶ月間にわたって、おもにロンドンとリヴァプールで行われたが、ときには遠く離れたところにいる彼へ長距離電話をかけなくてはならないこともあった。どんなときでも、私は彼が自分の作品とその反響について自らの言葉で語るのを、心から感嘆しつつ耳を傾けた。もちろん、その中には『レポマン』や『シドアンドナンシー』がいまだにカルトな人気を維持していることや、独自のアナーキーなブラック・コメディとして撮った『ストレート・トゥ・ヘル』が完全に誤解されていることに対する自身の思いも含まれている。また、パンク・シーンに対する彼の意見が明らかにされるとともに、それによって勃発したジョニー・ロットンとの熱い論争、最初は監督としてたずさわったもののトラブルだらけでたちまち降板した『ラスベガスをやっつけろ』の一件、ハンター・S・トンプソンとの狂気に満ちた出会いなどの逸話も、赤裸々に語られている。さらに、彼のハリウッド文化に対する嫌悪やメキシコ映画界礼賛についても詳細につづられているが、特にユニークなメキシコ映画界と密接にかかわることになったいきさつについては、彼自身が詳しく説明してくれている。

これはアレックス・コックスの初めての伝記本である。また、本書の全編にわたって掲載されている数々の映画撮影中のスナップ写真も、コックス自身の協力によって得られたものであることを書き添えておきたい。

スティーヴン・ポール・デイヴィーズ

第二章
リヴァプールからロスアンジェルスへ

「せっかくこの世に出て来ながら何の波乱も
巻き起こせないようなものは、検討にも我慢にも値しない」
ルネ・シャール

映画監督としてその才能を高く評価されるアレックス・コックスが、世間の人間たちとは違うところを初めて見せつけたのは、この世に生を受けたまさにその日のことだった。彼はクラッターブリッジ病院で「もっとも長身の」（「もっとも大きな」とは違う）赤ん坊として誕生した。「リヴァプール人」ということになってはいるが、厳密に言うとそうではない。いわゆる「川向こう」の生まれだからだ。一九五四年十二月十五日、彼はリヴァプール郊外で生まれた。

子供時代を過ごしたのはベビングトンである。実家は堅実な中流家庭で、父親はエルズミア港内のバーマー石油で技師として働いていた。母親は、彼の言葉によれば、「プロの母親」であった。一見、完璧なまでに「ふつうの」子供時代を送ったかのようだが、コックスにはつねにアウトサイダーであるという感じがあった。セント・アンドリュース小学校に在学中のころ、彼は自分がほかの子供たちとは少し違うということをはっきりと認識する。

「ある時期までは、ぼくもほかの子供たちと一緒によく遊んでいたんだ。ところが、九歳になったころ、男の子たちはいっせいにサッカーに夢中になりはじめた。ぼくだけはまだ女の子たちと遊んでいた。ほかの子たちはぼくを変なやつだと思ったようだ。それで、ぼくも仲間はずれにされたような気分になった」

セント・アンドリュース小学校で過ごしたのどかな日々も、彼が「子供向けの監獄」と呼ぶ男子校ウィラル・グラマー・スクールに入学した時点で終わりを告げた。ここは社会党が政権を握ったときのハロルド・ウイルソン首相の出身校で、のちにコックスはやはりウイルソンと同じオックスフォードへと進むことになる。

後年、かなり破壊的な内容の歴史大作『ウォーカー』が、その内容からして当然のことながら左翼的な雰囲気の中から生まれてきたことには、このウイルソンの存在が大きく影響している。ある時期、イギリスでは社会主義が圧倒的優勢を誇り、左翼的思想を持つことは非常にふつうのことだった。コックスもまた、右翼的な人間たちが揃って個人の財産に執着するという現実を奇異なものとしてとらえていた。

「すべてを所有しているのは国家であり、したがって国民がすべてを所有していた。ブリティッシュ・テレコム社と英国航空の総収益は、国民健康保険やぼくたちの教育のための財源となっていたわけだ。ぼくもいずれは、あらゆるものが国家の所有となるんだろうって思っていたよ。だが、それは共産主義者たちが考えている社会とはまったく違う。共産主義者というのは、資本主義者と同じくらい頭がおかしいからね。彼らが考えているような社会ではなく、年に二週間は誰でも保養地のバトリン・センターでゆっくりできるような、社会主義の楽園みたいなものさ！　ぼくの信念は多分に地理的なことにも関連している。イギリス北部出身者は保守党員になんて、なれっこないんだ！　それこそ、頭がおかしくないとできないことだよ！　北部では右翼が優勢なんだが、金がない。国内の金はすべてイギリス南部に集中してしまうから、北部は貧乏で遅れている。そういう一方的な優位との戦闘を繰り広げなくてはならないんだから、当然、反体制的になる。支配的な文化との戦闘状態の中で成長すれば、体制、つまりイギリスでは当然ロンドンになるわけだけど、そこに反抗的になるのも当然なんだよ。でも、いろんなことの変貌ぶりを見ると、実に不気味だね。最近、人の話を聞いていると、何から何まですごく右寄りなんだ」

コックスが演出したブレヒト作品「アルトゥロ・ウイの興隆」の舞台におけるフィリップ・フランクス

一九八七年、コックスは右翼体制を攻撃する絶好のチャンスに飛びついた。彼は十九世紀にニカラグアを武力制圧したウィリアム・ウォーカーの実話を用いて、ニカラグアで民主的に選出されたサンディニスタ政府［ニカラグアでは左翼武力革命組織サンディニスタ民族解放戦線が一九七九年に革命政権を樹立した］に対して代理戦争を仕掛けた当時のレーガン政権を非難した。「ウィリアム・ウォーカーはアメリカ人の殺し屋だったんだ。オリヴァー・ノース［アメリカの国粋主義者で知られるジャーナリスト］・タイプの海賊みたいなものだな」

　十代のコックスは、暇さえあればリヴァプール市内の映画館で過ごしていた。〔ABC〕、〔オデオン〕、〔スカラ〕、〔フューチャリスト〕といった映画館のほか、〔JC〕と〔タトラー〕というふたつの漫画映画専門の劇場にも足しげく通った。ちなみに、この二館はのちにきわめて怪しげなソフトポルノ映画上映館に変わり、さらにそのあとアート系の劇場へと変身したが、ついに二館とも取り壊されてショッピング・センターとなった。そうなってしまう前の短いアート系劇場の時代に、コックスは多大なる影響を受けた一本の映画と出会う。彼は〔タトラー〕で三十五ミリ版『キング・コング』（メリアン・C・クーパー、アーネスト・B・シュードサック、33）を観たのである。上映後、劇場からリヴァプールの街へ出たとき、見慣れた街にいかにマンハッタンとの共通点が多いかに気づき、彼は愕然としたという。

「リヴァプール市街の中心部には、巨大なスケールで建てられたビルが並んでいた。建物の幅がひとつのブロックを占めてしまうほど大きいんだ。はるばる大西洋を船で渡ってきた外国人たちを感動させるために、わざとそんなふうに街を作ったんだよ。外国人たちは〔リヴァー・ビル〕や〔クナード・ビル〕、保険会社のビルなどを見てすっかり感心し、〔アデルフィ・ホテル〕に宿泊した。あのころのリヴァプールは、本当に大したものだったんだ。まるでニューヨークの亡霊のようだった」

　祖父が〔ABC〕の支配人と知り合いだった関係で、十四歳のコックスは成人指定の『ワイルドバンチ』（サム・ペキンパー、69）も見せてもらうことができた。またスカラでは、マカロニ・ウエスタン『情無用のジャンゴ』（ジュリオ・クエスティ、66）のニヒリズムにぞくぞくするような刺激を受けた。コックスはこの二本の映画の暴力描写に大きな興味を抱き、そのスタイルは後年『ウォーカー』や『ストレート・トゥ・ヘル』にも取り入れられることとなる。

　オックスフォード大学に入学する前、コックスは一年間学校を離れて、パリのレ・フィルム・マルブーフ社という映画会社で働くこととなった。しかし、それは想像していたような華やかさとは、かけ離れた世界だった。彼は請求書を送ったり、領収書をファイルしたりといった仕事をするだけの、いわゆる雑用係に過ぎなかった。落胆した彼はマージーサイドへ舞い戻り、地元のBBCラジオ局でテープ編集のアルバイトをはじめた。

　だが、時代はまさに科学万能とうたわれた六十年代であった。子供たちはとにかく、未来のテクノロジーの進歩に寄与するような教育を受けなくてはならないという風潮があった。したがって、学校でも科学や工学技術に重点が置かれていた。コックスは実験室にこもって貴重な時間をつぶしてしまうのがいやで、やむなく両親もそれを受け入れたが、その代わり、芸術活動などではない何か「まともな職業」に就くようにと彼を諭した。そこで、彼はオックスフォード大学のウースター・カレッジに入学し、一九七三年から一九七六年まで法律を学んだ。

しかし、オックスフォードでは決して勉学に夢中になることができなかった。冷たい事実と統計と理論とが山ほど並べられるだけで、とっくの昔に情熱も関心も失った教授たちの授業に飽き飽きした彼は、すかさずここから脱出する策を練ることにした。彼は一計を講じ、ある朝、学内教会の司祭のところへ悩みを相談しに行ったのである。そして、神妙な面もちでロウス牧師に向かい、法律学の勉強に飽きたので、できることなら哲学と神学に専攻を変えたいのだが、変えたあとでまた同じ結果になりはしないかと思うと辛くて仕方がないと告白した。翌朝、個別指導の部屋に行ってみると、彼の指導教官だったフランシス・レナルズはいきなり、次のように切り出した。

「アルトゥロ・ウイの興隆」で「花屋」のジュゼッペ・ジヴォーラに扮したウィリ・ガミナーラ

「で、コックスくん、哲学か神学に専攻を変えようと思っているそうだが、本当かね？」

　裏切られたような気分になり、彼は法学部に残ることにしたものの、やはりろくに勉強はしなかった。その代わり、演劇に深くのめり込んだ。ジョー・オートンの「葬式ゲーム(Funeral Games)」や「素晴らしき戦争(Oh, What a Lovely War)」、ピーター・バーンズの「魅せられて(The Bewitched)」の舞台劇など、このころの彼は演劇にさかんに出演していた。演劇や映画への情熱をはっきりと認識した彼は、もはや芸術の世界でキャリアを持つ以外の生きかたはできないと悟ったのだった。

　かろうじて指導教官たちを満足させる程度の勉強はしたが、コックスは残りの時間をすべて演劇に費やした。ベルトルト・ブレヒトの「アルトゥロ・ウイの興隆」の舞台ではフィリップ・フランクスを演出した。当時、彼はコックスの一年後輩で、英語を専攻していた。

「あのブレヒトの芝居では、アレックスは自分も出演者のひとりとなり、ヒトラーに誇張した動作を指導する役を演じていた。あのとき、彼は『市民ケーン』(オーソン・ウェルズ、41)のスチル写真を参考にしながら、非常に優雅な映画的舞台を作り出していたよ。本当にすばらしかった。

「アルトゥロ・ウイの興隆」のリハーサル風景。左からリチャード・バートン、ピーター・バーンハード、フィリップ・フランクス、アレックス・コックス、リチャード・ロングワース、ニック・ハント。

1976年6月、<オックスフォード・プレイハウス>において上演された舞台「キャバレー」のダンサーたち

オックスフォードに演劇科があったら、きっとアレックスもぼくもそっちに進んでいただろうね。彼はずっとジェイコブ派の悲劇に大きな関心があって、「モルフィ公爵夫人」を舞台化するために自分で考えた舞台デザインを見せてくれたこともある。ポスト・ホロコーストの世界に設定されていて、瓦礫のあいだを人々がのたくり回るってものだった」

　オックスフォードには、映画科も演劇科もなかった。あったとしたら、コックスもほかの大勢の仲間たちとともに、一も二もなく専攻変えをしていたことだろう。頻繁に映画館に通う熱心な映画好きの学生たちは、大学側からはほとんど、あるいは一切の援助を得ることなく、自力で研究グループを作るしかなかったのである。

　フランクスはこのオックスフォードの演劇愛好者たちのグループに身を置き、そこでコックスと知り合い、親交を深めた。

「アレックスはかなり目立った存在だった。パンクっぽくて、ブラシみたいなボサボサ頭に、こちらをじっと見つめる鋭い目が印象的だった。アメリカのものに夢中だったから、彼がアメリカに行くことになったときも少しも意外ではなかったね。非常にエネルギッシュなのに、ふだんは素直で穏やかで、むしろ間抜けなくらいだった。だから、映画を撮るようになって、彼が斬新で暴力的な作品を作り出したのにはかなり驚かされた。ぼくは彼を温和な男だと見ていたから。オックスフォードにいたころの彼は、社会に歯をむいて野蛮な反抗心をむきだしにするタイプというより、明るいアナーキストといった感じだった。何年も経ったある日、ソーホーのウォードア・ストリートで偶然、彼を見かけたことがあったんだ。映画のリールを山ほど抱えて歩いていたよ。彼だと思った次の瞬間、あのあたりにたくさんある製作会社のひとつへと姿を消していった。ＢＢＣの「ムーヴィードローム」に出演している彼を見たのもそのころだった。ああ、ちっとも変わってないって、嬉しく思ったよ」

オックスフォード在学中、コックスは古い消防署を改造して劇場に仕立ててしまったのだが、そこではサム・シェパードが書いた「馬気違いの地図（Geography of a Horse Dreamer）」の舞台を演出した。また、かろうじて期末試験を切り抜けながらオックスフォードの〈プレイハウス劇場〉にコネをつけ、ミュージカル「キャバレー」の演出を担当した。

その後、コックスは大学院生としてブリストル大学のラジオ・映画・テレビ研究科で一年学ぶが、これはそれほど楽しい経験とはならなかった。それは主としてブリストルの気候が原因だった。

「あそこでは毎日のように雨が降っていた。のどかで楽しいオックスフォードとは大違いだった。オックスフォードではいつでも一流のものが見られたし、カンカン帽やシルクハットをかぶった洒落た人たちが町に溢れていたのに対し、ブリストルは実に陰鬱だった。あそこでは少しも楽しいことはなかったな」

転機は一九七七年の夏にやってきた。彼はテレビのプロデューサーになるためのＬＷＴ大学院生研修に落ちた。その代わり、フルブライト奨学金を得て（これこそ「幸運な脱出」だった）、カリフォルニア大学ロスアンジェルス校で評論研究を一年、映画製作を二年勉強できることになった。ロスアンジェルスへ移るというのは、当時、彼を「まともな職業」に就かせようとしていた人々全員の期待に反する、かなり明白な反逆行為であった。コックスにとって、人生の目的は必ずしも金を稼ぐことではなかった。彼の心の中には、自らの芸術的才能を伸ばしていきたいという気持ちがつねにあった。

「あのころ、家族からは頭がおかしくなったと思われたようだ。芸術の世界できちんとしたキャリアを築いて金を稼ぐなんて、とうていあり得ないと思われていたから。両親はぼくが法学で学位を取ったことには一応喜んでくれたものの、それを捨てて女々しい演劇の道に進むことにはかなり不満だった」

コックスはロスアンジェルスを「ブリストルより十倍ひどい町」と呼び、あまり好きになれなかったのだが、脚本家か監督になって映画の世界で名を挙げたいのなら最高の場所には違いないと判断した。結局、彼は一九七七年から一九八五年までの八年間をロスアンジェルスで過ごすことになる。

UCLA在学中、コックスはローズ＝マリー・ターコの『傷跡をつけられて(Scarred)』で助監督を務める機会を得た。このプロジェクトはそもそもターコ自身が手を付けたもので、最終的にはアメリカン・フィルム・インスティテュートとナショナル・エンドウメント・フォー・アーツからの寄付金を得て完成した。撮影を担当したマイケル・マイナーは、やがてコックス自身が監督する学生映

誰かハメる算段か。スマック・ヘイスティに扮したボブ・ローゼン(左)とオジー・マンバーに扮したビル・ウッド

画でも撮影監督を務め、のちに『ロボコップ』(ポール・ヴァーホーヴェン、87)の脚本を書いて成功を納めることとなる。ジェニファー・メイヨが主人公のルビー・スターに扮し、家賃と子供の生活費とを稼ぐために通りで客を拾う若い売春婦役を演じた。これは、いわば『真夜中のカーボーイ』(ジョン・シュレシンジャー、69)でジョン・ヴォイトが演じたバックの女性版といったキャラクターであった。この作品は搾取される弱者を描くというありきたりな内容ではなく、女性の前向きで積極的な生きかたを描いていたところに特徴があった。また、この作品ではコックスはポルノ映画スターの役で出演もしており、数人の女たちにベッドに縛りつけられ、セックスの相手ではなく、ただのおもちゃ扱いされて弄ばれるという役どころを熱演している。このシーンはポルノ産業に対してフェミニスト的な立場から反論するという、この映画の主旨そのものに沿ったものだった。このあと、コックスはいよいよ初の監督作品と取り組むこととなる。

彼が監督として初めて撮ったこの作品にはもともと『エッジ・シティ(EdgeCity)』というタイトルが付けられていたのだが、あとから友人たちに『眠りは弱虫たちのためにある(Sleep Is for Sissies)』と呼ばれるようになった。コックスはどちらのタイトルにするのか決断することができず。結局、最終的な編集段階でも両方のタイトルが使われることになった。オープニングのところでは《Edge City》と出るが、エンディングには《Sleep Is for Sissies》と出るのだ。製作予算は八千ドルで、これはすべてコックス自身がUCLA在学中にさまざまなアルバイトをして貯めた貯金から捻出された。大学で教員のアシスタントをしたり、フィルム保管庫で働いたりしたほか、在学中に書いた脚本がジャック・ニコルソン脚本賞を受賞して得た賞金の二千ドルもあった。こうして貯めた金に、正確な金額はわからない程度の若干の追加資金を用意して、彼は四十分の学生映画を作ることとなったのである。撮影のほとんどを担当したマイケル・マイナーは、すでにヘリコプターからコマーシャル撮影をこなすような大がかりな仕事を経験していた。そこで、コックスは映画の冒頭で使うために、空から撮ったロスアンジェルスの三種類のショットをマイナーから購入した。このときの撮影に加わったトム・リッチモンドは、のちにコックスのマカロニ・ウエスタン『ストレート・トゥ・ヘル』の撮影を担当することになる。

ロスアンジェルス市内で二年をかけて作られた『眠りは弱虫たちのためにある(Sleep Is for Sissies)』は、ロスアンジェルスと呼ばれる「エッジ・シティ」、つまりぎりぎりの厳

『エッジ・シティ(眠りは弱虫たちのためにある)』でオジー・マンバー役を演じるビル・ウッド

しい現実をつきつける大都会に翻弄され、最後には狂ってしまう若きイギリス人アーティスト、ロイ・ロウリングズ(コックス自身が演じた)の物語である。ここでは、ロスアンジェルスは何でもないことに過敏に反応するいかがわしい警察が支配する、空虚な大都会として描かれている。通りでラテン系の住民たちを殴打する警察官や、サンディニスタ革命を支持するデモ行進といった、リアルな描写も盛り込まれている。

　また、主人公以外にも風変わりなキャラクターが登場する。かつて父親の運転手だった老人と一緒にビッグ・サー(カリフォルニア州モンタレーの海岸)に建てられたフラードームで暮らすヒッピー娘や、不払い物件の回収業者でもあるプロの殺し屋、銀行強盗、悪質な移住斡旋業者といった具合だ。作品の内容そのものは非常にわかりにくいものだったが、すばらしいラストが用意されていた。シド・ヴィシャスが「マイ・ウェイ」を歌うシーンである。

「六十年代後半から七十年代初めにかけて、そうだな、一九七三年ごろまで、面白い映画がたくさん作られた。そのあと、映画は急に保守的になった。もともとアウトローの役で人気を得るようになった俳優たち、たとえばマカロニ・ウエスタンで賞金稼ぎになっていたクリント・イーストウッドや『駅馬車』(ジョン・フォード、39)でリンゴ・キッドに扮したジョン・ウェインなどが、引退する直前のころになったら警官の役ばかりやるようになった。『ダーティハリー』(ドン・シーゲル、71)はすごい映画だと思ったが、その一方で、反逆的なヒーローから人々を引き離し、体制側あるいは権威側にヒーローを押しつけようとする意図的傾向が映画業界全体に漂うのを感じ、不安になった。決して良い方向に向かっているとは思えなかったんだ。それは前向きな姿勢ではなく、六十年代の反動に過ぎないわけだからね。

このころUCLAにいたぼくは、パンク・ムーヴメントに強烈な関心を持っていた。クラッシュ、ジャム、999、スペシャルズ、セレクターのようなイギリスのバンドがやって来ると、必ず見に行ったよ。それに、フィアーやサークル・ジャークス、スーサイダル・テンダンシーズといった地元のロスアンジェルスのバンドもよく見たな。ぼく自身も反体制的な映画を作りたいと、かなり情熱を燃やすようになっていた」

しかし、『眠りは弱虫たちのためにある』は七十年代に映画業界で起きつつあったことに対する、単なる反抗ではなかった。コックスは「現実の世界」へ出て行く前にいろいろなことを実験して、UCLA在学中の時間を有効に使うべきだと感じていた。

「あの学生映画については、編集し過ぎたと感じている。実は、五十分ヴァージョンになっていた時期があったんだが、その時点ではわりとわかりやすいものだったんだ。でも、少し経つとストーリーがいかにも陳腐なものに思えてきて、恥ずかしくなった。それで、わざともっとわかりにくくしようと、十分カットしてしまったんだ。編集のための時間を取り過ぎたせいだ。でもね、たいていの場合、わかりにくいほうが良いってことのほうが多い」

『眠りは弱虫たちのためにある』の断片的なナレーションはドナルド・キャメルとニック・ローグの『パフォーマンス／青春の罠』(68)を彷彿とさせ、また、同時に何十ものトラックを重ねた音響効果もすばらしいものであった。シンセサイザーが登場する前の電子音と、不安感を駆り立てるような声との複雑な組み合わせが、混沌とした内面を象徴させながら、緊張感と破滅の予感とを生み出していた。しかも、「いいかい、私は絶対に事前に前金を払ったりしない。だいたい、あんた、アメリカについて何を知ってるんだ?」といったような、さりげないセリフが効果的に使われていた。興味深いのは、もともとハリー・ディーン・スタントンの出演が予定されていたことである。だが、『エイリアン』（リドリー・スコット、79）への出演が決まったために、実現しなかったのだ。

UCLAでの留学を終えたコックスは、この学生映画をひっさげてイギリスへ帰国し、どこかで試写会を開けないものかと動きまわった。ナショナル・フィルム・シアターにも電話して、上映してもらおうと説得に当たった。このとき、上映会に誰が出席するかが問題になった。リンゼイ・アンダーソンは？ ニック・ローグはどうか？ 幸い、ふたりともロンドンの電話帳に名前が記載されていたので、コックスはまったく面識のないまま、いきなり電話をかけた。アンダーソンからは都合が悪いと言って断られたが、ローグは快諾してくれた。こうして一九八一年、ナショナル・フィルム・シアターでの上映会が開かれたのである。しかし、一本の学生映画だけではその後の製作に結びつかず、結局は、本当の意味で映画作りのサポートが得られるのはやはりアメリカだと悟ることになった。やむなく、彼はロスアンジェルスに戻ることにした。

それから何ヶ月ものあいだ、仕事を求めて手紙を出しては断られるという日々がつづいた。定収入はなく、生

『エッジ・シティ』のロケ地となったロスアンジェルス市内のサン・ペドロ港

活費だけがかさんでいった。ところが、一九八二年の春、まさに棚からぼた餅といった臨時収入が舞い込んだ。彼はバイク運転中に事故に遭って足を骨折し、相手の女性が加入していた保険会社から一万ドルの保険金を受け取ったのである。このおかげで、仕事を探しつづける期間の生活費をまかなうことができた。

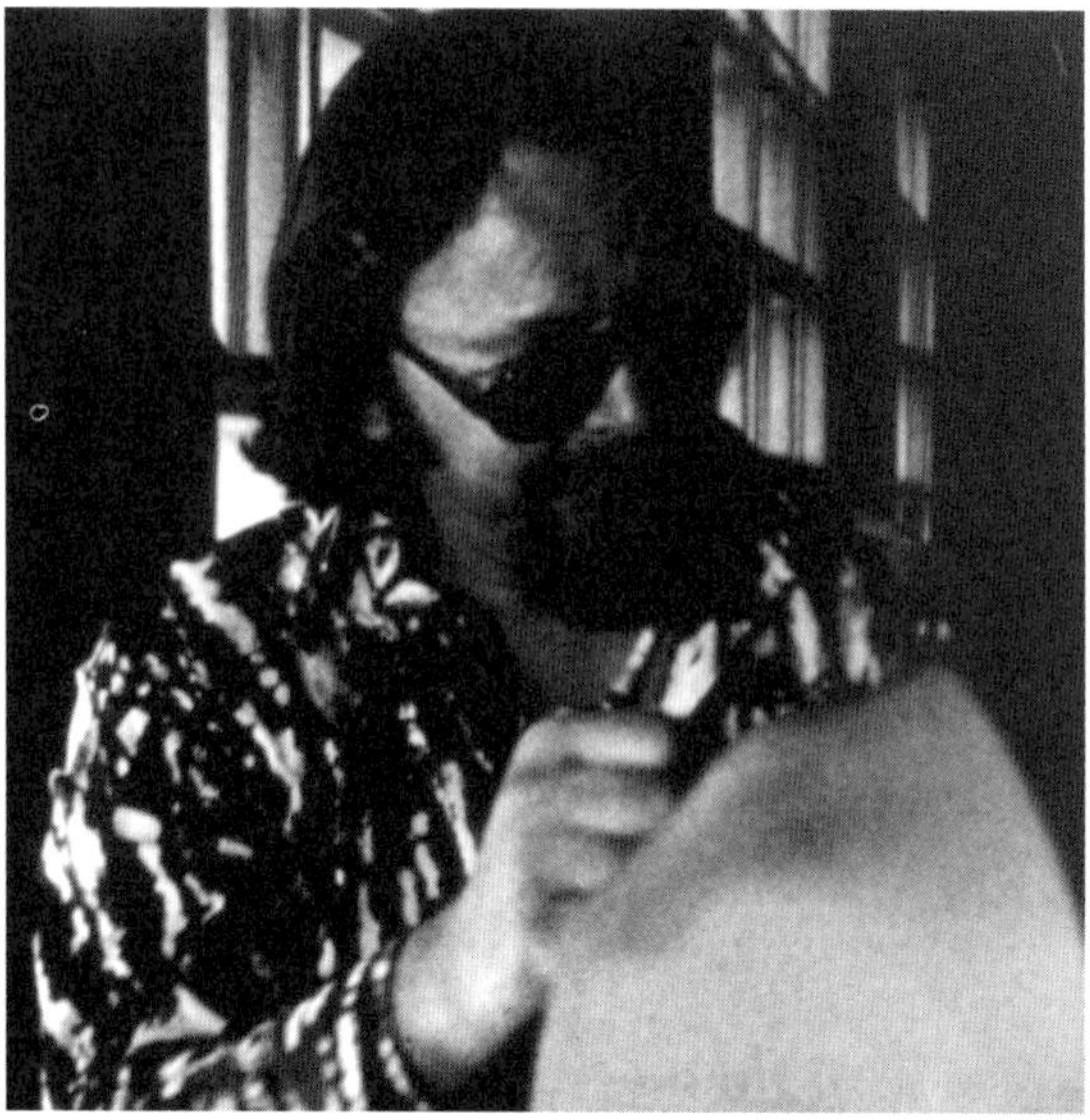

「俺は絶対に事前に前金を渡したりしないんだ」。スマック・ヘイスティ役のボブ・ローゼン

やがて、ＵＣＬＡ時代に書いた脚本に目を留めてもらえたことから、コックスは何とかステファニー・マンというエージェントについてもらえることになった。彼女は一九八二年の終わりまでに、彼が書いた脚本を次々にハリウッドの映画製作会社に送りつけては、重役たちとの会見をセッティングした。しかし、競争の厳しいハリウッドで脚本家としての最初の仕事を得るためには、かなり強烈なインパクトを与える必要があることは明らかだった。そこで一計を講じ、かなり大胆な行動に出ることにしたのである。ＭＧＭ／ＵＡから会いたいという電話をもらったある日、いよいよ、その計画は実行に移されることとなった。

バイク事故による怪我のためにまだ松葉杖を使っていたコックスは、友人で俳優のエド・パンスーロの運転する車でＭＧＭ／ＵＡのオフィスへ到着した。パンスーロは元軍人のがっしりした体格の男で、ＬＡＰＤ（ロサンゼルス市警察）のロゴのついた帽子をかぶっていた。彼はまるで逮捕した犯人を護送するかのようにコックスをＭＧＭのビルへと連れ込むと、当惑する重役に向かい、いきなり「お約束があるっていうので、この男を連れて来ました。ミーティングはどこでやるんですか？　隣の部屋を見せてもらえますか？　部屋とのあいだのドアには、ちゃんと鍵がかかってます？　それなら、よし！」とまくしたてた。そして、最後に「私は廊下で待機しています。十分だけ差し上げましょう」と言ってのけたのだった。

コックスは重役との話し合いのあいだ、廊下で待機するパンスーロについては一度も触れることなく、第一次世界大戦のパシャンデールの激戦の夜、イギリス軍に対する反乱を引き起こした脱走兵パーシー・トップリスの物語を、気さくな調子で語りつづけた。失業中のコンビが繰り広げた奇妙なデモンストレーションに毒気を抜かれた重役たちは、まんまとコックスに関心を寄せ、のちに「アウト・オブ・オーダー・パーシー（Out of Order Percy）」として提出されることになる脚本を書かせてみようということになった。例によって、原稿を提出してから延々と待たされた挙げ句、彼はこの脚本に対する報酬（たかだか八千ドル）を受け取ったが、その後、ＭＧＭからこれを映画化する気はないという返答を申し渡された。「内容があまりにもイギリスっぽくて金がかかりそうな上に、反戦的傾向が強過ぎる」というのが、その理由だった。当時、アメリカではレーガンが大統領となり、再び国のために戦えと若いアメリカ人たちを鼓舞する風潮が流れていた。このときの挫折と突きつけられた理由とによって、これから足を踏み入れようとしている世界がどんな

ロスアンジェルス市内の街頭にて。『エッジ・シティ』で自らロイ・ロウリングズを演じたアレックス・コックス

ものか、コックスは改めて身に沁みて知ったのである。

その後もいくつもの製作会社を訪ねてはみたが、仕事は得られないままだった。そうこうしているうちに、彼はイギリス人監督のエイドリアン・ラインに紹介される機会を得た。ラインはジョディ・フォスターの『フォクシー・レディ』(80)を撮った監督である。ラインはコックスに核戦争の可能性について描く映画を作りたいという話を持ちかけ、脚本を書いてくれと依頼してきた。

「これはぼくにとって、願ってもない企画だった。あのころ、ぼく自身もそういうことを夢中で考えていたからね。原子力科学者会報を定期購読したり、ピーター・ワトキンスの『戦争ゲーム(The War Game)』(67、未)のビデオを手に入れたりしていたし、サッチャーとレーガンのおかげで将来必ず核戦争が起き、もう二度と愛するリヴァプールの地は踏めないのではないかって、本気で心配していたんだ」

コックスはシアトルを舞台に、核戦争によって閉じ込められてしまう人間たちのグループを描いたストーリーを書いた。伝えられたところによると「幸せな時間(The Happy Hour)」と名付けられたこの脚本をラインも非常に気に入ったらしく、多少の手直しを加えようということに

「役所ってのは、外人に目をつけるのが好きなのさ」。『エッジ・シティ』で入国管理官に扮したR・L・ベンジャミン

なったが……結局、何もしないまま終わった。その代わり、ラインが撮ったのが『フラッシュダンス』(83)である。こうした事情のために、コックスはしばしば、この可愛

ロスアンジェルスで発狂した若きアレックス・コックス

『エッジ・シティ』で銀行強盗に扮したラモン・メネンデス

銃を手にＵＣＬＡの駐車場を歩くビル・ウッド

らしい作品を生み出した張本人と呼ばれるようになってしまった。もちろん、実際はそうではない。

この「幸せな時間」事件のあと、コックスはＵＣＬＡ時代のふたりの旧友と再会した。ピーター・マッカーシーとジョナサン・ワックスである。コックスは彼らと同じ映画製作カリキュラムを履修していた。その後、ワックスはドキュメンタリー、マッカーシーはドラマ作品の監督の道を目指したのだが、結局はふたりでカリフォルニア州ヴェニスにワックス・マッカーシーという名の製作会社を作り、コマーシャル（「ジーン・ケリーがＭＧＭグランドが再び安全なホテルになったことを保証します！」といったようなものなど）や広報サーヴィスの仕事をするようになっていた。コックスはふたりに映画のプロデュースもやらないかとけしかけ、さらに自分を監督として雇えと持ちかけた。その結果、ふたりはコックスが脚本を書き上げたらという条件でそれに同意した。最初に彼が書き上げたのはウィリアム・バロウズの短編「ゴキブリホイホイ」をもとにした『ザ・ホット・クラブ（The Hot Club）』という作品であった。しかし、予算を組んでみると製作費がかかり過ぎるということがわかり、ボツになった。そこで、コックスは二本目の脚本の執筆に取りかかることにした。それは『レポマン』と名付けられた。

第三章
悪いことしに行こうぜ！

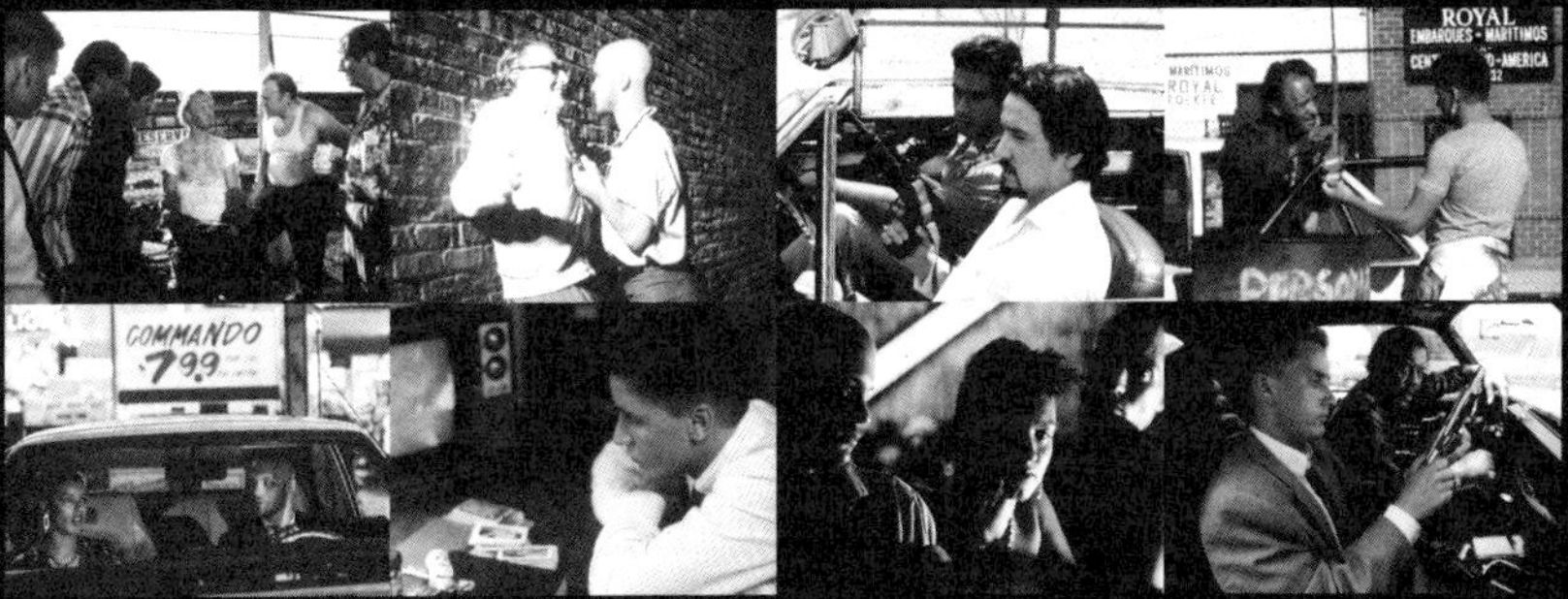

ワックスとマッカーシーのふたりと組むことになり、コックスにもいよいよ本格的な劇場用映画を撮る態勢が整った。『レポマン』の脚本の最終稿が満足のいく出来に仕上がったところで、製作資金の調達に奔走する時期が九ヶ月間にわたってつづいた。当初、コックスは十万ドルという製作予算を考えていた。その前に観たチャールズ・バーネットの『兄の結婚式（My Brother's Wedding）』（83、未）と『羊を殺した者（Killer of Sheep）』（77、未）がたった一万ドルで作られたことがその根拠となっていた。しかし、それだけの金額でもなお、資金集めは困難を極めた。

事態が好転するきっかけとなったのは、元モンキーズのメンバーで、修正液リキッドペーパーで巨万の富を得たマイク・ネスミス［マイケル・ネスミスの母親は修正液リキッド・ペイパーの発明者で、タイプライター全盛だった当時、一家は大金持ちになった。モンキーズのヒットもほぼ同時期で、彼はやがて資産家となる二重の機会を得ていたことになる］に紹介されたことだった。ネスミスはコックスの脚本の独創性にいたく感銘を受け、ユニヴァーサル・ピクチャーズに口をきいてくれた。その結果、ユニヴァーサルはネガのピックアップ契約を条件に、百五十万ドルの製作費を出すと言ってきたのである。ピックアップ契約では定められた期日までに完成した状態でフィルムが提出されなくてはならなかったが、オリジナルの脚本が妥当な形で映画になっていれば、一定の約束された額が支払われることになっていた。

ユニヴァーサルとの契約が結ばれるころには、主役のハリー・ディーン・スタントンとエミリオ・エステヴェスのふたりも決定していた。だが、コックスはまだ撮影監督を決めていなかった。彼としては、『アメリカの友人』（77）と『さすらい』（76）を観て、ロビー・ミューラーに頼みたいと思っていた。コックスによれば、そこで彼のもとに脚本を送ったところ、ただちに返事があったという。「みんながやりたいと思ってくれたのは脚本の力だったと思う。やっぱり、かなり変わっていたからね」。ミューラーはドイツ人カメラマンで、ヴィム・ヴェンダース作品のほとんどを担当していた。また、ウィリアム・フリードキンの『L.A.大捜査線／狼たちの街』（85）やジム・ジャームッシュの『ダウン・バイ・ロー』（86）、『ミステリー・トレイン』（89）などでもカメラを担当している。

『レポマン』は一九八三年の七月末から八月にかけての六週間、ロスアンジェルスで撮影された。予算もスケジュールもオーバーしてしまい、コックスとふたりのプロデューサーは撮影クルーに頼み込んで、最後の三日間はギャラなしで仕事をしてもらわなくてはならなかった。しかし、それを断るスタッフはひとりもなく、誰もが快くそれに同意して最後まで撮影に付き合ってくれたのである。ところが、撮影が終了したあとのポスト・プロダクションの段階で、もう一日と二晩、追加の撮影を行わなくてならないことになった。ピーター・マッカーシーはまったく資金が底をついた状態で行われた追加撮影について、次のように思い出を語っている。

「このとき集まってくれたのは、カメラを回したボブ・リチャードソンとスタント演技の監修に当たったボビー・エリスぐらいのわずかな人数のクルーだけだった。その状態で（アレックス自身がマリブを運転するJ・フランクの代役を演じた）オープニングの砂漠のシーンを撮り直し、レポマンたちの強盗シーンのほとんどを撮り、ロドリゲス兄弟を追うバドの車がクラッシュするシーンを加え、ロスに向かうJ・フランクのマリブからの銃撃シーンを撮ったんだ。それに、穴だらけだったラスト・シーンのほとんども撮り直した。車を置く空き地をもう一度作り出し、三十五ドルの安っぽいビームスプリッターを使って先に撮影した映像と合うように光り輝くマリブが撮れたときには、ようやく、この苦しい追加撮影も無事に終わって映画が完成するんだと思い、心からほっとした。万一のために用意していた金も完全に使い切っていたし、みんなヘトヘトに疲れて、さすがに意欲がすり切れていたような状態だったので、これ以上の撮り直しなどまったく論外だと思ってたね」

結局、このマッカーシーの安堵も長つづきはしなかっ

ミラー（トレイシー・ウォルター）の奇妙な説に耳を傾けるレポマン一味

た。コックスもフィルム編集者のデニス・ドーランも、ミゲル・サンドヴァル扮するアーチーの殺されかたが不満だった。オリジナル・カットでは、彼はパンク連中が押し入った豪邸で、デューク(ディック・ルード)が放った矢で殺されることになっている。コックスはJ・フランクが不良どもから車を取り返そうとするシーンで、マリブのトランクを開けたアーチーの身体が崩れていくということに変えたくなった。コックスがこのアイディアを説明したとき、それがただちにさらなる追加撮影の必要を意味することがわかると、さすがのマッカーシーも気持ちが萎えていくのを隠すことができなかった。

「そのときは本当に金は一銭も残っていなかったし、こんなことではぼくたち自身が製作から降ろされる危険が十分にあった。しかも、役者たちにまた集まってもらった上に、こじ開けるためのトランクを用意したり、視覚効果のための予算もひねり出したりと、大ごとになるのは明らかだった。アレックスはぼくの顔つきを見て、本当に腹を立てたんだと思う。だって、それまで熱心に話をつづけていたのに、急に会議用テーブルの上座で仁王立ちになり、まるで岩山に立ったモーゼのような大声で〝ピーター、きみは信じてくれてない!〟って叫んだんだから。

「なんか悪いことしようぜ……」。『レポマン』のデビ(ジェニファー・バルゴビン)とデューク(ディック・ルード)。

バドに扮して電話中のハリー・ディーン・スタントンとオットー役のエミリオ・エステヴェス

ぼくは目の前の光景を信じられない思いで眺めながら、"アル、信じてるさ。でも……もう疲れたんだ"と言うしかなかった。結局、ぼくたちはその追加撮影を実行したんだけど、そのときやっとアレックスが正しかったことがわかった。アーチーの身体を蒸発させるというのは、やっぱり前よりずっと面白い消しかただったよ」

一九八四年二月、『レポマン』はベルリン映画祭のパノラマ劇場において、初めて公式に上映された。そして、その一週間後、全米でいきなり大ヒットし、アレックスはたちまち最高に才能があってユニークなイギリス人監督として祭り上げられた。『レポマン』は熱狂的なファンを獲得し、エミリオ・エステヴェスをスター・ダムに押し上げた。

アメリカ文化を痛烈に風刺する『レポマン』は、まさに現実の世界の産物である。コックスの監督第一作となったこの作品は、見終わった観客を今のはいったい何だったのかと動揺させたまま放り出してしまう、確信犯的なエネルギーに満ちていた。ロス・アラモスからの道を舞台にした奇妙なオープニング・シーンから、コックスは終始、たてつづけに脈絡のなさそうな出来事を繰り広げてみせる。ひとりのハイウェイ・パトロールの警官がJ・フランク・パーネル(フォックス・ハリス)の運転するシェヴィ・マリブを停車させる。このパーネルという男はロボトミーを受けた科学者で、のちに中性子爆弾の発明者と偽っていたことが判明する。ひとけのないハイウェイで、警官はトランクには何が入っているのかと尋ねる。パーネルは落ち着かない様子で「見ないほうがいい」と答えるのだが、警官はそれを無視してトランクを開け、次の瞬間、白い閃光に焼かれてしまう。あとに残ったのは、くすぶった警官のブーツだけだ。パーネルはさらにドライヴをつづける。

この象徴的なシーンのあと、ほかの登場人物たちが会話を交わすころになると、このシェヴィ・マリブとそれを運転する男の重要性が明らかになってくる。

一般常識的な見地から内容を説明するならば、これはレポマン、つまり代金の支払い不履行の車を合法的に持ち主から強奪するフリーランスの男たちと、彼らの「過激な」ライフ・スタイルとを描くものである。物語は世の中のすべてが面白くないパンク青年オットー(エミリオ・エステヴェス)が、九時から五時までのスーパー・マーケットの仕事を辞めたあとで出会ったバド(ハリー・ディーン・スタントン)という男の口車に乗せられ、支払い不履行の車を購入者から取り上げる仕事をはじめるというものである。初めてそんなことをしたときは嫌気を感じたものの、結局、オットーはロスアンジェルスの薄汚い裏社会を舞台にしたこの仕事にフルタイムで取り組むようになる。彼は「ふつうの人間たちなんて、大嫌いだ」という奇妙な哲学をもって生きるバドの弟子となったのである。すっかり仕事のコツを会得すると、オットーはたちまち、二万ドルの一九六四年型シェヴィ・マリブを、不吉な気配のするトランクの中身ごと奪う計画を立て、師匠に挑戦しようと決意する。

このシェヴィ・マリブと賞金とをめぐる競争に重点が置かれるあたりから、風変わりな空気が立ちのぼるようになる。オットーとバドのほかにも、この車を追う人間たちがいた。政府のスパイ、アマチュアのUFO研究家、そして悪名高いロドリゲス兄弟だ。だが、この車のトランクに積まれた光るものが、まさに一夜にして現代文明を変えてしまうものだとは、誰も気づいていない。

エキセントリックな十代の若者ケヴィンを演じたザンダー・シュロスは、俳優としてやってこれたのはすべてアレックス・コックスのおかげだと明言する。八十年代の初め、まだコックスがこの作品の脚本執筆に没頭していたころ、シュロスは彼の友だちで、車の中で寝泊まりしながら健康食品店で働くただのパンク青年だった。ふたりはよく彼が店からかすめてきた食料品を食べたりしていた。最初、コックスは彼にプロダクション・アシスタントの仕事をさせるつもりでいた。ケヴィン役はショーン・ペンの弟のクリスが演じることになっていたが、プロデューサーのマイケル・ネスミスがその演技を見て難色を示した。そこから、ショロスは演技経験などまったくないまま、いきなり役をもらうことになってしまったのである。「最初は駐車場でタバコの吸い殻を拾ったりしてたのに、あっと言う間に、その同じ駐車場にスターの印つきの自分専用のトレーラーを停めてもらうところまで行ったんだ！」

彼は『レポマン』のサウンド・トラックの音楽を演奏したサークル・ジャークスのメンバーとなり、やがて『シド・アンド・ナンシー』のための曲を共同プロデュースしたり、『ストレート・トゥ・ヘル』ではカール役を演じたりと、コックス作品でめざましい仕事をするようになった。また、『ストレート・トゥ・ヘル』で共演した元クラッシュのジョー・ストラマーとウマが合い、一緒に『ウォーカー』のサウンド・トラック用のオリジナル曲を作曲したりしている。

エミリオ・エステヴェスは見事にオットーを演じきり、またハリー・ディーン・スタントンも「ふつうの人間は緊迫した状況を避けようとしながら生きる。レポマンは緊迫した状況に飛び込みながら生きていく」といった深みのある叡智の言葉を吐くにふさわしいヴェテランのレポマン、バド役にぴったりであった。

「もともと、バド役にはデニス・ホッパーを考えていた。

「中は見ないほうがいいぞ！」

デューク、デビ、そしてまもなく溶けて消える運命のアーチー

そこで脚本の最終稿が上がったところで、ぼくとピーター・マッカーシーとでニューメキシコまでデニスを捜しに行ったんだ。そこで彼の弟のデイヴィッドが「ザ・リターン」という名の画廊を経営していてね。デニスはそこにはいなかったんだが、何とかロスアンジェルスの連絡先をもらって、会う約束を取り付けることができた。そして、ようやくあるレストランで彼とエージェントとに会ったんだが、彼は本当にすばらしい人で、この役に心から興味を示してくれた。ところが金の話になったとたん、彼らが要求する金額はとても支払えそうにないということがわかったんだ。

幸い、ハリー・ディーン・スタントンという別の役者も候補として考えていた。まだUCLAの学生だったころに撮った学生映画に出てもらおうとしたこともあったんだ。トム・ムスカという友だちが、ビヴァリー・グレンとマルホランド・ドライヴのてっぺんにあった「サント・ピエトロ・ピッツァ」って店で働いていてね。ハリー・ディーンがそこへ来たら、トムがすぐに電話をくれて、そうしたらすかさずぼくがバイクで駆けつけるって段取りを整えたんだよ。そこで、もっともらしく"やあ、ハリー・ディーンじゃないですか！こんなところで会えるなんて！ぼくもよくこの店で食事するんですよ"と話しかけるって寸法さ。トムがサーヴィスしてくれたピザ一切れで、ぼくはまんまとハリー・ディーンとおしゃべりを楽しむことができた。学生映画には出てもらえなかったけど、彼とはすっかり仲良くなっていたので、『レポマン』にも快く出演を引き受けてもらえたんだ。サイ・リチャードソンと出会ったのもやっぱりUCLAのころだった。彼がモノナ・ウォーリの学生映画『あいまいな領域（The Grey Area）』に出演したときだ。セットを訪ねたとき、すぐに彼がすばらしい役者だということがわかった。すごくパワーがあった。同じように才能のある役者には違いないけど少し気まぐれな感じのするハリー・ディーンと比べて、彼はとても繊細な感じがした。ハリー・ディーンとは違って、サイはすごく懐が深くて、ぼくの経験の浅さをいつも支えてくれていたんだ。

エミリオ・エステヴェスに関しては、初めて彼の演技を見たのはフランシス・フォード・コッポラの『アウトサイダー』（83）だった。彼が演じてたのは小さな役だったけど、あるシーンの終わりのあたりで、回しっぱなしのカメラの前で彼がちょっとした即興の芝居をしたんだ。彼が冷蔵庫のところへ行き、中からビールを一瓶とでっかいチョコレート・ケーキを取り出す。それから座り込んでビールを飲み出すんだが、そのケーキを全部パクパク食べて

ナポレオンとラガルトのロドリゲス兄弟に扮したエディ・ベレス（左）とデル・サモーラ

しまったんだよ。それを見たとき、〝これはいい。この芝居はわかる。いつか、こいつと仕事してみたい〟と思った。彼にはすごく面白い俳優になる潜在的な可能性があると思うんだけど、『レポマン』のあと彼が選んだ仕事は、どれもその才能に合ったものではないようだね」

大都市の混沌と都会人の奇妙な行動とを描くコックスの世界は、スタイルや語り口あるいはセリフそのものにおいて、五十年代や六十年代のB級映画と共通点がある。明らかに、ロバート・オルドリッチ監督によるフィルム・ノワール時代後期のクラシック作品『キッスで殺せ』(55)を思い出させるところがあったり、ミッキー・スピレインの「マイク・ハマー」シリーズの焼き直しかと思わせるところもある。特に、おおまかなところで、ラルフ・ミーカーが品のないハマーに扮して邪魔されると相手かまわず暴力を使いつつ「例のすごいやつ」(放射性物質を詰めた箱)を追跡するエピソードに似ている。オルドリッチがスピレーンのマッチョなスタイルや、五十年代のアメリカの原子力に対するパラノイア的風潮に批判的だったのは明らかである。コックスは『レポマン』によって、終末寸前にある文明でうごめく一種のミステリアスな力について、五十年代と似通った不安感をたくみにとらえている。

「一九八三年に本物のレポマン、マーク・ルイスとの出会い、そこから得た経験をもとに『レポマン』のオリジナル脚本を書き上げた。でも、その時点ではロスアンジェルスからはるばるニューメキシコまでたどるロード・ムーヴィーになっていたので、かなり金がかかりそうな企画だったんだ。しかも、そのときはニューメキシコのトルゥース・オア・コンシクエンシズという町でシェヴィのトランクに積んだ原子爆弾が爆発して、壮大なフィナーレを迎えるという筋書きになっていた。あまりにも金がかかりそうだったので、ある時点でまずロード・ムーヴィー的要素を捨ててロスアンジェルスでストーリーのすべてが展開するようにし、同時にマイク・ハマーの物語『キッスで殺せ』に出てくる「あの謎の箱の中身は何だ?」によく似た「あのトランクの中身は何だ?」というギャグを加えることにしたんだ。

また、『レポマン』は一九五四年の『放射能X』からも影響を受けている。これは核実験のために巨大化してしまったアリたちが住む砂漠のコロニーを描いた話で、パームデイル郊外の砂漠の中にあるジョシュア・トゥリー・モニュメントから話がはじまるんだ。『レポマン』もロスアンジェルスの有名な雨水用排水溝からはじまり、そこで終わる。つまり、ストーリーの中ではあの場所にかなり重きを置いてるんだよ。『放射能X』は五十年代に原子爆弾の影響の余波として作られた、典型的なSFの亜流作品だね。こういった映画のテーマは徹底的に一貫している。とにかく間違った道へ進んだ科学を描くものばかりだった。同じころ、イギリスにもテレビの「クォーターマス」シリーズ〔宇宙から帰ってきて怪物に変身するクォーターマス教授が主人公〕のようなものがあったし、のちにクォーターマスはシリーズ映画化もされた。アメリカでは『放射能X』とか『禁断の惑星』（フレッド・M・ウィルコックス、56）、『縮みゆく人間』（ジャック・アーノルド、57）といった映画が続々作られたが、みな同ようなテーマを扱ったものだった。どれも核爆弾や核実験が出て来るんだよね。『宇宙水爆戦』（ジャック・アーノルド、55）では何年間もつづいた核戦争の結果破壊された宇宙人の住む惑星が出て来るし、『縮みゆく人間』の主人公スコット・ケアリーは放射能の霧の中を歩いたために、信じられないことに……身体がどんどん小さくなっていくんだ。実に荒唐無稽な話に聞こえるけど、実際、滑稽な話ばかりだったよ。けれども、アメリカが朝鮮動乱に乗り出してぼくらをそれに巻き込み、またアメリカだけでなくソ連もフランスもイギリスも膨大な量の原子力兵器を蓄えはじめ、アイゼンハワーが「巨大軍事産業」の形成について

「レポマンはつねに緊張の連続だ。だが、たまに馬鹿なやつが一台の車のために殺されたりする」。
オットー（エミリオ・エステヴェス）はライト（サイ・リチャードソン）からこの仕事の裏の裏まで教えてもらう

警告を発したりした時代にあって、そういった問題を指摘した映画が一握りの奇妙なSFだけだったという事実は、目を向ける値打ちがあることだと思う。そういったSFのほとんどはジャック・アーノルドが監督していた。どれも安っぽくて、滑稽で、空想的で、しかも知的な映画だったよ。脚本も優れていたな。『縮みゆく人間』の脚本を書いたのはリチャード・マシスンで、彼は『地球最後の男オメガマン』(ボリス・セイガル、71)の原作となった小説のほか、一流のファンタジー作品やSF作品も書いている。

一九五六年にドン・シーゲルが撮ったカルト作品『ボディ・スナッチャー／恐怖の街』も、ロバート・オルドリッチ監督の『キッスで殺せ』と同じように、SFとフィルム・ノワールの境界線上にあるような映画だった。シーゲルのテーマは血気盛んなアメリカ人を冷血な宇宙人のクローンで置き換えたもので、マッカーシー時代の赤狩り、あるいはもっと最近の反共的な弾劾行為などの比喩だとも言われている。当時、人間が作り出した偏執症の最たるものが共産主義であり、映画はいわゆる政治教義に対する警告、あるいはあらゆる手段でそれを抑圧しようとする人間たちに対する批判とみなされていた。盗まれた核爆弾の物語『キッスで殺せ』も似たようなフィルム・ノワールだ。ロバート・オルドリッチという人は、自分でそうしようと思えば、いつでも昔気質のタフ・ガイになれる監督だった。彼の作品でもっともよく知られているのは『特攻大作戦』(67)だろうね。「有能」とか「優れた職人」と表現されるタイプの監督だが、それはすなわち、スタイル的に新しい境地を切り開くタイプではないということでもある。ただ、彼の作品はいつもストーリーがすばらしい。役者にとってはいい監督だし、フレームの間の持つパワーを熟知している。オルドリッチのモノクロ作品はどれもすばらしいが、『キッスで殺せ』は彼の最高傑作だと思う。『傷だらけの挽歌』(71)のようなカラー作品になると、どういうわけか、テレビのコメディ・ドラマみたいに派手な色合いになってしまうんだが。

『レポマン』は『キッスで殺せ』のようなアメリカ製フィルム・ノワール、あるいは五十年代のアメリカのSF映画のストーリー仕立てに、ロスアンジェルスという町に対するぼくの個人的な印象を組み合わせてできたものだった。こういった『レポマン』独特の個性は、マーク・ルイスという人間がヒントになって生まれたものなんだ。マークはぼくが住んでいたところからすぐ角を曲がったあたりで、俳優のエド・パンスーロと一緒に暮らしていた。彼らが住んでいたのはヴェニス・ブールヴァード沿いで、ぼくはペンマーに住んでいたから、すごく近かったんだ。よ

「ときどき起きることなの。人間の身体も爆発するのよ。ごく自然な原因がもとでね」

くマークと一緒に車で走り回ったものだが、そうしながら、彼という人間や世の中に対する考え、あるいはレポマンの掟のようなものを観察した。実際、彼が強奪した車に乗せてもらったことも二回ほどある。つまり、ぼくもかなり意地の悪い不道徳なことの片棒をかついだことになるんだけど、そのうち、他人の車を奪うのは楽しいとまで思うようになっちゃってね！　とにかく、プロデューサーたちとぼく自身が満足できるものに仕上げるまで、脚本は十四回も書き直した。

大きなきっかけとなったのは、アビー・ウールがぼくたちをハリー・ギッツという名前のプロデューサーに紹介してくれたことだった。彼はそのお返しに、ぼくたちを元モンキーズのメンバーのマイケル・ネスミスに紹介してくれた。ある時点までは、彼は自分のポケット・マネーから製作資金を出してくれるつもりでいたんだ。あのころ、彼は金持ちだったからね。彼自身が代金不払いの車を取られたという経験があったことから、脚本をえらく気に入ってくれた。それから、実際に彼の車を奪った張本人のレポマンたちに会ったんだが、ここでまた、ストーリーとしては同じでもずいぶん違う状況があるもんだと感心するような話を聞いたよ！　でも、ネスミスはこの企画のコミック・ブック的側面にも惹かれていたようだった。脚本をより魅力的なものに見せるために、ぼくは頭のところに自分で描いた四ページの漫画を付けておいたんだ。ぼく自身はもともと全体をコミック・ブックにしたかったんだが、それでは大変な手間になってしまう。せいぜい一日に一ページしかできないし、目は疲れるし、当時のぼくは怠け者だったし。脚本をアニメにして、それを実写版にしようなんてことも考えたけど、結局はまったく実現しなかったね。

マイケル・ネスミスは個人的には資金を出さないと決め、企画をユニヴァーサル・スタジオへ持ち込んだ。当時、ぼくたちにとっては運のいいことに、企業にはある奇妙な風潮があってね。製作部門の責任者ボブ・レームはコーマン帝国[低予算映画製作者ロジャー・コーマンは若手監督発掘でも知られており、彼の製作によりフランシス・コッポラ、マーティン・スコセッシ、ロン・ハワードらが監督デビューを果たした]出身の人間で、とにかくたくさんの映画製作に資金を出すべきだと考えていた。そうすれば、もちろん失敗作もあるだろうけど、中には金になるものもあるだろうという希望的観測に基づいた考えだ。これはめったにない、ありがたい考えかただよね。幅広い顔ぶれの役者を揃えて面白い監督たちを雇えば、失敗作もできるだろうけど、傑作が生まれる可能性もあると賭けるわけだ。それで、レームは『レポマン』に「ネガティヴ・ピックアップ」という条件で資金を出してくれることになった。これは映画が完成したら約束した金を払うというシステムでね。完成した映画を観て気に入れば、一定の金額でネガを買い上げるという約束なんだ。それで、完成したらスタジオ側から払ってもらえる金を頼りに、プロデューサーたちは銀行へ行って映画を作るための金を借りたんだ。

ところが残念なことに、ポスト・プロダクションの作業をしているあいだに、ユニヴァーサルの経営体制が大きく変わってしまった。レームはポストを追われ、代わってフランク・プライスという男が新しいボスになったんだ。こういう場合にはよくある話だが、新たにやって来た男は前任者を悪く見せたいと思うものなんだな。そのために、この時点でユニヴァーサルが製作していた映画にはすべて暗い定めが待っていたというわけさ。ただ、二千万ドルもかかった『ストリート・オブ・ファイヤー』(ウォルター・ヒル、84)のようなものは、掛けた金を取り返そうと劇場公開されたけれどね。でも、『レポマン』のような低予算作品や、コッポラが『アウトサイダー』のあとに作った『ランブルフィッシュ』(83)も、新しい重役たちのお気に召さないということで捨てられる運命になってしまった。ユニヴァーサルは捨てるつもりだったけど、撮影監督のロビー・ミューラーはベルリン映画祭に出す手はずを整えてくれていた。そこで、とにかく出品しようということになったんだ。その結果、すごく評判が良かった。そのあと、ロスアンジェルスで一週間、そしてシカゴで一週間と、アメリカで上演される機会も出てきた。で、ユニヴァーサルはそれで満足して、あとはビデオにしてしまうつもりだったようだ。実際、すぐビデオになっちゃったけどね。

それに対して、ぼくたちは〔ヴァラエティ〕誌に広告を載せたり、また掲載された好意的な映画評をまとめたりして、きちんと劇場公開させろとさかんに運動した。でも、スタジオ側はそんなことには耳を貸さず、もうこれっきりで廃棄処分にしろとまで言った重役たちもいたんだ。しかも、パンアメリカン航空の広報担当の責任者まで巻き込んで、あの作品を正式に駄目なものと決めつけた。当時、パンナムはユニヴァーサルの全作品を機内で上映するといったような契約をしていたんだね。その責任者はディック・バークルに呼び出され、あの作品がロシアで上映されると思うとどれほどショックか延々と聞かされ、ぜひそんなことにはならないようにしてもらいたいって頼まれたわけさ！

ところが、そのころプロデューサーのピーター・マッカーシーとジョナサン・ワックスがあの映画のサントラ盤を作っていた。映画で使われた音楽全曲を収録したもので、これがよく売れていたんだ。それで、MCAユニヴァーサ

マジック・ツリー消臭剤。「どんな車にも、必ずこいつがぶら下がってるんだ」

ルのレコード部門のほうで、いったいこれはどんな映画なんだってことになった。このレコード部門で仕事をしていたケリー・ニールっていう男が『レポマン』と『ランブルフィッシュ』をすごく買っていて、ユニヴァーサルでは彼がほかの誰よりもこの映画を積極的に売り込んでくれたんだ。街のパンクたちはサウンドトラック盤から映画のことを知るようになり、噂が広がっていった。『レポマン』の劇場での復活は、ここからはじまったんだよ」

コックスは『レポマン』で過激なまでに個性的な世界を作り上げた。八十年代に次々に登場した面白味も深みもないコメディの群と比較すると、この風変わりでおかしな映画は実に新鮮である。アレックス・コックスによる脚本には、コメディの限界を超えたすばらしさがある。彼のアナーキーな演出には暗いエネルギーが満ちており、スクリーンの前の観客はドキドキさせられっぱなしになる。予想できる展開がひとつもないからだ。

この作品はさまざまなレベルで評価することができる。表面的には、『レポマン』はこの時期のアメリカ製ブラック・コメディよりもはるかに内容の濃いブラック・コメディである。しかし、もっと深いレベルに目を向けると、これは消費主義的生活、テレビによる福音の支配、政府の陰謀といったアメリカ文化に対する痛烈な風刺だといえる。

コックスは一般大衆に媚びる現代社会で必死に生き延びようとする個々の人間に目を向けている。消費主義的生活が席巻する社会は灰色である。スーパーマーケットでのオットーの友人ケヴィンは、絶えずセヴンアップのコマーシャル・ソングを口ずさむ癖が止まらない。また、登場人物たちにはミラーやバドといったビールの名前がつけられ、人間たちも商品のように扱われている社会を暗に示唆している。実際、作品中に登場する商品には、わざわざ「食料品」あるいは「ビール」といった一般名を記したラベルが貼られている。夜、オットーが帰宅すると、居間では両親がテレビ伝道師に催眠術をかけられている。そして、息子の大学進学のために貯めた金をすべて、エルサルバドルへ聖書を送るためにラリー牧師宛に寄付してしまったと告げるのである。母親は缶詰めの「食料品」の中身を皿の上に開け、これで息子がもっとおいしく食べられると納得したりする。

『レポマン』はまた、人が自分に課す個人的な掟や哲学といったもの、あるいは現代社会における個人的倫理観が、実際にはいかに個人的な利潤の追求に置き換えられているかを描いている。そういったドロドロの状態から立ち上がる唯一の登場人物がバド、オットー、ミラー、ラ

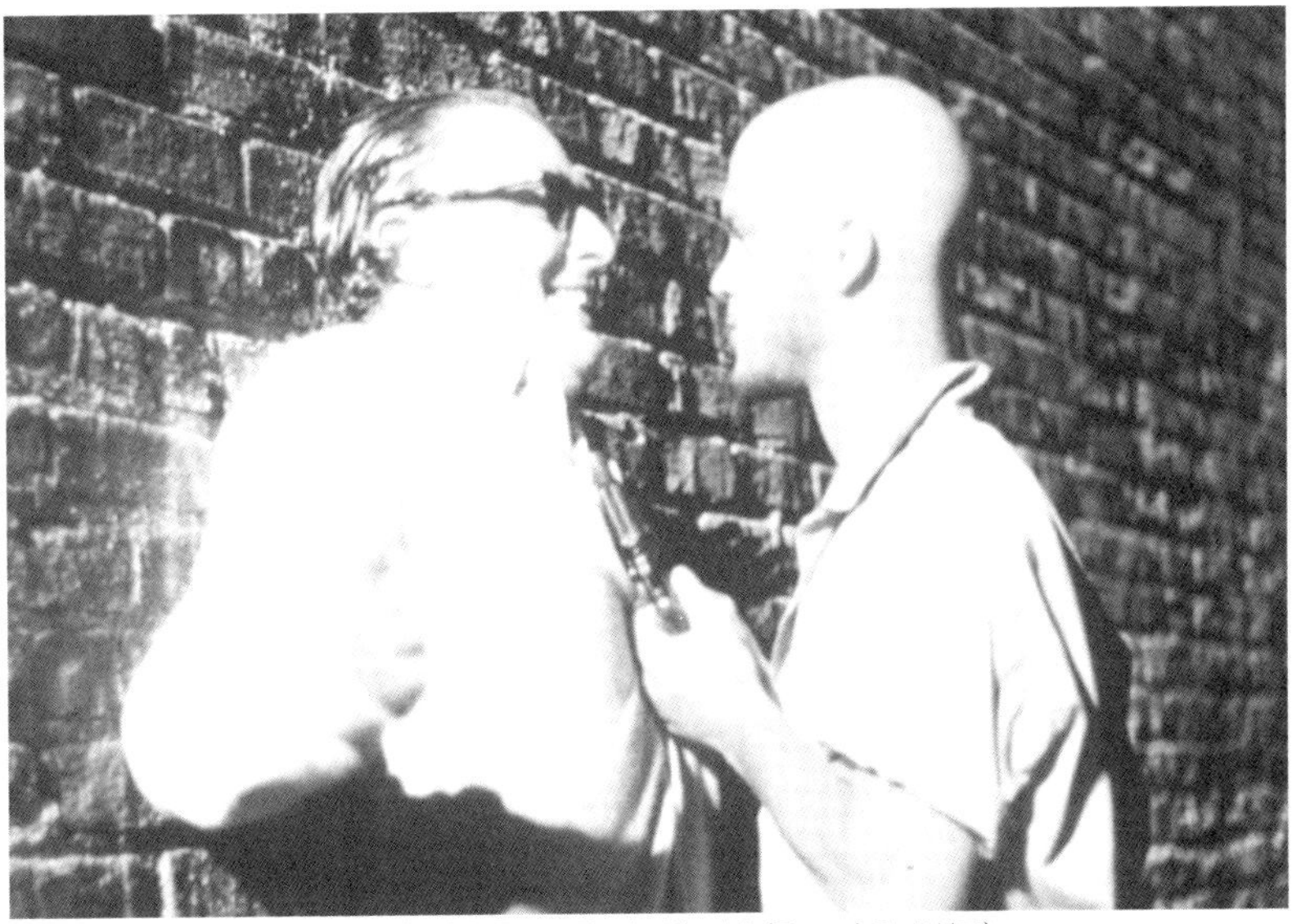

デューク（ディック・ルード）に責め立てられるJ・フランク・パーネル（フォックス・ハリス）

イトといったレポマンたちなのである。「生きる上で自分に掟を課している人間はもう多くない」とバドは語り、自分の外側にある世界との戦闘を宣言する。ミラー（トレイシー・ウォルター）はおそらく、もっとも懐の深い登場人物であろう。最初、彼は「車に乗ってばかりいる人間ほど、知性が低い」といった奇妙な個人的理論のようなものを口にするエキセントリックなキャラクターとして登場し、観客もそんな彼に笑いを誘われてしまう。しかし、ストーリーが進行するにつれて彼こそまともな考えの持ち主であることが明確になっていき、最終的には観客は彼に心から共感を覚えるようになる。消費生活的文化よりまともな生きかたがあることを示すのが、バドや仲間のレポマンたちなのである。彼らは「ふつうの人たち」を彼らのもっとも大切な物質的所有物、つまり車から引き離しに来る。上昇志向の結晶を奪い去り、その結果、とぼけた感じの大団円を迎えたところで、オットーとミラーは文字通り自ら高く上昇してしまうのだ。

ウエスト・コーストのパンク・ロックによるサウンド・トラックにも決定的な魅力があったが、それだけでなく、この映画は基本的に反抗精神を描いていた。だからこそ、『レポマン』はパンク・ファンに強くアピールしてヒットしたのである。それでもなお、コックスはオットーの友だちのデュークがコンビニ強盗の最中に死ぬといったエピソードを盛り込み、パンク・ロックという背景さえも笑い飛ばそうとしている。警官が出て来たとき、デュークは最後に「ヤバいことばかりやって生きてきたから、こんな悲しい目に遭うんだってことはわかってるさ。だけど、やっぱり世の中のせいだ。世の中がおれをこんなふうにしちまったんだ」と言うのだが、たちまちオットーがこんなふうに切り返す。「くだらねえ。おまえだっておれとおんなじ、郊外で呑気に暮らす白人のガキに過ぎねえんだよ」

そういうわけで、サントラ盤は単純に映画を売り込むためのものではなかったものの、オットーの考えかたを伝える上では非常に大きな役割を担っていたと、コックスは語っている。

「ヴァレー［ロスアンジェルス郊外のサンフェルナンド・ヴァレー］あたりによくいる不良どもと同じように、彼も怒りに満ちたハードな音楽が大好きな、中流のいいとこ育ちの坊やなんだ。連中はなぜかはよくわからないまま、とにかく腹が立って仕方ないんだよ」

もともとコックスはクラッシュの音楽を使いたいと考えていたが、バンドのマネージャーが邪魔に入った。それとほぼ同じころ、イギー・ポップのマネージャーが映画を観たいと言ってきた。そしてこれを観たとたん、イギーはタイトル・トラックを吹き込むことに同意したのである。しかし、このサウンド・トラックについては、しばらくマイケル・ネスミスには伏せておくことになった。彼がパンク・ロック・ファンではなかったからである。コックスによれば、「あのころ、彼はジミー・バフェットがお気に入りだったんだけどさ、ぼくらは自分たちの主義を曲げないことにした」ということだったようだ。

『レポマン』はただのハリウッド映画ではない。映画としての秩序はめちゃめちゃに混乱している。したがって、従来の映画のように観ようとする観客もまた、期待を裏切られて混乱する。コックスはカー・チェイスにパンク・ミュージックを組み合わせ、ギャング物としてのテーマにSF仕立ての結末を組み合わせた。伝統的な手法に縛られることを心から拒否する、非常にまれな映画監督の登場だった。作品中でブランド主義と消費主義の低俗さをあらわにしてみせたコックスは、これがとにかく他とは違う映画であることを強調する。けれども、彼は最初からいわゆる「カルト映画」が撮りたくて、国際的な活躍の場を求めたわけではなかった。

「最初、『レポマン』がカルト的人気を得るなんて、夢にも思っていなかった。実際にそうなってみて考えたんだが、ある意味でこれは奇妙なはかない命といったようなものを代表していたのかもしれない。この作品には人の肉体そのものが崩れて消えてしまうとか、あるいはアームチェアに腰かけたまま自爆してしまうとか、どこかに盗み出された核物質が隠されているとか、実は空気中に不気味な毒ガスが漂っているとか、そういった現代の神秘がふんだんに詰め込まれている。もちろん、パンク・ロックというポップ・カルチャー的要素もあったさ。サイやトレイシー・ウォルターのモノローグが、それ以上のことを語っている。たとえば、トレイシーの演じたミラーが語る、空飛ぶ円盤の正体はタイム・マシンで、ラテン・アメリカで突然消えた人たちはみんな過去へ連れて行かれた、なんていう話とかね。『メン・イン・ブラック』(バリー・ソネンフェルド、97)に出て来る、地球の本当のニュースはクリントンに票を投じる宇宙人の記事が掲載されているおかしなアメリカのタブロイド紙(ウィークリー・ワールド・ニュース)を見ないとわからない、なんていう話とも似ている。『レポマン』は"本物の情報が得られるのはここだ。こういうことは現実に起きている"といった話をするのと同じ目的を果たしているんだ。

……本当に、こういうの、現実にありうるって思わない?

とにかく、それに加えて、この空飛ぶ円盤の話というのは、真夜中にひそかに進行している暗黒の航空プロジェクトだとか、核物質の移動だとか、そういったことの

スーツ姿のパンク野郎。オットー・パーツ役のエミリオ・エステヴェス

比喩でもあるんだ。『レポマン』には、こういうことがもっとたくさん盛り込まれるはずだったんだが、最終的には脚本を書き直して多少はポジティヴな展開をさせることにした。これは撮影中にトレイシー・ウォルターの演じるキャラクターの重要性がどんどん大きくなっていったことによる。レポマンたちは本物の仲間として団結していくんだ。ハリー・ディーンの存在のせいだけじゃない。登場人物それぞれが映画の中で重要性を帯びるようになり、その結果、最後にはトレイシーが一番重要なキャラクターになってしまった。ロスアンジェルスのような、誰もが車にとりつかれていて、車で人を判断するような町には、こういう合法的泥棒たちのグループが実在しているんだ。そして、現実に他人の車をかっさらっている。

　けれども、ぼくはここで描かれる登場人物たちの個人的人生哲学のようなものが、本当はまったくのインチキだってことがはっきり伝わればいいなと思っている。登場する人間たちはみんな、それぞれの哲学を語る。トレイシーもサイもハリー・ディーンも、非常に力強く哲学を語るけど、どれもインチキさ。映画の中で描かれるパンク・カルチャーだって、実はまったくインチキなんだ。オットーはあっという間に反抗的でアナーキーな反体制の不良からＧＭの受納処理会社の社員になってしまう。着ているものがスーシダル・テンダンシーズのＴシャツだろうとビジネス用のスーツだろうと、まったく同じ顔をしたまま、どちら側にも簡単に染まってしまうんだ。デュークやデビー、アーチーといったほかの不良どもは硝酸イソブチルを嗅いでハイになって酒屋を襲う、ただのケチな泥棒連中だしね。それに、最初はハードコアのパンク・グループだったサークル・ジャークスだって、ラスヴェガスあたりのしみったれたクラブで演奏するような、つまらないラウンジ・バンドになってしまった。つまりね、若者の文化なんてものは、所詮インチキだってことさ。そんなものは結局、誰かの金稼ぎの手段になり果てるだけだ。

　この作品はヒットしたおかげで部分的に短くされ、正体のよくわからない、変なものになってしまったことがあるんだ。この種のアナーキーな映画というのは、ふつうは観客に嫌われる。しかし、この作品の場合、ユニヴァーサルのお偉がたの心配に反して、最後までしっかり観客を引きつけ、不快感を与えるということはなかった。でも汚い言葉づかいや麻薬を吸ったりする場面があったために、スタジオ側が独自に再編集してテレビ放映用ヴァージョンを作ることにしてしまった。その結果、『レポマン』は六十分まで短くされた。ひどいものだったよ。まるで、映画を懸命に「説明」するかのようなものになり果

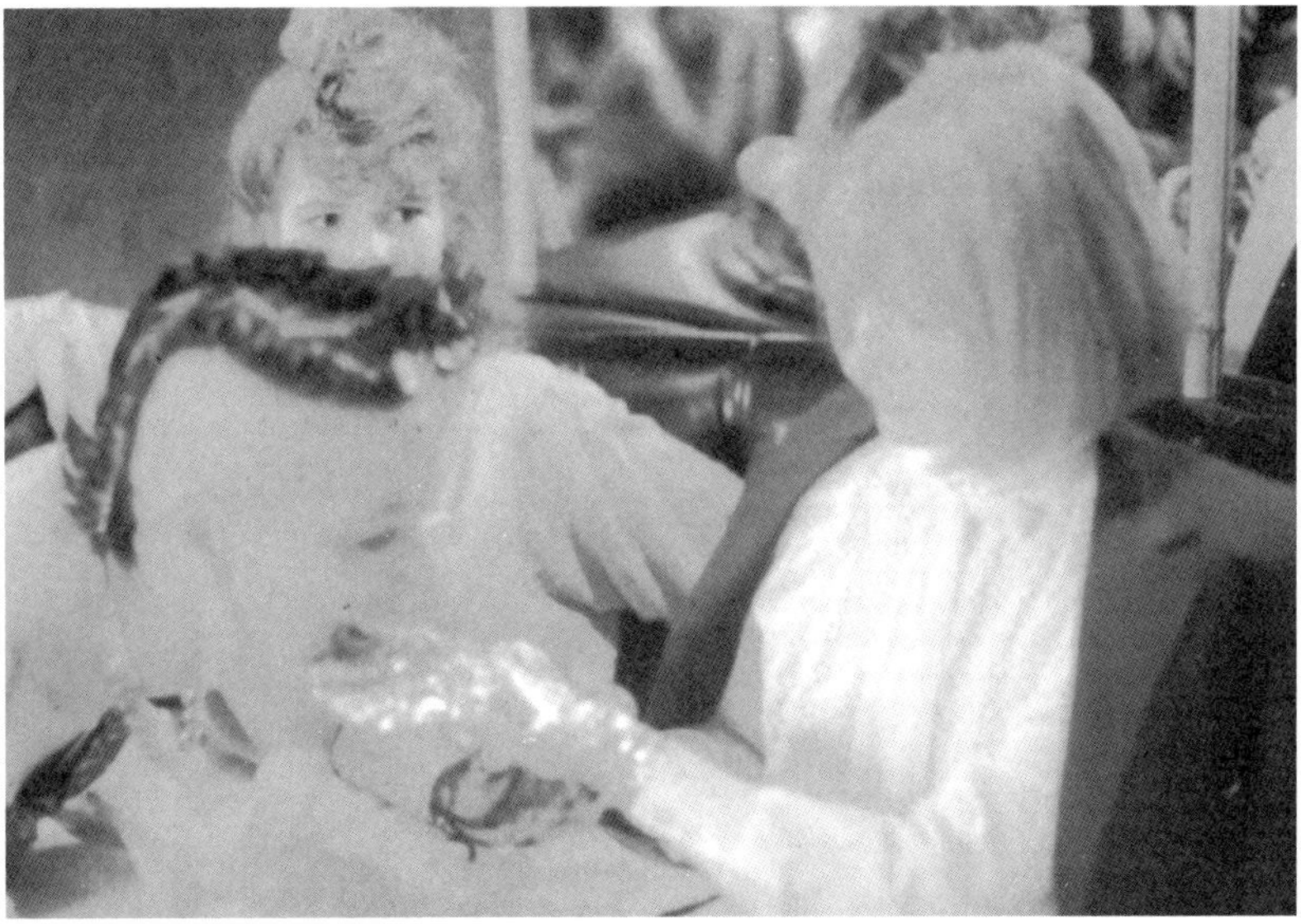

金属製の手を披露するロジャース捜査官（スーザン・バーンズ）

てていた。当のスタジオの連中自身も困惑したようだった。そのヴァージョンでは、シェヴィ・マリブのナンバー・プレートのアップなど、追加のショットが加えられていた。ニューメキシコのナンバー・プレートで、真ん中にホピ族のシンボル・マークがついていたな。ところがあいつら、車のスチル・ショットを撮って、車が走っているシーンの合間にそれを挿入したりしていた。本当に、ひどいものだったよ。しかも、ホピ族のシンボルが角のついた悪魔のドクロ・マークに変わったりするんだ！　嘘じゃない！　ハリウッドのメジャー・スタジオっていうのは、悪魔崇拝の連中が経営してるんだ。映画の中に悪魔崇拝のPRを入れるくらいだから、本当だ。

このテレビ版はとにかく最悪のゴミみたいなものだったから、ぼくもすっかりうんざりして、そのまま放っておくつもりだった。でも、ディック・ルードがどうしても何とかしろって言って聞かなかった。そこで、カットしてしまったラッシュのフィルムを取り出して、オリジナル版にはなかったシーンをふたつ加えた。ひとつはジャック・マクナリーがヒゲを剃るシーン（ハリー・ディーンが自分の名前はI・G・ファーベンだって言うところ）と、もうひとつはハリー・ディーンが野球のバットで電話ボックスを壊すシーンだ。イギリスでテレビ放映したヴァージョンはふたつのヴァージョンをミックスしたもので、全部ではないが汚い言葉も入ったままだった。こういう汚い言葉の処理って、実に面白いね。たとえば、"マザー・ファッカー"と言うところは、代わりに"メロン・ファーマー"に差し替えられてたけど、どっちにしてもおかしいからいいやって思ったよ。むしろ、もっと面白くなっているんじゃないかな。ぼくはどっちだってかまわない、という気分だった。『シドアンドナンシー』のあとのことで、汚い言葉には飽き飽きしていたから。俳優たちも差し替えた言葉の録音作業で一日余分に仕事がもらえたから、みんなハッピーってわけさ。

最近は、ビデオ版の製作にはもっと深くかかわることにしている。ぼくの作品は、ビデオで観る人のほうが多いからね。『タイタニック』(ジェイムズ・キャメロン、97)のような作品でさえ、地元の映画館へ足を運んだ人たちより、テレビやビデオで観た人たちのほうが多かったんだ。

それに加えて、ビデオ版というのは、ビデオを配給する会社がどうでもいいと思ってしまうと、シネスコ・サイズのテレシネに失敗したり、プリントの細部のチェックが不備なままになる場合が多いんだ。スクリーンの上や下に、明らかにあってはならないマイクやドリーのレールなどが映し込まれたままになっていることもある。皮肉なことに、ビデオ版にそういうのが映っていると、それもぼくの風変わりでアナーキーな演出の一例とされたりするんだ。実際、ビデオ版の『レポマン』でドリーのレールが映っているシーン(酒屋の強盗シーン)は、すごく面白いんだよ。もちろん、それはロビーの意図ではなかったけどね。もしかしたら、ぼくもわざとそういう演出をすべきだったのかもしれないな!」

『レポマン』が多くの観客を集めたのは、間違いなく、公開された時期にまだパンク・ムーヴメントが盛んだったという理由による。この作品には、パンク・スピリットが吹き込まれていた。サウンド・トラックはブラック・フラッグ、スーシダル・テンダンシーズ、フィアー、サークル・ジャークスといったバンドが中心で、プラーグズのメンバー、ティト・ラリーバとスティーヴン・ハフステターのふたりによる曲が付け加えられている。最後に流れる、異彩を放つモリコーネ風の一曲が彼らの作品だ。

当然のことながら、この作品はパンクでもなければパンクの兄弟姉妹でもない多くの人々からも支持された。それは、全編に反体制の空気が満ちていたからだった。パンク・シーンを知り尽くしたコックスの手腕が光り、それが彼の次の作品へとつながっていった……。

第四章
ジャンキーを信用しちゃいけない

「殺してって頼んだら、あんた、あたしを殺してくれる？」

「パンクという現象を象徴する映画である……
主演のふたりには、どんな賞賛も追いつかない……ダイナミックな力強い作品だ」
<ヴァラエティ>より

『レポマン』のあと、アレックス・コックスはハリウッドでセックス・ピストルズのベーシスト、シド・ヴィシャスと彼の恋人ナンシー・スパンジェンの半生を描く映画が作られることになりそうだという噂を耳にした。主演はマドンナとルパート・エヴェレットになるとのことだった。

コックスは感心しなかった。パンク・ムーヴメントに対する強烈な関心と、シドとナンシーがいかにこの革命的なムーヴメントの裏切り者となったかについて独自の意見を抱いていた彼は、ハリウッドが手をつける前に、絶対に自分で彼らの物語を映画化したいと強く思った。コックスの関心はつねづね、セックス・ピストルズよりもこのふたりの恋人たちのほうにあった。セックス・ピストルズ自体はすでにジュリアン・テンプル監督により『グレート・ロックンロール・スウィンドル』(79)という映画になっていた。

シド・ヴィシャスとナンシー・スパンジェンの物語は、ロックの歴史の中でももっともセンセーショナルなものといえよう。一九七八年十月十二日、ニューヨークの〈チェルシー・ホテル〉一〇一号室のバス・ルームには、血の海の中に横たわるナンシー・スパンジェンの死体があり、寝室には血まみれのシド・ヴィシャスがいた。その四ヶ月後、ナンシー・スパンジェン殺害容疑による裁判を待っていた彼は、ヘロインの過剰摂取であっけなく死んでしまった。ニューヨークで仮釈放になってから、わずか二十四時間後のことだった。

コックスはすでに一九八〇年に「死ぬにはクールすぎる(Too Kool to Die)」というタイトルで脚本を書き上げていた。シドとナンシーを描いたものではなかったが、架空のバンドと殺人というモチーフが使われていた。しかし、ハリウッド製のシドとナンシーの映画の噂を聞くまで、手をつけずに放置したままだったのである。ときは熟した。彼はアビー・ウールとともに書き上げてあった脚本に手を加えることにし、まずは悲惨な運命をたどったふたりについてリサーチをはじめた。ウールはUCLA時代のコックスのパンク・ロック友だちで、彼が映画化を具体的に考えはじめるずっと前に「死ぬにはクールすぎる」を読んでいた。

「もちろん、ちゃんとした映画界の人間はまだ誰も目にしていない脚本だった。私はすばらしいと思ったわ。シドとナンシーのロマンスは作り話に置き換えられていたけど、明らかにイギリスのパンク・ロックの終末が描かれていた。あとで私たちが書いた『シドアンドナンシー』の脚本は、ふたりの一件の事実としての面と、漫画っぽくとらえた面をミックスしたものなの」

映画を専攻していた学生時代から『レポマン』の製作中にかけて、ウールとコックスは恋人同士の関係にあった。実は、『レポマン』から『シドアンドナンシー』までのあいだに、ふたりは正式に結婚までしていた。しかし現実には、そのころのふたりの関係は仕事の上の同僚のようなものに変化しており、結婚はコックスのアメリカでの仕事をしやすくするためだけのものであった。ウールはその後、脚本からも演出からも手を引き、映画製作現場の電気技師となった。

本物のシド・ヴィシャス、1978年

「映画作りの本当の幸福というのは、人の目に見えるところよりも見えないところに多いの。今は昔に比べて苦労が少ないけど、昔と同じくらい仕事を楽しんでるわ。それに、今のほうが人間的に優れた人たちとたくさん出会えるのよ。今でも『シドアンドナンシー』を話題にする人たちが多いことには驚かされるわ。あの映画がそういう強烈な印象を残したというのは、私にとっても本当に嬉しい。しかも、本当のシドとナンシーについても多くの人たちが話題にするっていうのは、さらにすばらしいことだと思う。アレックスと私がしたことは、それを脚本という形に変えただけなのよ」

リサーチのほとんどはロンドンで行われた。コックスとウールは、デビー・ウィルソンやマルカム・マクラーレンなど、生前のシドとナンシーをよく知る多くの人々から話を聞いた。また、生前のふたりの頭のおかしくなりそうなインタヴューをもとに、パンク・ムーヴメントを描くドキュメンタリー『DOA』(81)を撮ったレック・コワルスキとも会って話をした。さらに、コックスとウールはシドの母親と会う機会も得た。脚本はこういった人々へのインタヴューとさまざまな新聞記事などがもとになっている。しかし、ふたりはナンシーの母親が書いた本には近づこうとしなかった。コックスがこの本には明確さと自覚とが欠如していると判断したからだった。

「あの母親にはナンシーという人間についての責任を受け止める能力がない。実の娘なのに、まるで『エクソシスト』(ウィリアム・フリードキン、73)のリンダ・ブレアみたいな扱いかたで書いていていただけだった。それで、どうして彼女があれほどめちゃくちゃな人間になったかということに関して、もっと現実的な理由はほかにあるんじゃないかって思った」

イギリスで『レポマン』が劇場公開されていたこのころ、コックスはエリック・フェルナーという若手ビデオ・プロデューサーと出会った。彼は八十年代にさまざまなポップ・ミュージックのプロモ・ビデオを製作しており、中でもデュラン・デュランのビデオはもっともよく知られていた。フェルナーには、ビデオ製作のための資金獲得のノウハウと専門的な技術があった。しかも、まだ二十五歳の若さにしてすでに音楽ビデオに飽き、劇場用映画のプロデュースをしたいという野心を抱いていた。彼は自分の会社を売却し、半年ほどアフリカを旅行したあと、ロンドンに戻って「映画プロデューサー　エリック・フェルナー」と印刷した新しい名刺を作った。ロンドンのバーで出会ったコックスとフェルナーは、すぐさま電話番号を交換した。

そして『シドアンドナンシー』の脚本を受け取ると、フェルナーはドラマと音楽を組み合わせたこの企画こそ、まさに完璧に自分のためのものだと考えたのだった。

「すごく意欲的でエキサイティングな脚本だと思った。でも、あの当時はそれがどれほど大胆な判断かってことがわかってなかった。ぼくが比較できる脚本はそれほど多くなかったから。それでも、アレックスが映画を作れるように資金繰りをする気になったのは、彼があまりにも熱心だったからだ。その情熱にほだされたってところだな。彼に会って、こういう人となら、ぜひ一緒に仕事したいと思った。つまり、映画を完成させるという目的だけのために、週七日一日二十四時間一緒にいられる人だと思ったんだ。それに、当時彼のパートナーだったアビー・ウールについても、同じような印象を抱いた。ぼくたち三人とも、これがすばらしいものになるって確信してたんだ」

しかし、こうして企画が動きはじめたばかりのある時点で、コックスはひとりの人間に縛りつけられたくないという理由から、フェルナーに映画の版権を渡すつもりはないとはっきり告げた。

「それがアレックスのやりかたなんだ。でも、その条件に同意したよ。何の話をしているのかわからなくて、それがどういう意味になるのか、ぼくにはよく理解できていなかった。今だったら、自分で作品の権利をコントロールできないのなら、決してそのプロジェクトには手を付けないだろうね。『シドアンドナンシー』にかかわって一年間を過ごしてみて初めて、アレックスはいつでもぼくを捨ててほかの誰かと組めたんだってことがわかった。あの映画をやりたがっていたプロデューサーはほかにたくさんいたってことを知ったのも、実はつい最近のことなんだ」

このあたりの事情について、コックスの見解はまったく違うようだ。

「もちろん、ぼくたちは彼とは別の出資者を頼ろうとしていたが、プロデューサーとして考えていたのはエリックだけだ。彼がいなかったら、この作品は完成しなかったと思う」

このとき、ゼニスの製作担当責任者だったマーガレット・マシソンがエリックとともに資金集めに当たった。その結果、ロンドンのゼニス・プロダクションとロスアンジェルスのエンバシー・ホーム・エンターテインメントの二社から、十一週間の撮影にしてはかなりささやかな四百万ドルという製作予算が提供された。マシソンが資金集めに奔走する気になったのは、何より彼女がこの脚本に心から惚れ込んでいたからだった。

「信じられないかもしれないけど、ゼニスで作品を選ぶ基準としていたのは、大がかりなマーケティング調査の結果よりも、私が個人的に好きかどうかということだったの。幸い、『シドアンドナンシー』はしっかりと観客の心をとらえてくれたわ」

キャスティングに関して、マシソンはコックスに白紙の状態で一任した。それはすなわち、彼が主役のふたりにも無名の俳優を起用できるということを意味した。『レポマン』のときと同じように、ゲイリー・オールドマン、クロエ・ウェッブ、デイヴィッド・ヘイマン、ザンダー・バークレイなど、出演者全員がオーディションを受けた。ジョニー・ロットン役をオファーされたティム・ロスだけがオーディションを受けるのを拒んだが、その理由は彼自身の経歴にあまりにも似ていると思ったからだった。ナンシー役については、〈マキシマムロックンロール〉誌と〈フリップサイド〉誌に公募の広告が掲載された。その結果、ブリーチしたブロンドの女の子たちが五百人も詰めかけ、ナンシーが鏡に映った自分の姿を見て「シド！ 助けて！ ヒッピーの服を着たスティーヴィー・ニックスみたいになっちゃった！」と叫ぶシーンを熱演した。

当時まだ無名で、演技経験もろくになかったコートニー・ラヴはこの役に共感を覚え、コックスとともに脚本を執筆したアビー・ウールの自宅に電話をかけてきて、オーディションのチャンスをくれと懇願した。オーディション当日、派手なパンク連中を大勢引き連れて登場した彼女が脚本を読んでみせたとたん、プロデューサーのピーター・マッカーシーは大いに感心してしまった。

「コートニーはだらっとしたコットンのドレスを羽織り、しかも裸足ですごく足が汚れていた。まるで糸のないあやつり人形みたいにそこら中をふらふらと動き回っていたが、それがまた、奇妙で滑稽なんだよ。脚本を読ませたところ、すっかり度肝を抜かれたね」

オーディションの結果、ラヴは呼び出しを受けた数少ない女優のひとりとなった。コックスは彼女の才能は認めたものの、ゲイリー・オールドマンと同レベルの演技経験がないことに懸念を感じた。ふたりで組んでもうまく行かないだろうと踏んだのである。その代わり、ラヴはナンシーのジャンキー友だちグレッチェンという端役をもらった。コックスはわざわざ彼女のためにこの役を書いたのだが、肝心のラヴの居場所がわからず、連絡がつかなかった。あちこち探し回った結果、何とグァムの〈ブランディ・ハウ〉というストリップ・クラブで働いていることがわかった。連絡を受けた彼女はただちにそこを抜け出し、ニューヨークへ戻って来た。

マッカーシーの話によると、ニューヨークでの撮影の合間、ラヴは文無しのくせに占い師に会うためにギャラを使ったことがあったという。「この仕事をまさに人生の転機だと思っていたようだね。これからはすべてが変わると信じていたらしい」。コックスは彼女にエキストラの

「『ウォーカー』のアクション・シーンのバックにジョー・ストラマーのサルサを流すような、既存のやりかたに逆らうやりかたもアレックスならではなんだ。映像の面でも同じようなやりかたをするんだよ。パンク・ロック・クラブに子猫を登場させたりしてね！」監督、主演男優、そして子猫

手配を任せたり、彼女の友だちのジョー・ママに衣裳係の仕事を与えたりした。そして、この翌年、ラヴはコックスの次の作品『ストレート・トゥ・ヘル』に出演することとなる。

ロンドンで行われた『シドアンドナンシー』のオーディションでは、キャシー・バークという若い女優がコックスの目を引いた。コックスは初めてその才能と個性に合った役で彼女を使う監督となった。セックス・ピストルズのグルーピーのひとり、ブレンダ役に抜擢することで、彼女にゲイリー・オールドマンと一緒に仕事をするチャンスを与えたのである。十年後、彼女はオールドマンの初監督作品『ニル・バイ・マウス』(97)で再び彼と組み、一九九七年カンヌ国際映画祭最優秀女優賞を獲得した。

主役のシドについてコックスが検討していたもうひとりの候補者は、やはり当時はまだ無名で、ロンドンで舞台俳優をしていたダニエル・デイ・ルイスだった。コックスがオールドマンに決めたのは、彼がロンドン市内でもシドと同じ地区の出身で、そのキャラクターに秘められた熱い思い、つまり、どんなことをしてでもサウス・ロンドンから逃げ出したいという欲望をよく理解していたからだった。

「あのころ、彼はまだ映画に出たことがなく、何とか映

画出演を果たしたいと必死になっていた。あれはとても難しい役だったんだが、ゲイリーは良い仕事をしてくれたと思ってるよ。でも、撮影中にお父さんが亡くなったんで、彼にとってはかなり辛くきつい時期だったはずだ」

アレックス・コックスの日記
メイキング・オヴ・『シド アンド ナンシー』

「死ぬにはクールすぎる」は執念深い盲目の探偵（ギルバート・シェルトンのコミックス《Tricky Prickears》をモデルにしている）が主人公で、英国人ベーシスト、リンゴ・シブのもとから娘を救出しようとする裕福な米人一家に彼が雇われるという話である。これはかなりシュールな内容で、サッチャー政権の悪夢に覆われる直前の英国におけるパンク・ムーヴメントの崩壊がおもなテーマとなっている。しかもロンドンの洪水やジェレミー・ソープのスキャンダル、イラン国王の麻薬密売など、およそ映画化されそうにない要素が満載されていた。しかし、構造的には、五年後に私がアビー・ウールとともに書き上げた「ラヴ・キルズ（Love Kills）」とかなりの部分で共通している。

以下は、この映画の製作プロセスの記録である。当時の個人的日記から、このころ行ったロックンロールのコンサートや、映画館やバイクにまたがったまま観た映画についても加えておいた。

一九八五年

一月七日　〔ジービージービーズ〕にてサークル・ジャークスのライヴ

一月十日　『レポマン』ロンドン公開はじまる。ニューヨークにて生前のシドとナンシーを知る人にインタヴュー。レック・コワルスキ、ジェイムズ・スペイシー、ハイディ、リタなど……。

一月十四日　『シド』のアウトライン完成。

一月十五日　脚本執筆開始。

一月十九日　〔バードランド・ウエスト〕にてスクリーミン・ジェイ・ホーキンス。

一月二十日　『ブラッドシンプル』（ジョエル・コーエン、84）を観る。

一月二十三日　第一稿完成。

一月二十四日　ウォータールーにある〔ウォール・パブ〕の穴蔵のようなところでシドの母親アン・ビヴァリーに会う。

一月二十五日　『シド』の件で、デビー・ウィルソン、アラン・ジョーンズと会う。ウィリアム・バロウズと彼の子分ジェイムズ・グローアーホルツにも会う。

一月二十七日　『秘密の名誉〈Secret Honor〉』〈ロバート・アルトマン、84、未〉を観る。

一月二十八日　ロッテルダムのルクソールにて『レポマン』上映。ルディ・ワーリッツァーと子分のハリー・ディーン・スタントンに会う。

二月二日　シド・ヴィシャスの命日。ロッテルダム映画祭最終日。パーティあり。

二月四日　第二稿執筆のため、アビー・ウール、ロンドン到着。ピムリコのラパス・ストリート八十四Cに投宿させる。

二月十三日　「ラヴ・キルズ」というタイトルで第二稿完成。エリック・フェルナー、ニッキー・ハートと会う。パブ〈サン・イン・スプレンドア〉だったか。

三月一日　オライオン・ピクチャーズより『マーズ・アタック!』〈ティム・バートン、96〉の脚本執筆を依頼される。

三月二十三日　リヴァプール理工大学にてポーグスを見る。〈アデルフィ・ホテル〉に宿泊。

三月二十九日　〈ディングウォールズ〉にてアンタッチャブルズのショー。

三月三十一日　デイヴ・ブリッジズと会い、ロケハンを行う。

四月一日　ゼニス・プロダクションズのマーガレット・マシソンと会う。

四月二日　ハムステード・ヒースの〈ゴルダーズ・グリーン・テューブ〉と〈エレクトリック・ボールルーム〉の〈パストラル・イディル〉にて、

四月三日　ポーグズの〈A Pair of Brown Eyes〉撮影キングズ・クロス・スヌーカー・クラブ、アンカー・パブ、バンクサイド、サウスウォーク・マーケットにて〈Brown Eyes〉の撮影つづく。

四月四日　パブ店内をスタジオにて撮影。

四月八日　ハーレスデンにてポーグス、メン・ゼイ・クドゥント・ハング、ビリー・ブラッグ、ミーン・フィドラーのショー。

四月十二日　カーナビー・ストリートの〈アイランド・イン・シェイクスピア・ヘッド〉にて、ロッボに〈Brown Eyes〉のビデオを渡す。ウォルター・ドナヒューと〈ヤング・ヴィク・シアター〉にて『どん底』を観る。〈イレクトリック〉にて１０００メキシカンのライヴ。

四月十三日　パットニーの〈ハーフムーン〉にてフラコ・ヒメネスのショー。

四月十四日　ストーク・ニューイングトンにて『人民の名において（In the Name of the People）』（フランク・クリストファー三世、84、未）と『未来世紀ブラジル』（テリー・ギリアム、85）を観る。

五月十日　エリックとともにゼニスと契約。エリックが予算を担当し、プロデュースすることとなる。ゼニス（マーガレット・M、チャールズ・デントン、スコット・ミーク）が五十パーセントを出資。残りはほかを探す。

五月十四日　バーモンドジー、アビー・ストリート一六四番地のネッキンガー・ミルズにアパート、いや、いかにもアーティスト用ロフトといった部屋を借りる。

五月十六日　エドワード・テューダー・ポールとタワー・ブリッジへ行く。

五月十八日　ジョニー・サンダースにインタヴューを申し込むが、ギャラを要求される。やらないことに決定。

五月十九日　リンダ・アシュビーとパブ〈マン・イン・ザ・ムーン〉へ行く。

五月二十八日　トッテンハム・コート・ロードにて『皆殺しのジャンゴ』（フェルディナンド・バルディ、69、未）のベータ版を購入。

五月三十一日　J・トーマスからモト・グッツィ、八十四年型Ｖ50／3を借りる。

六月一日　『マーズ・アタック！』の第一稿締切。

六月四日　ロンドンにてキャスティング開始。ルーシー・ボールディング。

六月五日　オルドウィッチの〈ウォードーフ・ホテル〉のアデルフィ・スイートで開催されていたジャガイモ料理の展示会へ行き、試食を楽しむ。

六月十九日　ゼニスにてグレン・マトロックと会う。
『レポマン』ロンドン公開最終日。

六月二十三日　コーリーにてバイクＢＭＷ Ｒ１００ＲＴを購入。

六月二十八日　ロスアンジェルス、〈ケンシントン・ホテル〉に滞在。レンタカーの六十五年型プリマス・ヴァリアントを借りる。ロスでのキャスティングについて、ヴィッキー・トーマスと打ち合わせ。アメリカでの撮影に

ナンシー・スパンジェンに扮したクロエ・ウェッブ

七月一日　ついて、ピーター・マッカーシー、デビー・ディアズと打ち合わせ。
七月五日　ロスアンジェルスでのキャスティング・ウィークはじまる。
七月六日　センチュリー・シティの〔プリット〕にて『エメラルド・フォレスト』(ジョン・ブアマン、84)を観る。
七月八日　『ランボー』(テッド・コッチェフ、82)、『ペイル・ライダー』(クリント・イーストウッド、85)を観る。
七月九日　オーディション。そのあとロンドンへ。
七月十日　トッテンハム・ストリート五十二番地に「ラヴ・キルズ」のオフィスを開設。
七月十一日　ロンドンでのオーディション開始。
七月十五日　チャリング・クロス・ロードにて『１９８４』(マイケル・ラドフォード、84)を観る。
七月十七日　製作準備スタート。
七月十九日　バービカンにて「ウォー・プレイ(War Play)」を観る。四時間半もあった!
七月二十日　ダン(ダニエル)・デイ・ルイスのオーディション。そのあと、アンナ・シャー・スクール〔ロンドンにある若手俳優のためのドラマ・スクール〕へ。
リトルトンのナショナル・シアターにて「モルフィ公爵夫人」を観る。
七月二十二日　ゲイリー・オールドマン、ピート・リー・ウィルソン、リー・ドライズデールをオーディションする。ハムステッドにて「詐欺師たち(Grafters)」を観る。
七月二十六日　ピストルズのマクラーレン役をオーディション。
七月二十九日　『マイ・ビューティフル・ランドレット』(スティーヴン・フリアーズ、85)を観る。
七月三十日　ベルファスト、〔ＨＭＳ〕にてポーグスのレセプションに出席。
七月三十一日　ニューヨークへ。
八月一日　ゲイリー・カーファーストと会う。クイーンズにてディー・ディー・ラモーンをインタビューする。
八月二日、三日　俳優たちの打ち合わせ。
八月四日　ハドソンにてシドを撮っていた写真家ジョー・スティーヴンズと会う。ロンドンへ。
八月七日　ブリックストンにてポーグズ、メン、ブートヒルズ、コステロ・ニカラグア・ベネフィット、フリッジのショー。
八月九日　エンバシー・ホーム・エンターテインメトが

八月十日　「ラヴ・キルズ」のアメリカ国内の権利取得を条件に、ゼニスに百七十五万ドルの出資を申し出。エリックとマーガレットは百八十二万二千ドルは必要だと算段する。ソーホーにてゲイリー・オールドマンと昼食。

八月十二日　スカラにて『エレメント・オブ・クライム』（ラース・フォン・トリアー、84）を観る

八月十四日　アラン・ブリーズデールの「今夜独りかい（Are You Lonesome Tonight）」を観る。

八月十六日　リンダ役のオーディション。

八月十七日　ロスアンジェルスへ。

八月十八日　コンプリーション・ボンド社のリー・カッツと打ち合わせ。ナンシー役のオーディション。

八月二十一日　ナンシー役のオーディション。

八月二十三日　ナンシー役のオーディション。パティ・ティッポ、コートニー・ラヴに脚本を読ませる。

八月二十六日　ナンシー役のオーディション。コートニー、クロエ、リサをビデオ撮影。

八月二十七日　ニューヨークへ。ロケハン。

ロンドンへ。

ロジャー・ディーキンズに会う。

八月二十八日　SW7、ハリントン・ロード二十一番地に新オフィス開設。

八月二十九日　ロケハン。

八月三十日　リンダ役、フィービー役、ロットン役、ジョーンズ役、クック役のオーディション。

八月三十一日　ロスアンジェルスへ。

九月一日　ナンシー役オーディション。

九月二日　ニューヨークへ。オーディション。

九月三日　オーディション。ロンドンへ。

九月六日　ポール・ラファエル、ロジャー・ディーキンズと一緒にロケハン。

九月九日　フィルム編集者のデイヴィッド・マーティンと会う。ロケハン。

九月十日　サウンド録音技師のピーター・グロソップと会う。

九月十一日　さらにロケハンするためにロスアンジェルスへ。

九月十四日　弁護士との会議（十時三十分から十八時四十五分まで）のためにニューヨークへ。ジム・キャロル、デイヴィッド・ヨハンセンのオーディション。バスターと会う。

九月十五日　十八時にメイフラワー・ホテルにてジョ

ン・ライドン（ジョニー・ロットン）と会う。ロンドンへ。

九月十六日　デンマーク・ストリート六番地にてドリュー・ショフィールド、グレン・マトロックと会う。

九月十七日　クロエとゲイリーのリハーサル。

九月十八日　出演者たちによる通しの台本読み合わせ。

九月十九日　ブリックストン、アカデミーにてビリー・ブラッグ・ニカラグア支援コンサート。

九月二十二日　ヘア・スタイルについて打ち合わせ。クロエ、アン、ポール・マブライズ、ギルバート・シェルトンらとディナー。〔ハマースミス・パレス〕にてポーグのライヴ。

九月二十四日　主要キャストの衣裳合わせ。

九月二十五日　メイキャップについて打ち合わせ。俳優たちの参考にするために、セックス・ピストルズのオリジナル・ビデオを撮ったビル・グランディにインタヴュー。

九月二十六日　グランディのインタヴューをビデオに撮る。

九月三十日　撮影スタート　第一週目

十月一日　リンダの家。

十月二日　バッキンガム・パレス・ロード、タクシーに乗るシーン、トラファルガー・スクエア、ハロッズ。

十月三日　リンダの家。

十月四日　リンダの家。

十月五日　（オフ日）ロケハンでウォーチェスター・カレッジのゴーディへ。

十月七日　第二週目

ベルグラビアの室内および屋外の撮影。

十月八日　ベルグラビアの室内撮影。

十月九日　ケンブリッジ・サーカス。

十月十日　クリソールド・ロード、アルビオン・ロード、ヴィヴィセクション・ラブ。

十月十一日　〔セディショナリーズ〕で撮影（シーン四十四と七十三）。

十月十二日　ナンシーの命日。ロケハンで、ゲイリーと録音スタジオへ行く。

十月十四日　第三週目

パラダイス・クラブで撮影。

十月十五日　録音スタジオで撮影。

十月十六日　テムズ川にて船上の撮影。

十月十七日　電話ボックスと船の場面の残り（シーン三十九）を撮影。

十月十八日　ヴァンの車内撮影。アックスブリッジと

シド・ヴィシャスに扮したゲイリー・オールドマン

十月二十日　ウィンターランドで撮影。
十月二十一日　サウンド・スイートにて、ボーカルの再録音。
第四週目
グリッターベストのクレスト・ホテルにあるパブ〔オールド・マホーン〕で屋外撮影。
十月二十二日　〔オールド・マホーン〕の店内を撮影。
十月二十三日　中華料理店〔カフェ〕にて撮影。
十月二十四日　「マイ・ウェイ」劇場にて。
十月二十五日　「マイ・ウェイ」劇場にて。
十月二十六日　小撮影隊とともにパリ市内を撮影。
十月二十八日　第五週目
ホテルの部屋（シーン七十五）、バスルーム内の撮影。
十月二十九日　ジュビリー・ストリート。
十月三十日　シドの母親宅。
十月三十一日　ウォーリーの家（予定されていたが、俳優の体調不良により中止）。
十一月一日　（予定表にはパリと歯医者と書かれているが、両方ともあとから線で消されている。だが、たしかこの日には二十一時から出演者とクルーとでパーティがあり、そこでジョー・ストラマーに会っていると思う）
十一月二日　ニューヨークへ。ニューヨークの撮影クルーと顔合わせ。
十一月三日　暖かい晴天の日曜日。ニュージャージー・ドックで積み上げられた廃車の山の手配。至福の一日。
十一月四日　第六週目　ニューヨーク撮影の準備。
十一月五日　ニュージャージーにて、ドック、ピザ、タクシーのシーン撮影。
十一月六日　F・リー・ベイリーのオフィス、地下鉄の撮影。
十一月七日　アルファベット・シティにてメタドーン・クリニックの屋外撮影、マックスの家の屋外撮影。
十一月八日　マックスのオフィス、二十三丁目ストリート、ヤンキー・リカー、ゲットー・ストリート（１２３Ａ）（ビデオ撮影）。
十一月九日　プレイランドの屋外撮影、タイムズ・スクエアの屋外撮影、ファスト・フードの室内撮影。あとは休み。
十一月十一日　第七週目
〔チェルシー・ホテル〕にて室内撮影。
十一月十二日　〔チェルシー・ホテル〕のロビー。
十一月十三日　ロスアンジェルスへ。

十一月十四日〜十七日　（撮影クルーが変わり、「新しい」シヨットのための準備のため、驚いたことにこの間はまったく暇だった）
十一月十八日　第八週目　ロスアンジェルス撮影の準備。
十一月二十日　刑務所にて監房の撮影。
十一月二十一日　おばあちゃんの家。
十一月二十二日　メキシカン・バー、おばあちゃんとのドライヴ。〔GSミュージック・ホール〕の屋外撮影。
十一月二十三日　ビデオのインサート・ショットの撮影。
十一月二十四日　エル・セントロへ、ピーター・マッカーシーとロケハン。
十一月二十五日　第九週目
病院、メタドーン・クリニックの室内撮影。
十一月二十六日　〔テキサス・クラブ〕、保育園での撮影（ウエスト・ハリウッド、スターウッドにて）。
十一月二十七日　〔マックス〕の店内撮影、〔テキサス・クラブ〕最後の撮影（スターウッドにて）。
十一月二十八日　サンフランシスコへ移動。
十一月二十九日　サンフランシスコでのシーンの撮影。
十一月三十日　ゲイリーとアムトラック鉄道でロスアンジェルスへ。
十二月一日　撮影クルーとともにエル・セントロへ。ロジャー、デイヴとともにカレクシコへ車で移動。フライド・チキンの店の店内撮影。
十二月二日　第十週目　テキサスへバス・ツアー。エル・セントロ、ブローズレイ、アンサ・レーゴ砂漠で撮影。ロスアンジェルスへ戻る。
十二月三日　〔ミヤコ・ボールルーム〕で撮影（ユニヴァーサル・シティにて）
十二月四日　飛行機の内部を撮影。鉄道の線路を撮影（パコイマにて）。
十二月五日　ゴミが落ちてくるシーンの撮影。バワリーの登場、マックスのオフィス撮影（ダウンタウン・ロスアンジェルス）。
十二月六日　サンシャイン・イン（セプルヴェダ）。
十二月九日　第十一週目
ロスアンジェルス、シネプロにてスタジオ撮影。〔チェルシー・ホテル〕、二〇一号室で撮影（シーン一四七、一四九、一五三）。
十二月十日　二〇一号室にて撮影（シーン一五五）。
十二月十一日　一〇〇号室、および二〇一号室で撮影。
十二月十二日　一〇〇号室でどんちゃん騒ぎの撮影。
十二月十三日　一〇〇号室とワックス・マックスのところの撮影。
十二月十六日　第十二週目

十二月十七日　一〇〇号室にて死のシーンを撮影。
十二月十八日　一〇〇号室。
ウォーリーがわめき散らすシーンの撮影。
ラ・ブレアのサウンド・ステージにて（この夜、最後の打ち上げパーティが実施される）。
十二月十九日　二十一時四十五分、ウエスタン航空四五六便でメキシコシティに向けてロスアンジェルスを発つ。

ロスアンジェルスで行われた追加のセリフ録音と、ニューヨークとサンフランシスコで録音されたジョン・ケイルとプレイ・フォー・レインの音楽を別にすれば、ポスト・プロダクションの作業はすべてロンドンで行われた。ファースト・カットは三時間もの長さになった。追加撮影の必要はまったくなかった。音響のミキシングはソーホーのド・レイン・レアで行われた。ミキサーはヒュー・ストレインである。

ゼニスの弁護士たちからの要請により、タイトルは『シドアンドナンシー』に変更された。そして、一九八六年のカンヌ国際映画祭の一部門「監督のための二週間」で初めて上映されたのである。

三ヶ月にわたって行われた撮影について、何人かの俳優たちは一種独特の強烈な麻薬的効果のある時間を過ごしたと告白している。マルカム・マクラーレン役を演じたデイヴィッド・ヘイマンも、この「精力的な」時間を体験した。

「アレックスは鮮烈な現実的体験のようなものを求めていた。それが良かったんだと、ぼくは思うね。撮影現場には本物の狂気と混沌とが漂っていて、それが役者の演技に影響を与えていた。正直言って、誰もがヤクをやっていたような気がする。もちろん、そうしろって積極的に勧められたわけじゃないけど、禁じられることはなかった。演じていた人間のライフスタイルを体験することが鍵だったんだな。その結果として生まれた『シドアンドナンシー』は、今でももっとも力強く反麻薬を訴える映画となっている。『トレインスポッティング』（ダニー・ボイル、96）なんかより、はるかに効果的なメッセージがあるよ。アレックスの映画は過剰摂取によって人生を破滅させていく人間の悲劇を本当にまざまざと描いていた。それを作るプロセスにおいて、たまたま、ぼくたちも過剰摂取しちゃったってことさ」

『シドアンドナンシー』を製作するに当たり、コックスとウールはおおむね優秀なプロデューサーの手腕に恵ま

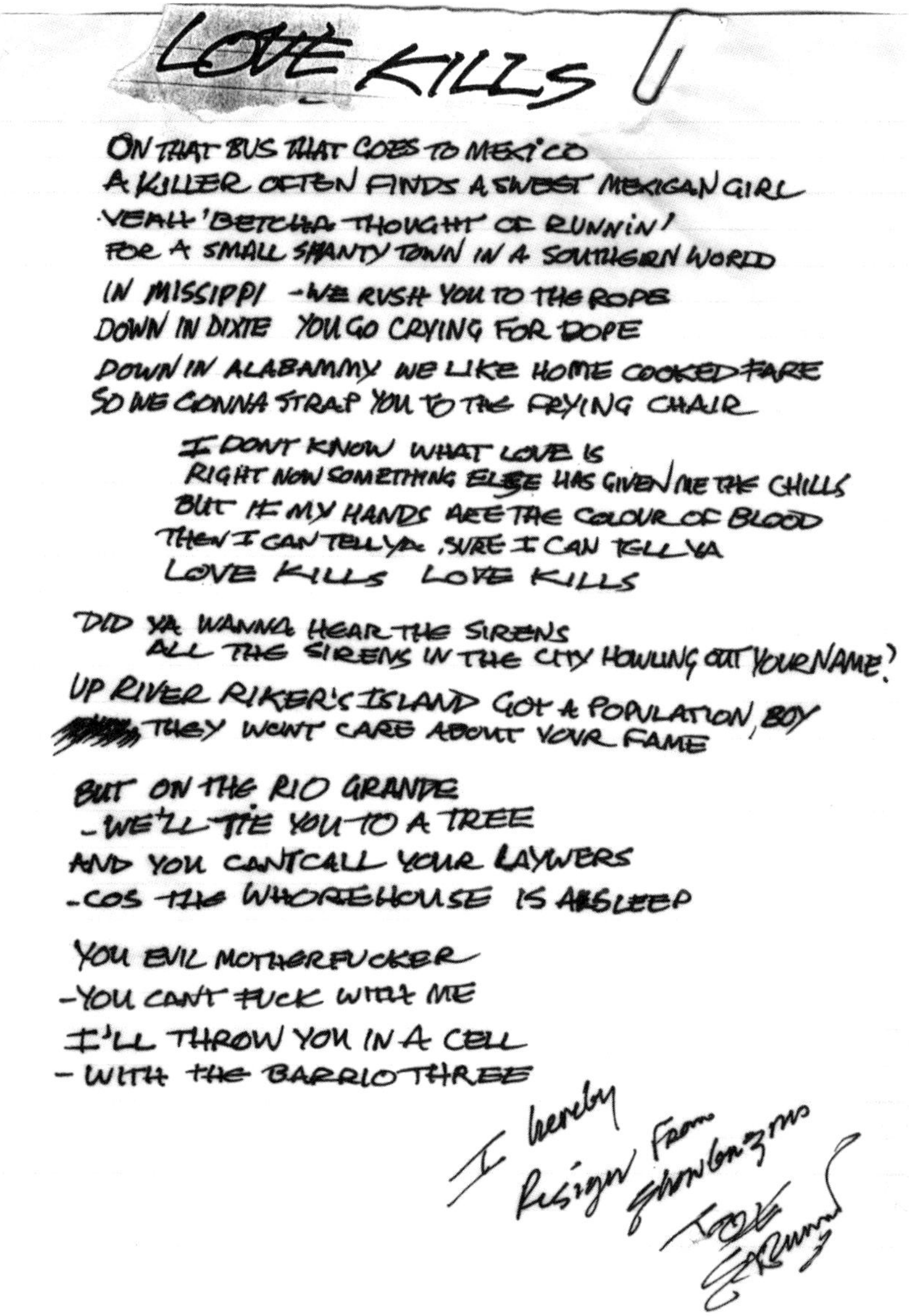

LOVE KILLS

ON THAT BUS THAT GOES TO MEXICO
A KILLER OFTEN FINDS A SWEET MEXICAN GIRL
YEAH 'BETCHA THOUGHT OF RUNNIN'
FOR A SMALL SHANTY TOWN IN A SOUTHERN WORLD

IN MISSIPPI -WE RUSH YOU TO THE ROPE
DOWN IN DIXIE YOU GO CRYING FOR DOPE

DOWN IN ALABAMMY WE LIKE HOME COOKED FARE
SO WE GONNA STRAP YOU TO THE FRYING CHAIR

I DONT KNOW WHAT LOVE IS
RIGHT NOW SOMETHING ELSE HAS GIVEN ME THE CHILLS
BUT IF MY HANDS ARE THE COLOUR OF BLOOD
THEN I CAN TELL YA, SURE I CAN TELL YA
LOVE KILLS LOVE KILLS

DID YA WANNA HEAR THE SIRENS
ALL THE SIRENS IN THE CITY HOWLING OUT YOUR NAME?

UP RIVER RIKER'S ISLAND GOT A POPULATION, BOY
THEY WONT CARE ABOUT YOUR FAME

BUT ON THE RIO GRANDE
-WE'LL TIE YOU TO A TREE
AND YOU CANT CALL YOUR LAYWERS
-COS THE WHOREHOUSE IS ASLEEP

YOU EVIL MOTHERFUCKER
-YOU CAN'T FUCK WITH ME
I'LL THROW YOU IN A CELL
- WITH THE BARRIO THREE

I hereby
Resign from
Showbizness
Joe
Strummer

ジョー・ストラマーによる『シド アンド ナンシー』のタイトル・ソング「ラヴ・キルズ」の手書きの歌詞。最後に、彼は「これによりショービジネスから身を引くことにする」と結んで署名している。

れていたと言えよう。セットで起きた唯一の摩擦は、コックスならではのユニークな俳優の扱いかたに起因していた。デイヴィッド・ヘイマンの場合、ほかの俳優よりも厳しい目に遭ったと語っている。

「ついていけないと感じた人たちもいたようだった。アレックスは自ら混乱を作り出しておいて、あとでそれに収拾をつけるんだ。彼の根本哲学は、俳優たちを飢えさせ、裸にむいて、一日中檻の中に閉じ込めておき、そこから引き出してカメラの前で蹴り回し陵辱し、それから再び檻へ放り込むようなやりかただった。これはかなり独特なやりかただから、とてもまじめに付き合ってはいられない。ロスでの撮影が終わるころ、まだ残りがあるっていうのに、数人の役者たちがうちへ帰りたくてやみくもにタクシーに飛び乗り、空港に向かったという極端な場面もあったね。エリック・フェルナーが説得を試みたんだけど、だめだった。連中はアレックスなんか嫌いだって大声でわめき、彼をファシスト呼ばわりした。それで、ぼくが彼らのあとを追い、彼はただ自分を仕事に駆り立てるためにアナーキーな状況を作り出しているんだって説明した。もちろん、彼が生み出すエネルギーを吸収する役者もいるけど、中にはまったく受け付けない者もいる。それに、なかなか本当のアレックスという人間がわかりにくくて、いらいらさせられたということもある。彼はひねくれた言いかたの達人だからね。周囲に煙幕を張り、謎かけで会話しようとする。良い面に目を向ければ、彼はいったん檻から出した俳優には自由にやらせる監督だってことは言える。俳優が何かまったく違うことをしたいと感じても、アレックスはそれをそのままカメラに納めるだろうね。ただし、俳優たちが事前にきちんと役について調べて研究した結果であれば。俳優にはきわめて優しく応対するが、カメラの前では絶対に言いなりにさせる監督も多いんだよ。それでも、みんな長時間にわたる仕事にも文句は言わず、いろんなことを我慢して付き合うんだ。たぶん、ぼくは作品の中心になるような役じゃなかったから、ほかの人たちより撮影を楽しむことができたのかもしれないな。ゲイリー・オールドマンについては、彼があまり『シドアンドナンシー』のことを語りたがらないのは残念だと思う。だって、今日の彼があるのはあの映画のおかげだから。あれはたしかに映画史の中で新しい基準となった、本当の意味でその後に大きな影響を与えた作品だったと思う」

ミゲル・サンドヴァルは二一、三日で終わったテキサス・ロケに同行を求められたのは、コックスが親しい友人にそばにいて欲しかったからだと考えている。

「アレックスがゲイリー・オールドマンとのあいだに深刻なトラブルを抱えていたのは明らかだった。ふたりはまったくウマが合わなかったんだ。実は、映画が公開されてからのことなんだが、ゲイリーはマスコミに対して、撮影中はアレックスがずっと酔っ払ってるかラリってるかしていたので、自分の演技だけじゃなく、クロエの演技も彼自ら演出したなんて口走ってしまったんだ。びっくりしたよ。それがまったくのデマだったからだけじゃなく、ゲイリーは本当に『シドアンドナンシー』のおかげで世に出るようになったんだから、少なくともアレックスへ感謝の言葉を捧げるぐらいは当然だって思っていたからなんだ」

この短いテキサスへのバス旅行にサンドヴァルが同行したことから、この作品中もっともコミカルなシーンが生まれた。彼はレコード会社の重役に扮し、自ら「パンクっぽい」曲を作って得意げに披露し、ジョニー・ロットンに向かって次のセックス・ピストルズのヒットはこれだと言い張るのである。そして、うんざり顔のロットンの前で節をつけて歌い出してしまう。

「I wanna job, I wanna job, I wanna good job,
I wanna job, I wanna job that pays.
I wanna job, I wanna job, I wanna real job,
One that satisfies my artistic needs.」
(仕事が欲しい、仕事が欲しい、いい仕事が欲しい
仕事が欲しい、金になる仕事が欲しい
仕事が欲しい、仕事が欲しい、本物の仕事が欲しい
しかも芸術的欲求も満たしてくれるようなやつが)

サンドヴァルはこの一件について、「アレックスは私にカツラをかぶせ、バスのドリュー・ショフィールドの隣の席に座らせると、顔の前にカメラを据えてどんどんやれってけしかけた。あの役はまったくその場での即興で、ワン・テイクで撮ったものなんだよ」と思い出を語っている。

興味深いのは、マーティン・ターナーによる撮影風景のドキュメンタリーが、本来ならコックスがいかに俳優たちを演出するかを垣間見ることのできる珍しいチャンスを作ってくれるはずだったというのに、結局はいわゆる「メイキング」物のパロディのような出来になっていること

とだ。これは意図的にそうされたもので、誰もがこの冗談に加担したのである。四十五分のこのフィルムの大部分が、おもな出演者たちがアレックスと、あるいはアレックスについて語る映像で終始する。ターナーの計画では、デイヴィッド・ヘイマンがサンタ・モニカの海岸で本物のマルカム・マクラーレンと会い、彼をピストルで襲うふりをすることになっていた。ところが、マクラーレンはその前に観たこの映画のラフ・カットにひどく不満だったため、残念ながらこの「ドキュメンタリー」の撮影への参加を拒否した。それでもなお、ヘイマンはこの作品にはマクラーレンへの敬意が込められていると語っている。

「彼のおかげで、世界中でものすごくたくさんの才能が見出された。だから、その彼を演じるなんて、本当に大きなチャレンジだったんだ。彼のインタヴューのビデオは全部観て、話すときのアクセントとか特徴を自分のものにしようとした。そうやって、マクラーレンという人のキャラクターやライフスタイルとはどんなものだったのかをつかもうとしたんだが、ぼくの演技は彼の“真実”を表現しようとしたものじゃない。演技というのは真実の影にある幻影みたいなものだから。アレックスやゲイリーをはじめ、ぼくらはみんな、シドとナンシー、そしてセックス・ピストルズとはどんな連中だったのか、そのエッセンスの部分はしっかりつかんでいたと思うよ」

『シドアンドナンシー』はコックスが再び彼自身のパンク・ロックへの興味をもとに、このパンク・ムーヴメントというものが当時の社会的、経済的、そして政治的な風潮に対する反抗であったという考えを表現したものである。パンクという音楽も時代遅れの社会に対するリアクションとして生まれ、ムーヴメント全体を強力に押し進めようとした。特にイギリスでは、このムーヴメントは君主制と一九七七年に在位二十五周年を祝ったエリザベス女王に対する反抗でもあった。君主制が大きな問題となっていたのは、それが社会階級の違いを強調する社会の基礎となっていたからである。かつて、それは世襲された地位と富という不公平さを許容しながら、一方では貧者の救済にはまったく手を打たない社会構造の恥知らずな見本だったのだが、実は現在でも、そこのところは変わっていない。イギリスの労働者階級の子供たちの大半は、学校を卒業しても非常に限られた将来の展望しかなく、いずれは福祉制度のお世話になるしかない暗い運命を背負っている。そのままでは自分たちの親のような人生しか選択肢がないのだから、その運命から逃れるには完全に別の生きかたを模索するしかなかったのである。

そうした若者の怒りや欲求不満は、音楽やファッション、そして個人主義と自己表現とを基盤とした「自分でやってやる」的態度によって、表に吐き出された。パンク・シーンは商業主義に抗議し、個人主義に重きを置くことから、流行のファッションを無視するか、あるいはまったく別のファッションで装うことを旨とした。音楽業界ではパンクはパワフルな民主化勢力であり、ロックにおける本物のアンチ・ムーヴメントであった。これは七十年代のハード・ロックや何の主張もないディスコ・シーンに飽き飽きした人々に歓迎され、音楽に新しい形と姿勢とを持ち込んだのである。セックスとドラッグとロックンロール、といった内容ゆえに人に歓迎されたというわけではないのだ。パンクは芸術的かつ政治的運動であり、MTV誕生前の短い期間、音楽を仕事とする者たちに創作の意味を取り戻させてくれたのだった。皮肉なことに、『シドアンドナンシー』はシド・ヴィシャスとナンシー・スパンジェンがふたりしていかにパンク・ムーヴメントを裏切ったかを描く作品となっている。

「パンクというのは、反抗そのものであり、前進していくための運動であるはずだった。ブリストルでの学生時代、街で背中に一九七六年と日付とを書き込んだジャケットを着た男を見かけたことがあった。そのとき、彼のそうした堂々たる行動がすごく重要なことに思えたんだ。世の中の主導権を自分で握って、今までとは違うんだってことを示し、決してそれまでの人間たちのようにはならないことこそ、パンクの信条だった。ところが、シドはロックの恐竜みたいになってしまい、安っぽいジャンキーの生活へ逃げ込んで、ひっきりなしにヘロインを買う金をせびり歩いた。そんなのはパンク・ムーヴメントが目指したものとはまったく違う。そのころウィリアム・バロウズの「ジャンキー」という本を読んで大きな刺激を受けたんだけど、距離を置いて見る分には、あれも非常にすばらしい文化なんだろうと思う。でも、ぼく自身の友だちの中にも本物のジャンキーになってしまった連中がいて、そういうやつらを至近距離で見つめてしまうと、すばらしいところなど皆無だってことがわかる。ジャンキーなんて、ただの嘘つきの怠惰な人間たちに過ぎないし、金がなければ平気で他人の家へ押し入って強盗を働いたりする連中なんだ。中でももっとも扱いにくいのは、ジャンキーのカップルだよ。たがいの麻薬中毒を肯定して助け合おうとしてしまうからね。別れさせる以外に、ふたりのどちらも麻薬中毒から抜け出させるのは不可能なんだ。

それでも、ぼくはシドとナンシーの物語をラヴ・ストーリーとして描いた。ふたりがどれほど見下げ果てた人間だったとしても、彼らなりに愛し合っていたことには変わりない。そこには一目置く値打ちがあると思ったんだ。ただ、今はあのころほど強くそう思っているわけではないけどね。パンク・カルチャーがジャンキー・カルチャーと一緒くたになってしまったことには、心から大きな失望を感じた。それはシドやナンシーのような人間のせいだ。それでも、ぼくはパンクそのものとはまったく関係ないことだと思っている。ヘロインやコカインはパンク・カルチャーの裏切りであり、それとまったく同じ意味で、金持ちになって豪邸に住むなんてこともパンク・カルチャーを裏切る行為なんだ。それにもかかわらず、どれほどジャンキーとなった人間たちのありようがひどいものかを表現してみせたところで、結局はいつの時代も麻薬に吸い寄せられる人間たちがあとを絶たないんだよ。

正直に言うと、こうしたジャンキー文化を甘く描いてしまったことに、若干の罪の意識を感じている。今でも、いろんな映画監督がそういうことをしているが。『トレインスポッティング』で、ヤクをやりすぎて倒れた男の身体の上に五ポンド札を載せて置き去りにするというシーンがあった。親切なタクシーの運転手に病院まで運んでもらえっていう意図だったが、そんなこと、絶対にあり得ない。現実はそうはいかないんだ。本当にタクシーの運転手が彼を見つけたとして、五ポンド札だけもらって走り去らないわけがない。自分の車の中でゲロを吐くようなジャンキーなんて、誰が乗せたいと思うものか。そういうのが『シドアンドナンシー』と同じ、甘過ぎる描写なんだよ。絶対に真実ではない。

でもまあ、全体的に見れば、『シドアンドナンシー』も決してジャンキーを肯定的には描いていない。ゲイリーとクロエは本当に才能のある役者で、ふたりの演技には嘘いつわりのない部分がかなりあった。ただ、残念ながら、役を美化し過ぎてしまったって感じてるんだ」

コックスによるこの作品は、世間を騒がせたセックス・ピストルズというグループの世界や、シドの暴力癖とナンシーとの関係、そしてヘロインの過剰摂取によるパラノイアなど、彼という人間を具体的に描いた点では非常に事実に忠実なものである。『シドアンドナンシー』は観客がこの破滅的な恋人たちを可能な限りありのままに見て理解できるように仕向けており、パンクという社会現象を象徴的に描く作品として世に認められた。必ずしもパンクという音楽が好きでなくても、麻薬中毒で身を滅ぼしていくふたりに共感を覚えたり、酒と麻薬とセックスというひたすら破滅的な状況の中にユーモアを盛り込むコックスの手腕に酔うことはできるのである。

けれども、すべてが事実に正確に忠実だというわけではなかった。コックスは全英ツアー中のピストルズがつねに熱狂的な大勢のファンの前で演奏したかのように描いているが、実際には、大都市を離れて地方に向かったピストルズを迎えたのは、たいていの場合、困惑と憎悪と無関心だった。コックスにもこのことはよくわかっており、パンク・シーンをわくわくするような活気に満ちたものとして描こうとしたと、その意図を説明している。

「『シドアンドナンシー』のほとんどの部分はかなり正確だったと自負しているが、ロンドンでのパンク・シーンを描いた出だしの部分などは誇張したものになっている。実際には、ロンドンでさえ観客全員のモッシュ［ぴょんぴょん飛び跳ねるようなパンクのダンス］なんてものは見られなかった。四人か五人ぐらいのダンサーがいたけど、気乗りしてなさそうな顔つきで飛び跳ねてたよ。イギリスでの初期のパンク・シーンには、のちのロスアンジェルスやそれが飛び火したイギリスのような熱狂はまったく見られなかったんだ。それから、テムズ川の船上で行われたマルカム・マクラーレンのパブリシティ・イヴェントのシーンでも、実際のときより警官の数をかなり多くしている」

1985年、ニュージャージーの『シド アンド ナンシー』撮影現場にて。左からJ・レイ・フォックス、アビー・ウール、リンダ・バーバンク。

映画の製作が決定となる前にはマーケティング調査はまったくされなかったのだが、完成後にサム・ゴールドウィン・カンパニー社が一般観客のいくつかのまとまった反応をまとめた。ロスアンジェルスで『シドアンドナンシー』の試写に集まった観客たちは、公開前に自分たちの意見を公表されることとなったのである。ある観客はコックスによるこの作品を「下品で不快な映画。人が共感を覚えられる部分は皆無。登場人物たちはきわめて非人間的」と評した。別の観客も「不快になっただけで、疑問がまったく解決されないまま終わった。登場人物の人間的成長がない」と手厳しかった。また、アンケートの対象グループのひとりは、アメリカ人が「馬鹿者として描かれている」と感想を語った。さらに、「脚本がひどい。映画もまったくアマチュアっぽい出来で驚いた。シヨットの選択も退屈だ。ドリー・ショットにしても何にしても、わずかでも感心できるところなど、まったくなかった」と酷評する者もいた。

幸い、こうした試写の観客の反応によってコックスのファイナル・カットが左右されることはなく、試写でのアンケートでは対象グループの反応をあまり重要視しないことが重要、ということの理由を改めて知らしめることとなった。

『シドアンドナンシー』は明らかに万人に歓迎される映画ではない。青白い顔をしたゲイリー・オールドマンは、本質的には無駄に終わった人生と才能とを描いた物語の中で、見るからにぞっとする男を演じ切っていた。公開されてまもなく、ゲイリー・オールドマンはロンドン・イヴニング・スタンダード映画賞の最優秀新人賞を受賞し、イギリスでもアメリカでも、この作品は多くの評論家たちから過去十年間のトップテンに選出された（「ゲイリー・オールドマンとクレエ・ウェッブの演技は、慰めで観るにはすご過ぎる。ふたりが演じた人物たちに、何とすっかり心を奪われてしまったようだ」〔サンデー・エクスプレス〕紙）。また、かつてのピストルズの曲を録音し直したセックス・ピストルズの元メンバー、グレン・マトロックとともにドリュー・ショフィールドは見事な楽才を発揮してみせたが、ゲイリー・オールドマンも吹き替えなしでヴォーカルを担当した。それだけでなく、ポーグズ、プレイ・フォー・レイン、ジョー・ストラマーといった、そうそうたる面々が挿入曲を提供してくれた。批評家たちからは絶賛されたものの、それに同調しない人物がひとりいた。

「ジョニー・ロットン」はマスコミ向けの試写会でこの作品を観たとき、ひどくショックを受けていた。彼に相談もなくアドバイスを求めることもなく、金だけが目当ての悪意のある人間たちが作った映画だと思ったらしい。公には、それがジョニー・ロットンの意見だとされ、彼の自伝でもそう書かれている。だが、このジョニー・ロットンの話は真実じゃない。ちょうどキャスティングが終わったばかりのころ、ぼくは実際にニューヨークの〈メイフラワー・ホテル〉で彼と会っているんだ。

　このプロジェクト自体には感心してない様子だったが、会ったときは一緒に楽しい時間を過ごしたんだよ。あのときはかなり飲んだな。飲んだのは、ほとんどシーブリーズ（ウォツカとクランベリー・ジュースのカクテル）だったけど、クランベリー・ジュースが入っているから身体に良いんだ、なんて言ってたな！ふたりでシーブリーズを二十杯ぐらい飲んで、すっかり仲良くなった。ジョニー・ロットン役にドリュー・ショフィールドが決まったことにも賛成してくれて、彼がニューヨークに来たら会おうとも言ってくれた。ライドン（ジョニー・ロットンのこと）に関する限り、何の問題もなかったよ。彼はかなり上機嫌だった。

　ドリューはすごい俳優だが、あまり家を離れていたくないタイプなんだ。今でもリヴァプールで暮らしている。それで、週末にニューヨークまでやって来た。ところが、ジョニーとぼくだけで二時間でシーブリーズを二十杯も飲んだくらいだ。ジョニーとドリューが十八時間も一緒にいたんだから、どれほどのアルコールを消費したか、想像してもらいたい。ドリューの記憶によれば、ジョニーと会って役の話をしたところまではたしかなんだ。ロットンは彼にリヴァプール人っぽく演じて欲しいと言ったが、ドリューはそこまでできないと感じ、あとでコピーするつもりでロットンのしゃべりかたにじっと耳を傾けていた。ところが、そこから先は何も覚えていないんだ。気がついたときには、ドリューはＪＦＫ空港でイギリス行きの飛行機にかつぎ込まれるところだった。メモはなくなっていたし、ジョニーと何を話したのか、まったく記憶がなくなっていた。

　映画を観たとき、ジョニーはおそらく本当に気に入らなかったんだと思う。きわめて彼個人に近い物語だし、公式に発表されてる話によれば、シド・ヴィシャスと彼とは親友だった。そういう状況では、誰かが撮った親友の悲劇的な死を描く映画に心から感動するなんてことは、やっぱりむずかしいからね。

　でも、ジョニー・ロットンの示した反応のすごいところは、それだけで映画の宣伝になったということだ。セックス・ピストルズが世界中を憤慨させて片っ端からレコード会社と決裂したという悪名の高いバンドだったのとまったく同じように、彼がマスコミでぼくたちをしつこく非難してくれたおかげで宣伝になったんだよ。それでも、のちにロットンが「アルバム」とか「カセット」とか、それとも「CD」だったかな、とにかく『レポマン』のときに使った商品のラベルみたいにわざと一般的な名前をつけたPIL(パブリック・イメージ・リミテッドというバンド)のレコードを発表したとき、彼から"俺たち、おんなじだぜ"って言われてるみたいな気がした。あれは嬉しかったな。あの「アルバム」はすばらしかった。PILのレコードでも気に入りの一枚なんだ。

だから、彼が本当のことをはっきり覚えていないとしても、あのとき彼が激怒したというのは多分に演出的なものであり、本当はぼくのような映画監督を理解してくれる部分もあるのではないかと思っている。ぼくたちは絶対に、彼にとって悪いことをするつもりはなかったんだから」

シドとナンシーの浅ましい半生はおよそ典型的な恋愛映画向きの素材からはかけ離れたものではあったが、麻薬に溺れたり、ゲロを吐いたりといった部分を切り捨ててみると、そこには非常に説得力のあるラヴ・ストーリーが残るのである。ここにあるロマンスは本物だ。出会う前はふたりとも特に大切なものなど何もない生きかたをしていたが、一緒になったとたん、無条件に深く愛し合ったのである。セックスを「退屈だ」と片づけたジョニー・ロットンに捨てられたナンシーはシドに乗り換え、結局は彼女にセックスとドラッグ以上のものを求めたこの男にすっかり夢中になってしまう。

全編にコックスのブラックで風変わりなユーモアが流れており、それが観客をこのふたりの心と一緒に動かしていく。ふたりはおたがいのほか何も、そして誰も、気にかけない。そして何よりも、麻薬中毒の恐ろしさが牙をむく前の短いあいだ、ふたりがいかに際限なく一緒に楽しいときを過ごすかを知るのである。ホテルの屋上から銃撃する真似をして子供たちとふざけまわるふたりからは、子供のような無邪気ささえ感じられる。

表面的には、シドとナンシーの人生はふつうの人間とはまったく関連がないように思えるだろう。けれども、ファンタジーの有機的部分が観客の心をとらえて放さず、シドやジョニーのような登場人物に感情移入させてしまう。コックスによる脚本の妙が観客個々の人生における望みや願望を思い起こさせ、ファンタジーの中へ引きずりこんでいくのだ。主人公のふたりが限界をもてあそぶのを眺める楽しさもある。観客はスクリーンに繰り広げられる彼らの生きかたとの対決を迫られる一方、同時に彼らが行うことにいつのまにか耽溺しているのである。

ロスアンジェルスでの『シドアンドナンシー』オープニング・ナイトにて。左からアビー・ウール、ディック・ルード、ヴィッキー・トーマス

『シドアンドナンシー』は観客に自らの憤激や怒りを表に出すチャンスを与えてくれた。コックスは巧みな手腕で彼なりの解釈を観客それぞれの目的に合うようにストーリーに盛り込み、観客はそれを面白半分に楽しめばいいのだ。とどのつまり、シドとナンシーのふたりは掛け値なしに社会の反逆者だったのである。そのライフスタイルは面白味のない停滞した社会と退屈への反抗そのものだった。だからこそ、「マイ・ウェイ」のビデオ撮影で劇場に並べられた詰め物入りのシャツを銃で撃ちまくるシドの姿に、観客は溜飲を下げるのだ。思えば、誰もが一度や二度は、この本質的に退屈な世の中を大声でののしりたい衝動に駆られたことがあるのではないだろうか。

ふたりは破天荒な大騒ぎを巻き起こしつつ破滅へと突き進んだわけだが、彼らの出現は、いわゆるポピュラー音楽にも人工的な見せかけの美しさや凝ったビデオ以上のものがあるのではないかという希望を象徴していた。労働者階級の声を表舞台へ押し出してくれたシドとナンシーは、最初のころは立派な文化的推進力の一翼を担っていた。ところが、最終的にはたがいに築き合ったものを自ら台無しにし、麻薬によって勝手に死んだということで、パンク・カルチャーそのものを辱めたのだった。

コックスによって再現されたその顛末を見ることで、

彼らがいかに堕落していったかを目の当たりにすることができる。文無しのくせに深刻な麻薬中毒のままロンドンへやって来たアメリカ人グルーピーのナンシーは、シドにとっては悪影響の根源そのものだった。彼はナンシーに会うまで麻薬をやったことがなかったのに、出会ってからわずか数日で、ナンシーに劣らずヘロインに依存するようになってしまうのだ。しかも、セックス・ピストルズに加わって一年もしないうちに、この麻薬癖が演奏にも重大な影響を及ぼすようになる。結局、ひどい状態で進められた全米ツアーの途中、ジョニー・ロットンがバンドを脱退してしまう。

麻薬過剰摂取から初めて立ち直ったあと、シドはマネージャー役を務めることになったナンシーとともにニューヨークに滞在し、ソロとしての再出発を図ろうとする。ふたりで楽しい日々を送るものの、キャリアは決して順調とは言えなかった。ナンシーの家族から、彼女が生きかたを改めるはずがないと決めつけられ冷たく拒否された衝撃から、ふたりは「チェルシー・ホテル」の一室に閉じこもる。懸命にまともな道を歩もうとするのだが、周囲に拒まれ、結局はふたりでたがいに向き合うしかないと思い知らされたとき、彼らはそこから立ち直ることができなかった。なし崩し的にひたすら麻薬に溺れ、テレビを眺めるだけの空虚な生活へと堕ちて行き、結局、そのまま負けを認めてしまうのである。ナンシーはふたり一緒の生活をやめようと、シドにしつこく迫る。彼女はそれがこの生き地獄から抜け出す唯一の道だと思ったのだ。セックス・ピストルズ解散から九ヶ月後、シドはナンシー刺殺の犯人として逮捕される。それが悲劇的な事故だったのか、あるいはハイになった状態でどうしようもないまま起きてしまったことなのか、それは誰にもわからない。だが、この映画の中では、ナンシー自身がそうするようシドにけしかけたという描写になっている。

四ヶ月後、裁判を控えて謹慎中のシドは大量のヘロイン過剰摂取によって急死する。コックスの映画は見事な幻想的シーンで幕を閉じる。荒れ果てたひとけのない場所に、すっかりラリったシドが四人の黒人の子供たちと踊っている。そこへ、ナンシーがタクシーでやって来て、シドは後部座席の彼女の隣へ乗り込む。ふたりは一緒に夕焼けの中へと去っていき、あとに残った黒人の子供たちは次世代の流行であるヒップホップに合わせて踊りつづけるのである。

ナンシーとシドよ
安らかに眠れ

第五章
シドのあとの人生

『シドアンドナンシー』が完成すると、コックスはこの作品をひっさげてカンヌ国際映画祭に参加した。彼が次の作品となる『ストレート・トゥ・ヘル』のアイディアを得るのは、このカンヌでのことだった。

映画祭期間中、コックスはプロデューサーのエリック・フェルナーやゲイリー・オールドマン、クロエ・ウェッブやほかの数人の俳優たちなど、映画の宣伝のためにカンヌ入りした面々と同じホテルに滞在していた。当然のことながら、彼らはみな、めいめいの部屋を与えられていたが、コックスによると彼の部屋は男子寮さながらの有様を呈していた。ストラマー、ルード、リッチモンドといった俳優たちには部屋がなかったのだ！　この新作について関心の高いジャーナリストたちから立てつづけにインタヴューされ、疲れて部屋に戻ったコックスは、次のような光景を目にすることになった。

「部屋に足を踏み入れたとたん、ジョー・ストラマーとディック・ルード、友人のカメラマンのトム・リッチモンドといった連中が、ひどい姿でさんさんと陽の降り注ぐテーブルを囲んでたんだ！　みんな完全に二日酔いで、何杯もコーヒーを飲んでいたが、とにかくひどい有様だった。どうやら、みんな服を着たまま寝てしまったらしく、汚くて汗まみれで、ぐったりしていた。そこに明るい太陽の光が差し込んで、もっとビールを飲もうか、それともコーヒーをたくさん飲んで目を覚まそうか、どっちにしようかって状態だった。そのど真ん中に穏やかな表情で座っていたサラ・シュガーマンが、まるで天使みたいに見えた」

この光景のイメージが『ストレート・トゥ・ヘル』のアイディアのもととなった。タイトルはクラッシュの曲から取ったものである。これはコックスの第一作『レポマン』に流れていたパンク精神と、セルジオ・レオーネ監督によるマカロニ・ウエスタンの大胆なまでのアナーキーなパロディをミックスしたものだった。プロデュースしたのは、エリック・フェルナーである。

「みんなでこんなことを言っていたことを覚えている。"クソ食らえだ！　さっさと映画を作ろうぜ！　脚本書きだ、資金繰りだ、企画拡大だなんてことに、何年も費やす必要なんかあるものか！"ってね。それに、カンヌで『シドアンドナンシー』が大評判だったために、誰もがアレックスと僕と組んで仕事をしたがっていた。ぼくらはパートナーとして正式に契約していたわけではなかったが、

左からサラ・シュガーマン、アレックス・コックス、コートニー・ラヴ

あのころは何となく一緒に仕事をつづける気でいたんだ。今なら、そういう関係で組んで仕事をしている人たちがもっといるよ。たとえばアンドリュー・マクドナルドとダニー・ボイルのように、ちょっとした映画を作ったところがヒットして、プロデューサーと監督としてパートナー同士の関係で仕事をしつづけるケースさ」

『ストレート・トゥ・ヘル』は即興的な雰囲気と風変わりなセリフの応酬が楽しめる傑作となった。撮影はスペインで行われ、トム・リッチモンドによる撮影はマカロニ・ウエスタンのスタイルを完璧に模倣している。

ストーリーは金をめぐって展開する。強盗に失敗してすっかり不機嫌になった泥棒たち、ノーウッド（サイ・リチャードソン）とウィリー（ディック・ルード）、シムズ（ジョー・ストラマー）はついに銀行強盗を成功させて砂漠へ逃走する。その際、彼らはノーウッドの恋人ヴェルマ（コートニー・ラヴ）を連れて行くことにするが、彼女はノーウッドの子を妊娠している。ところが、砂漠の真ん中で四人が乗ったホンダが故障し、彼らは這々の体でブランコ・タウンという小さな町に助けを求める。この町はマクマホン一家という、殺し好きですぐ銃を抜きたがるコーヒー中毒の排他的な一族が牛耳っていた。このマクマホン一家に扮したのがポーグズのメンバーたちだった。

この酒好きのアイルランド人バンドは『レポマン』のファンで、一九八五年に《APair of Brown Eyes》のビデオをコックスが監督して以来、彼と友だち付き合いをするようになっていた。このビデオは『シドアンドナンシー』の作業に入る直前にロンドンで撮影された。約三分間のビデオの撮影は、ほとんど全編、地下鉄のゴルダーズ・グリーン駅構内で行われた。このビデオは執拗に「目」を強調している。茶色の紙袋の中、地下鉄の窓いっぱいに貼られたステッカー、吊り輪に描かれた絵。しかも、車内の乗客の目の高さにある広告はすべて、ビーズのような冷たい目でこちらをにらむサッチャーの肖像に置き換えられている。乗客は全員、目を包帯で覆い、ヘッドホンを着けている。ここには警察国家になりつつある社会を許しているのは無関心を装う市民である、というコックスの主張がある。ウォークマンを着けて右往左往するだけの頭の空っぽな愚か者どもは、政治家が自分たちに次に何を押しつけようとしているかにも関心がないのだ。

この《APair of Brown Eyes》のビデオのあと、ポーグズは『シドアンドナンシー』のサウンドトラックにヴォーカルなしのインストゥルメンタル曲を提供し、そしてコックスと一緒にスペインのアルメリアまで行って、役者の真似ごとまですることになったのだった。

『ストレート・トゥ・ヘル』の登場人物は、すべて演じる役者のために作り出されたものである。コックスと一緒に脚本を共同執筆したディック・ルードは、ウィリーという役ですばらしい個性を発揮している。彼は非常にユニークな役者で、この作品でも随所に笑いを振りまいている。誰の目にも非常にハンサムな彼が、この作品以外に主役をもらったことがないというのは意外な話だ。

『シドアンドナンシー』で端役を演じたコートニー・ラヴは、この作品で初めて主演女優として仕事をすることとなった。彼女はきわめて個性的な魅力を発揮し、演じたヴェルマという女もナンシー・スパンジェンをさらに強烈にしたような、彼女自身の言葉によれば「魔法的な魅力にとりつかれ、近視眼的な狭い経歴しかない、ヒルビリーっぽくて軽薄な白人の妊婦」といった役どころであった。

しかしながら、その後、いくつもの個性的な役をこなして高い評価を得るようになると、ラヴはこの作品については多くを語らないことに決めた。ミロス・フォアマン監督の『ラリー・フリント』(96)をはじめ数々の作品に出演して演技力を賞賛された結果、彼女は薄汚い下積み時代のイメージを払拭し、「伝統的な」映画スターらしい外見とふるまいとを身につけることにしたのだろう。アメリカの人気番組「トゥデイ・ショウ（Today Show）」など、彼女は多くのテレビのインタヴューには応じてきたが、麻薬がらみの質問は一切拒否しており、インタヴュアーがしつこく食い下がると本番中にカメラの前から立ち去ったこともあった。その一方で、〔ヴォーグ〕のような豪華な雑誌には慎重に構成したプロフィールを掲載させたり、一九九七年のアカデミー賞授賞式に最高の上品な笑顔で登場したりしているのである。そのわずか二年前の一九九五年のオスカーのパーティでは、クエンティン・タランティーノがもらったオスカー像を借りて、ジャーナリストのリン・ヒルシュバーグを殴りつけるといった、やや下品なふるまいで業界のひんしゅくを買っていたのだが。このジャーナリストは〔ヴァニティ・フェア〕誌にラヴが妊娠中にヘロインをやっていたという記事を書いたため、以来ずっと敵視されていたようである。また、アメリカの雑誌〔ブランドウィーク〕では、ファッション・センスの良いハリウッドの有名人のリストの中で上から三番目に名前が載ったこともあった。いずれにしても、彼女は八十年代半ばにコックス作品の主演女優だったという事実を、世間には知られたくないらしい。

『ストレート・トゥ・ヘル』は有名人が続々とカメオ出演していることでも注目に値する。その顔ぶれは、まず不良っぽい有名人の雄エルヴィス・コステロ（コーヒーを運ぶ執事役）から、グレイス・ジョーンズ、ジム・ジャームッシュ、デニス・ホッパーと多彩である。さらに、風変わりな味で笑いを誘うキャシー・バークがサブリナ役で出演しているところも見逃せない。バークは『シドアンドナンシー』にほんの端役で顔を出したあと、ひきつづきコックスとともにアルメリアにやって来た。「楽しかったけど、仕事そのものはうんざりするほど馬鹿らしかった。『ストレート・トゥ・ヘル』のコックスは頭がおかしくなったみたいに、完璧にエゴ丸出しでね。でも、セットがアナーキーで面白かったせいか、ポップ・スターの人たちはすっかり満足していたようだったけど」。『ストレート・トゥ・ヘル』のあと、コックスはバークに次の政治的寓話『ウォーカー』の撮影のためにニカラグアにも同行してくれと頼んだ。「もうごめんだと思っていたんだけど、アレックスにメキシコ料理屋で説得されたの。今は、行って良かったと思ってるわ。すばらしい経験になったから。私たち、国のために命を捨てて戦う覚悟をしている十四歳の少年に会ったりしたのよ」

『ストレート・トゥ・ヘル』では、コックス独特の奇妙なニュー・ウェイヴ的ユーモアのセンスが全編に流れ、現

カウンター・カルチャー代表選手たちのカメオ出演。グレイス・ジョーンズとデニス・ホッパー（上）

「『ストレート・トゥ・ヘル』のとき、コックスは完全におかしくなっていた」。左からザンダー・バークレー、ザンダー・ショロス、キャシー・バーク

実とファンタジーとがないまぜになって、奇妙な会話や意表を突く行動だらけの異常な別世界が作り出されている。クライマックスでは目を見張らされる皆殺しのシーンも用意されているが、やはり最高のシーンは変人のホットドッグ売り（ザンダー・ショロス）が銃口を突きつけられて無理やり「ホットドッグ・ソング」を歌わされるところだろう（「あのホットドッグ野郎に歌わせよう！そうしたいだろ？」）。すると、マクマホン一家の連中が彼に野菜を投げつけ、撃つぞと脅すのだ。「ホットドック・ソング」というのは映画のサウンドトラックの初めのほうにも入っているが、これには役名のある登場人物たちがほぼ全員参加している。サウンドトラックの中でも出色の出来は、エルヴィス・コステロとともにフォックス・ハリスが歌う「デライラ」であろう。オープニング・テーマはポーグスが担当し、プレイ・フォー・レインもパワフルなギターが押しまくる一曲を提供している。

『ストレート・トゥ・ヘル』の製作がとんとん拍子に進行していくさなか、コックスはすでに四作目となる『ウォーカー』のアイディアを温めていた。先に『ストレート・トゥ・ヘル』を撮影することに決めたのは、そのあいだにニカラグア撮影の準備の時間が取れると踏んだからであった。ともにスペイン語圏を舞台とした作品だが、『ウォーカー』のほうが製作スケールが大きく、また辛口の政治的メッセージを含んでいる点でかなり異なる。『ストレート・トゥ・ヘル』はコックスにとってスペイン語の力を磨く良い機会となった。撮影が終わるころにはすっかり流暢になっており、『ウォーカー』の製作準備のためにいつでもニカラグアとメキシコへ飛ぶ用意が整っていた。

けれども、『ストレート・トゥ・ヘル』の映画化については、あのカンヌ映画祭でのコーヒーがぶ飲みの悪夢のような光景の直前、コックスがまだ『シドアンドナンシー』の編集に没頭していたころに話を戻さなくてはならない。

コックスはニカラグアのＦＳＬＮ（サンディニスタ国民解放戦線）支援のために、ブリクストンの〈ザ・フリッジ〉でのコンサートを企画した。その夜、およそ四千人もの人々が集まり、その半数が満員の会場に入れずじまいに終わった。会場をぎっしりと埋めた観客の前で、ポーグス、エルヴィス・コステロ、ジョー・ストラマーが熱い演奏を繰り広げ、ニカラグア連帯キャンペーンのために数千ポンドが集まった。このコンサートの成功から、エリック・フェルナーはもっと大きな計画を思いついたのである。一般大衆は明らかにこういったミュージシャンたちを愛し、ニカラグアの問題にも共感を覚えているらしい。となれば、同じメンバーでニカラグアへのロックン

ロール・ツアーを企画したらどうだろうか。音楽ビジネスに経験のあるフェルナーは、すみやかにツアーのための資金を集め、ビデオ製作の契約を取ってその返却に当てようとした。その一方で、コックスはミュージシャンたちの説得を担当し、一九八六年八月に決まったニカラグア連帯ツアーへの参加を要請した。全員が参加を承諾したのだが、フェルナーのほうでは資金繰りに思いのほか苦労していた。ポーグスのようなバンドのツアーとなると、家族の同行や大量の楽器の輸送が必要になるからであった。コンサートをやらせるだけと言っても、移動にはかなりの大金が必要なのである。しかもツアーの予定日が近づくにつれ、ツアーに資金を出してくれそうなビデオ会社はひとつもないことがはっきりしてきた。

このために、コックスは非常に困った立場に追い込まれた。少なくとも一ダースものミュージシャンたちに八月のスケジュールをすべて空けてもらっていたからだ。そこでフェルナーが出した解決案が、代わりに映画を作ろうというものであった。しかも彼の思惑どおり、わざわざ革命戦争まっただ中の国で開催するコンサートを撮影するための七万五千ドルに比べて、ミュージシャンたちに主演させて低予算映画を撮る数百万ドルのほうが、ずっと楽に集めることができた。

コックスはロスアンジェルス市内のホテルにこもって、わずか三日でディック・ルードとともに脚本を書き上げた。そして、『ストレート・トゥ・ヘル』はレコード会社の一部門であるアイランド・ピクチャーズ製作により、一九八六年八月のわずか四週間で撮影されたのである。

アレックス・コックスの日記
メイキング・オヴ・『ストレート・トゥ・ヘル』

スペインのアルメリアで行われた撮影は、だいたい次のようなスケジュールで進行した。

一九八六年
八月四日　第一週目
　アルメリア、〔グラン・ホテル〕室内および屋外の撮影
八月五日　ラビーネ、ベネアドゥクス郊外
八月六日　アルメリア、タベルナス砂漠のブランコ村
八月七日〜九日　同右
八月十一日　第二週目　同右
八月十八日　第三週目　同右
八月二十五日　最終週　同右

編集はデイヴィッド・マーティンがソーホーで行った。音響デザイナーはジャスティン・クリッシュ。一九八七年三月、ぼく自身が再編集して三日間の物語を完成させた。

スペインでの一ヶ月はなまやさしいものではなかった。エリック・フェルナーがアイランドから引き出した資金は撮影半ばで底をつき、残りの費用は彼がトラベラーズ・チェックとクレジット・カードでまかなった。しかし、だからと言って、それが大きな問題になることはなかった。今やコックスは人気監督として脚光を浴びる存在であり、誰もが『ストレート・トゥ・ヘル』の成功を信じて疑わなかったからである。フェルナー自身も当時はまったく心配していなかった。

「誰もがアレックスと一緒に仕事したがっていた。デニス・ホッパーとグレイス・ジョーンズも、すでにカメオ出演することに合意していたしね。そのあとで、たった一シーンだけなんだが、あとふたり、誰かにGI役でカメオ出演してもらわなくちゃならないことがわかった。そこでティム・ロビンスとジョン・キューザックに打診してみたところ、ふたりとも大乗り気だったんだ。何百万ドルものギャラをもらってハリウッドで映画に出演してい

ミスター・ビッグ・ヒット！　『シド アンド ナンシー』と『ストレート・トゥ・ヘル』のプロデューサー、エリック・フェルナーは90年代にヨーロッパのヒット映画を数多く手がけてきた。アレックス・コックスをブラックリストに載せたユニヴァーサルと6億ドルで契約した彼とそのパートナー、ティム・ビヴァンのふたりを、<サンデー・タイムズ>紙は「イギリス映画史上、もっともパワフルな男たち」と呼んだ

「ホットドッグ野郎に歌わせろ！」ザンダー・ショロス（右）とスー・キエル

る真っ最中だっていうのに、わざわざアレックスのために一日空けて、ノーギャラでスペインまで来てくれた。ふたりがセットに到着したとき、アレックスは振り向いて彼らを見ると、あの誰にも真似できない独特の言いかたで"ふたりに頭を剃らせろ。さもなければ、あいつらを撮る気はない"って言ったんだ。ふたりとも口をあんぐり開けてあきれかえっていた。ぼくはあわてて、頭なんか剃ったらハリウッドで今撮影中の映画に支障が出ると説明した。アレックスは"知るか！"って、はっきり言い放ったよ。"あいつらを使う気はない"とね。ふたりとも、そのままハリウッドへ帰って行った。アレックス・コックスとはそういう男なんだ。ぼくは彼が大好きだが、世界でもっとも頭に来る人間でもある。彼がいったん何かを決めたら、それが理にかなっていようとそうでなかろうと、絶対に彼の気を変えることはできない。そういうところはすごいと思うけど、プロデューサーにとってはいやな監督だ。そういうことが何度もあったので、彼という人間は全面的に気に入るか、ネガティヴな点に固執するかのどちらかだということがわかったんだ。彼がいやだと思うことに固執しているときには、そのこと以外はすべて最高だって思えてくる。それが人であれ、状況であれ、政治的メッセージであれ、とにかく彼には攻撃できる何かが必要なんだな。攻撃することで解放されて、彼はほかのあらゆることに良さを発揮できるようになる。ときにはクルーのひとりに突っかかることもあるし、俳優のこともある。彼は非常に激しい性格の監督で、以前はよく俳優を"しゃべる小道具"と呼んだりしていたよ。だから、俳優たちからどう思われていたか、想像がつくと思うけど。必要以上に彼らに強く要求することもあったな。そういうやりかたが名演技を引き出すこともあったけど、反発を生むだけということも多かった。そもそも頭が良くて自分の意見を貫く強さがあるんだけど、たまにそれでまわりが見えなくなることがあるようだね。彼との仕事はいつでも大きなチャレンジだった。すべてについて彼と同じ意見だったわけじゃないが。彼と一緒だと、つねにきつい仕事になったね」

『ストレート・トゥ・ヘル』は一九八七年六月十二日、イギリスの総選挙（サッチャーが勝った）の翌日にロンドンとダブリンで封切を迎えた。アメリカでの初日は七月一日、ロスアンジェルスのスタジオ・シティにある「ピックウィック・ドライヴ・イン」で行われた「ノアイユ公ご夫妻」のためのプライヴェート試写会の翌日だった。

このころ、アレックスはパンクの影響を受けた映画を撮る監督として知られていただけだったが、『ストレート・トゥ・ヘル』は彼のマカロニ・ウエスタンへの愛が前面に押し出された作品だった。その情熱を理解できず、マカロニ・ウエスタンへのオマージュとして撮ったこの作品を攻撃する映画評論家は大勢いた。

『ストレート・トゥ・ヘル』にダメ出しをしたのは評論家たちだけではなかった。エリック・フェルナーによれば、この作品によって彼とコックスとの関係が壊れたという。

「『シド アンド ナンシー』は傑作だったが、『ストレート・トゥ・ヘル』はただの時代錯誤だと思った。本当は、あのおかげでひどい目に遭ったんだ。ぼくは『シド アンド ナンシー』の前は映画なんて作ったことがなかった。どこへ行っても成功を祝福されていたのに、突然、救いようのない災難のまっただ中へ突き落とされたんだ。ぼくの場合、どこへ行っても誰もが金を返せと迫ってきた。あの作品のあとの一年は、まったく恐怖の連続だった」

すっかり落胆したフェルナーは、コックスの次の作品『ウォーカー』から手を引き、代わりにベン・キングズレー主演の時代物『パスカリの島』（ジェイムズ・ディアデン、88）をプロデュースした。『シド アンド ナンシー』と『ストレート・トゥ・ヘル』からは正反対にあるような作品である。

「あのころのぼくは身を浄めたいような気分になっていた。アレックスには何もかも世話になったのはたしかだけど。彼がいなかったら『シドアンドナンシー』を完成させることはできなかった。プロデューサーとしての初めての作品として、あれは本当に最高だったと思っている」


　別の道を歩きはじめたフェルナーは、映画界の主流へと移っていった。一九九一年、パートナーのティム・ビヴァンとともに、彼はワーキング・タイトル・フィルムズという新しい製作会社を発足させた。そのロンドンのオフィスの廊下には、彼が手がけた作品のポスターが並んでいる。『フォー・ウェディング』（マイク・ニューウェル、94）、『エリザベス』（シェカール・カプール、98）、『デッドマン・ウォーキング』（ティム・ロビンス、95）、そして『ノッティング・ヒルの恋人』（ロジャー・ミッチェル、99）。しかし、フェルナーのオフィスに入ると、彼のデスクの背後の壁を飾る巨大な『シドアンドナンシー』のポスターに目を奪われる。彼は決してコックスと過ごした日々を忘れたわけではないのだ。

「またアレックスと仕事をすることを避けているわけじゃないけど、今の時点では、彼は自分が興味のある映画だけを撮る、ある意味で特別な映画監督になっていると思う。それは必ずしも、一般大衆の興味とは一致しないんだ。今のぼくは資金を出す立場にあるわけだから、かなりむずかしいね。もうアート系の映画の世界にはいないので、アレックスとぼくが一緒に組んで仕事をすることはあり得ないと思う。もし将来、ぼくが資金を出す側から純粋なプロデューサーに戻る日が来たら、そうだな、そこにぴったり合う脚本があれば、また一緒に何かやるということがあるかもしれないけど」

　『ストレート・トゥ・ヘル』に関して、コックスにはまったく後悔の念はない。『レポマン』と『シドアンドナンシー』で成功を納めたあと、彼のもとにはかなりの大金で『サボテン・ブラザース』（ジョン・ランディス、86）を撮らないかというオファーが来た。けれども、アメリカの人気テレビ番組「サタデー・ナイト・ライヴ」出身の「コメディアン」たちを主演に据えて、ハリウッドのメジャー・スタジオ製作の映画を監督するというのは、彼が求めていた種類の仕事ではなかった。その代わりに、彼は自分がやりたいプロジェクトに没頭した。『サボテン・ブラザース』に比べ、『ストレート・トゥ・ヘル』ははるかに面白い映画である。

公開を迎えたときも、コックスは映画評論家たちの評価に少しも驚きはしなかった。

「ぼくの映画はジャンル分けしにくく、風変わりだ。ぼくはシニカルなヴァイオレンス映画が流行する九十年代を迎える前から、そんなものを作っていたんだ。ああいう映画はもっとあとの時代になってから作るべきだったな。『ストレート・トゥ・ヘル』が『レザボア・ドッグズ』（クエンティン・タランティーノ、91）や『エル・マリアッチ』（ロバート・ロドリゲス、92）といった作品の先鞭を切るものとして登場していたら、評論家たちも血なまぐさい暴力描写とユーモアのミックスを抵抗なく受け入れて、もう少し好意的に評価してくれたかもしれなかったね。だから、当時の評論家たちの評価は残念ではあるけれど、仕方ないことだったと思っている。彼らにとっては、グロテスク過ぎたってことだよ」

それにもかかわらず、『ストレート・トゥ・ヘル』は一九八七年マドリード映画祭で批評家賞を受賞する。その年の審査員の中には、セルジオ・レオーネという名の映画監督が混じっていた。「その話を聞いたとき、あの巨匠

心変わりの前。『ストレート・トゥ・ヘル』のセットでのコートニー・ラヴ

主演男優たちとコックス（左から2番目）

が『ストレート・トゥ・ヘル』を観てくれたと思っただけで、すごく嬉しくなったよ！」

コックスはセルジオ・コルブッチ監督のもの悲しく悲愴なイタリア製ウエスタンの大ファンである。コルブッチ監督の一九六九年作品『殺しが静かにやって来る』は何と雪景色のウエスタンだった。無口なガンファイターが主人公なのだが、最後は悪者が圧倒的な勝利を収めるという困った筋書きの物語である。さらに彼の初期の作品『続・荒野の用心棒』ではそれより異様な世界が描かれているのだが、ストーリーは何と泥の海で展開する。しかし、この『続・荒野の用心棒』はさまざまな映画監督に大きな影響を与え、ジャンゴ』をはじめとするジュリオ・クエスティ監督の『情無用のジャンゴ』をはじめとする三十本以上もの続編が作られた。そしてまた、これがコックスの『ストレート・トゥ・ヘル』のアイディアのもととともなっていた。

「前からずっとマカロニ・ウエスタンを撮ってみたいと思っていたんだ。しかも、あのころは『ウォーカー』の企画は実現まで時間がかかりそうな様子だった。『ストレート・トゥ・ヘル』のような映画を撮る機会なんて、そうしょっちゅう巡ってくるものじゃないよ！

ぼくが『ストレート・トゥ・ヘル』の仕事で一番嬉しかっ

ブランコの町の日常的一場面

たのは、アンダルシアの極めて超現実的な風景の中で撮影ができたことだった。『アラビアのロレンス』に出てきた砂漠や、『続・夕陽のガンマン 地獄の決斗』（セルジオ・レオーネ、66）、『風景の中の人物（Figures in a Landscape）』（ジョゼフ・ロージー、70、未）のような、見事なロケ撮影が印象的だった作品があっただろう？古代の泥と砂岩が織りなす不思議な風景や、溶岩だらけの荒涼とした火山地帯、エル・ファロのとがった頂がそびえる地平線。スペインやメキシコでロケ撮影を行うと、独特の美しさに出会うことができる。白い壁がつづく町に泊まって、夜に町の中の通りを歩き回ったり、夜明けとともに目を覚まして、日暮れまで砂漠で撮影したり。そういう体験のすばらしさは簡単に言葉では説明できないことなんだ。

ぼくにとって、『ストレート・トゥ・ヘル』はイタリアの映画監督ジュリオ・クエスティと彼の作品『情無用のジャンゴ』（67）に捧げるオマージュだった。クエスティは同じく一九六七年に『殺しを呼ぶ卵』という、やっぱり一風変わった映画を作っているんだ。これはサディスティックな養鶏家と気の強い妻、そして殺意に燃える性悪な彼女の姪とのあいだで養鶏場の支配をめぐって展開する一種の権力争いを描いていた。『情無用のジャンゴ』と同じように、いろいろな思惑と悪意の渦巻く男女の肉体関係が背景となり、金と権力とグロテスクな殺戮シーン(養鶏家はニワトリの餌製造器に落ち、ぐしゃっとつぶされて死ぬ)が交錯する複雑なストーリー仕立てになっている。

『情無用のジャンゴ』というのは、とにかく編集がすばらしいんだ！　すばやいカットや目立たないフラッシュバックがたくさん散りばめられている。あるショットなんか、上下が逆さまに編集されてるんだよ。奇抜な編集がもてはやされた六十年代後半のことだったし、当時は奇妙な幻覚めいたシーンがむやみに流行っていたからね。まず、冒頭でいきなり墓の中からにゅっと人の手と腕が出てくる夢のようなシーンが展開する。ブニュエルの『忘れられた人々』(50)を思い起こさせる場面だ。ペキンパーも『ガルシアの首』(74)で使ってるよ。

全体的には有名な『大砂塵』(ニコラス・レイ、54)のようなゴシック・ウエスタンになっている。ニコラス・レイ監督の映画と同じように、登場人物はみんなユニフォームのような凝った意図のある衣裳を着てるんだ。まず、ならず者たちは揃ってボロ。彼らが皆殺しにする兵士たちは泥と血だらけの青い服。町の人たちは出来の悪い『ドラキュラ伯爵(Dracula)』(ジェス・フランコ、71、未)のような感じの難民スタイルだ。町はずれには頭のおかしいホモの牧場主ゾロ(アントニオ・バンデラスやダグラス・フェアバンクスとは似

風変わりなコックスの西部劇に出演したストラマー、リチャードソン、ルード（左から）

ても似つかない)がいて、白いスーツを着ている。しかも、そいつの使用人たちは黒いマリアッチみたいな制服でキメてるんだ。

登場人物はほとんどみんな、頭がおかしいんだよ。ならず者たちは敵を殺しても友だちを殺しても、馬鹿みたいに笑うだけだ。町の住民たちは恐ろしい秘密をひた隠しにしていて、金のためならどんなことでもやる。店主の女房は自分で家に火をつけてしまいそうで(実際、そうしてしまうのだが)、怖くて一歩も外へ出られない。完全に狂っているゾロは飼っているオウムと会話し(オウムはちゃんと返事をする)、気に入らない人間を十字架に磔にしたり、ネズミやコウモリをけしかけていじめたりする。

それに、これはかなり暴力的な映画でもある。『ワイルドバンチ』や『ソルジャー・ブルー』(ラルフ・ネルスン、70)、あるいは最近の映画でよく見かける血が噴き出すような描写はなくても、『情無用のジャンゴ』は登場人物の冷酷さ、騒ぎになるとご満悦で何をしていなくても漂う異常な雰囲気など、情け容赦ない人物像を徹底して描いている。最初にイタリアでオリジナル・ヴァージョンの試写が行われたときは、《E Se Sei Vivo Spara(生きたいのなら、撃て!)》というタイトルがついていたんだよ。

筋書きはこんな具合だった。ジャンゴとメキシコ人ギ

『ストレート・トゥ・ヘル』の撮影中、カメラをどちらの方向に向けようかと話し合う撮影監督のトム・リッチモンドと監督のアレックス・コックス

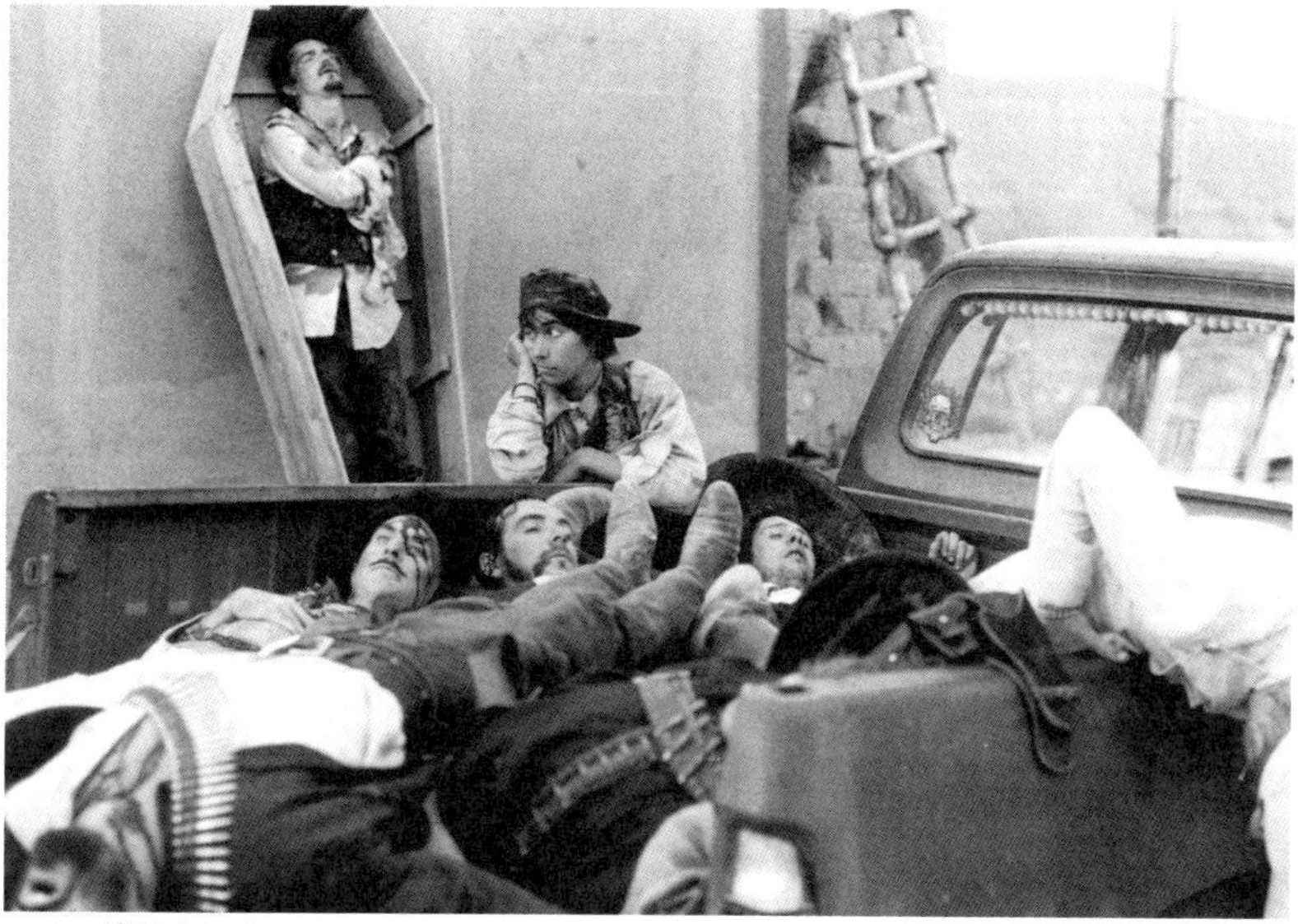

コーヒーが足りなかった？ あっけにとられた様子で考え込むサラ・シュガーマン

ャングたちがオークス率いる白人ギャングと一緒になり、金を積んだウェルス・ファーゴの幌馬車を護衛するアメリカ軍の派遣隊を襲うことになる（これはマカロニ・ウエスタンならではのファンタジーだ。実際にはウェルス・ファーゴは幌馬車隊を仕立てて輸送することはなかったし、軍がそれを護衛したということもなかった）ジャンゴたちは兵士を皆殺しにする（川で派手に水しぶきを上げての戦闘が展開）。ところが、オークスはジャンゴを裏切り、彼の仲間のメキシコ人ギャングを殺してしまう。しかも、殺す前に無理やり自分の墓を掘らせるんだ。生き残ったのはジャンゴだけだった。彼はふたりの謎のイタリア人に助けられる。このイタリア人たちはジャンゴを来世の話ができる男だと信じてるんだ。ジャンゴは金で弾丸を作り、オークスのあとを追って"不幸な場所"（撮影はマドリッド郊外のコルメナールに『荒野の用心棒』（セルジオ・レオーネ、64）のセットとして建てられた西部の町で行われた）という名の荒れ果てた町へたどり着く。そこで商店主のハガーマンと宿屋のテンプラーと出会い、彼らは町の住人を扇動してならず者たちを撃ち、リンチにかける。そして、オークスだけが生き残る。

ジャンゴはオークスを殺すために暗い倉庫の中へ入って行くんだが、逆につかまってゾロに拷問され、金のありかをしゃべってしまう。ゾロの手下たちは墓地へ駆けつけて、墓を掘り返しはじめる（これもまた、レオーネ監督の『続・夕陽のガンマン地獄の決斗』やセルジオ・コルブッチ監督の『黄金の棺（Hellbenders）』（66、未）以来のマカロニ・ウエスタン定番の場面）。ところが、掘り出した棺の中にはもう金はないんだ。ハガーマンが先に自宅の二階のクローゼットの中に隠してしまったからさ。ハガーマンはテンブラーとその妻を殺すんだが、肝心の家は頭がおかしくなった妻によって放火されてしまう。ハガーマンがクローゼットから金を取り出そうと燃える家に必死で飛び込むと、溶けた金で目が見えなくなってしまう。ジャンゴと町の住人たちは、燃えさかる家の中でハガーマンが溶けた金に全身を覆われて死んでいくのを呆然と見つめるわけだ。

そしてその翌朝、ジャンゴは町を去ろうとするんだが、一瞬馬を止めると、自分のふたりの子供がたがいに顔をゆがませて〝ぼくのほうが醜いぞ！〟とわめきながら、たがいにふざけ合う姿をじっと見守る。

この『情無用のジャンゴ』は、一九六六年にコルブッチが監督した『続・荒野の用心棒』の三十一本（！）もの続編のひとつに過ぎない。でも、トーマス・ミリアンが演じた主人公には旧作のフランコ・ネロの役との共通点はほとんどないんだ。六十年代と七十年代には、イタリアの著作権法というのはかなり緩かったらしくて、ジャンゴや

『ストレート・トゥ・ヘル』でのジョー・ストラマー（シムズ）、サイ・リチャードソン（ノーウッド）、ディック・ルード（ウィリー）（左から）

おまえはマクマホン一家の者か、それともただのネズミ野郎か。コーヒー中毒一家に扮したポーグズの面々

リンゴ、トリニティ、サータナといった登場人物たちやその友人たちを使った映画がたくさん作られていた。そのほとんどがひどい出来だけどね。ところが、中には驚くほど優れた作品もあった。ぼくがとりわけ『情無用のジャンゴ』が好きなのは、あらゆる面で極端なまでに過激だからだ。衣裳、セット、人物のキャラクター、異常なストーリー、そしてマニアックな編集。これは『夕陽のガンマン』や『ウエスタン』（セルジオ・レオーネ、68）、『黄金の棺』、『群盗荒野を裂く』（ダミアーノ・ダミアーニ、66）、『殺しが静かにやって来る』（セルジオ・コルブッチ、68）などと並んで、イタリアのマカロニ・ウエスタンの傑作のひとつだと思う。

　だから『ストレート・トゥ・ヘル』も多少わかりにくい映画になっているかもしれない。でも、それも上下逆のショットを入れるほどおかしな映画『情無用のジャンゴ』の、異様で不明瞭な構造を真似たからだ。本当は『ストレート・トゥ・ヘル』のほうがずっと変な映画になるところだったんだが、撮影中にディックとふたりで脚本をずいぶん書き直した。このままだと、ああいう暗いマカロニ・ウエスタンに取り憑かれてる人たちじゃないと理解できないものになってしまうと、さすがに心配になったんでね」

　まだ『ストレート・トゥ・ヘル』の作業が終わらないう

ちから、コックスは次の『ウォーカー』の準備にかなり時間を割いていた。プロデューサーのロレンツォ・オブライエンはすでにニカラグアに飛び、細かい準備を進めていた。初期段階の費用についても、ロンドンのマーティン・ベッドフォードとアメリカのエドワード・プレスマンが面倒を見てくれることになっていた。そこでコックスは、奇妙きわまりない西部劇を完成させると、ただちに生涯でもっとも政治的な作品となる新作の製作に着手した。『ウォーカー』はユニヴァーサル・スタジオから五百八十万ドルの製作資金を得て作られた作品である。これはコックスにとって、それまでにない大きな製作予算だった。

ニカラグアの大統領になるという、ひとりのアメリカ人の馬鹿げた思惑をもとにひとつの作品に仕立てるなど、コックス以外の誰にもできないことだった。彼はアメリカの歴史の中でも異彩を放つ出来事を取り上げ、またしても独自のアナーキーなアプローチを試みようとしていた。『ウォーカー』は実話であり、コックスによるこの作品は歴史大作の新しい波とも呼べるものである。テネシー生まれのアメリカ人冒険家ウィリアム・ウォーカーは弁護士で政治家、ジャーナリスト、しかも医者だった。しかし、彼はその輝かしいキャリアのすべてを捨て、軍人兼冒険家となった。十九世紀の半ば、アメリカの天

ニカラグアの若手俳優たちに演技をつける第二助監督ジェイムズ・オブライエン

『ウォーカー』のロケハン。1986年ニカラグアのグラナダにて

命論［十九世紀中葉以降さかんに支持された、領土拡張とともにその政治的・経済的・社会的影響力を拡大強化することこそアメリカの責務であるという思想］の熱烈な信奉者だった彼は、アメリカには「隣人たちを社会的圧力から守る」べき正当な権利があるという考えから、ニカラグアの大統領になろうと決意する。コーネリアス・ヴァンダービルト将軍から経済的な支援を受け、ウォーカーは一八五五年に五十八人の傭兵部隊を引き連れてニカラグアに向かう。そして、さまざまな苦難にもかかわらず、内戦がつづいて混乱状態にあったこの国を、ヴァンダービルト将軍の蒸気船が安心して航行できるまでに回復させてしまうのである。もともと彼の目的はニカラグアを民主主義のもとに解放することだったが、本音はこの国の権力を掌握し、アメリカの属国とすることにあった。結局、これは実現できなかったものの、一八五七年の末にこの国を追われるまで二年間にわたって、彼は強硬な支配力を行使した。帰国しようとした一八六〇年、彼はホンデュラスの銃撃隊につかまって処刑され、その波乱の生涯を閉じる。コックスの作品は彼が残忍な専政君主として君臨した短い二年間を描くものである。

　主人公のウィリアム・ウォーカーには名優エド・ハリスが扮し、深みのある演技を見せている。たとえば、意志

『ウォーカー』のロケハンでデュランゴへやって来たコックス

の強い聾唖者の婚約者エレン（アカデミー賞受賞女優マーリー・マトリンが演じた）が早世し、その後の彼が最悪のひねくれた人間になっていくあたりは見ものである。傭兵たちの先頭に立ち、ほとんど狂乱したかのように大胆に戦いの中へ飛び込む彼のわきを、弾丸がかすめ飛んでいく。

ほかの出演者には、コックスに忠誠心の篤いミゲル・サンドヴァル、ザンダー・バークレー、サイ・リチャードソンなどが名前を連ね、ヴァンダービルト将軍にはピーター・ボイルが扮した。ボイルが参加したのは最初の撮影予定が済んでからで、ユニヴァーサルが外国での上映権取得の見返りに追加シーンの撮影費用を出すことに合意したために実現したのだった。ヴァンダービルトの出演シーンの撮影はわざわざニカラグアに引き返すのではなく、アリゾナ州のトゥーソンで行われた。この結果、カメオ出演ながらもピーター・ボイルの見事な演技が追加されたのである。

「アレックスの映画には喜んで出ようと思ったが、このウィリアム・ウォーカーという人物が創作なのかどうか、彼にずっと尋ねてばかりいたよ。あまりにもすごいストーリーだと思ったんでね。ただ、当時のアメリカの人たちがニカラグアの状況にあまり熱心になれなかったというのは、少し不思議だな。やっぱり、マスコミによって情報がゆがめられていて、国民はニカラグアで何が起きているのか、本当のところがわからなかったんじゃないだろうか」

映画としてのスタイルの点で、『ウォーカー』はサム・ペキンパーと黒澤明の作品に影響を受けている。ペキンパーはアメリカの監督で、五十年代にテレビ界から映画の世界に入った。そして一九六九年、彼は銃で撃たれるということをかつてない生々しさで見せつけてくれたのである。彼の『ワイルドバンチ』では、約七分にもわたって痛々しいスローモーションのシーンが展開する。人間の邪悪な心から発せられたとしか思えない銃弾がそこら中からやみくもに飛んで来るのだ。コックスはこの『ワイルドバンチ』から暴力描写について大きな影響を受け、人間性の本質について似たような暗い見かたをするようになる。彼はペキンパーの映画を、ヴェトナム戦争に加担したアメリカが行う大量殺戮の寓話としてとらえていた。ヴェトナムでは、ならず者や軍の部隊が一緒になって戦闘を繰り返し、第二次世界大戦以来最大の一般市民の「死体数」が記録されていた。

「ここ三十年間、あまりにもたくさんの血なまぐさいア

撮影監督デイヴィッド・ブリッジズ

ドヴェンチャー映画が作られてきたので、一九六九年に『ワイルドバンチ』が出て来たとき、どれほどの衝撃だったかをつい忘れそうになる。当時、暴力的なポルノだという非難と絶賛の両方が同時にわき上がった。少なくとも、アレキサンダー・コックバーンというジャーナリストはこの作品に激怒して、映画館で殴り合いのケンカを演じたほどだ。思えば、無感情に繰り広げられる虐殺、ハイテクを駆使した殺人、アメリカ兵の制服を着たりとったギャングたち、老婦人たちを人質にとったり殺したりといった、随所に散りばめられた残忍さは、どれもヴェトナムの初期のころの特徴のような気がするね。

ペキンパーは男に好まれるタイプの監督だ。恨みを抱いた悪漢たちが裏切りや復讐を画策するストーリーがだらだらとつづくせいか、彼の作品に興味を持つ女性は多くないようだね。しかし、彼は矛盾の男でもある。女性を主人公とした数少ない西部劇のひとつ、『ケーブルホーグのバラード』(69)を撮っているんだ。彼はメジャー系の映画会社を忌み嫌っていた。プロデューサーをいじめると異様な喜びを覚え、作品ごとにほぼ毎回、編集のさなかにクビになった。それでも、繰り返しハリウッドに引き寄せられ、結局はメキシコの海岸で生涯を終えた師ジョン・ヒューストンとは違い、晩年はロスアンジェルス

ウォーカーに扮したエド・ハリスとエレン・マーティン役のマーリー・マトリン

の片隅で壊れかかったトレーラーで暮らしていた。

噂によると、この偉大な映画監督は、自分の最後の完成作品がジュリアン・レノンのビデオだってことがひどく不満だったらしい。でも、裏切られた男たちの偉大な記録者としては、ふさわしい運命だったんじゃないかな。もちろん、ペキンパーはポップスのプロモ・ビデオ以上のものを遺している。西部劇作品に加えて、彼はコーンウォールでゆっくり暮らそうとした男がとんでもない目に遭う『わらの犬』(71)、百万ドルの値がついた生首の話『ガルシアの首』、そして消えゆく伝説的な西部と現代社会で誇りを守る難しさを描いた『ジュニア・ボナー 華麗なる挑戦』(72)と、すばらしい作品をたくさん遺したんだ。

ぼくの作品『ウォーカー』は、あるところまではペキンパー的映画だと言える。でも、ウォーカーの手下たちが町で罠にはまって戦いになるところから、特に最後の戦闘シーンを含めて、黒澤監督の『乱』(85)に影響を受けているんだ。実は、ニカラグアに『乱』のビデオを持っていって、たぶん五十回は観たと思う。監督としてのキャリアの終わりに近づきつつあった時期にあのような映画を作ってしまうなんて、まさに驚嘆の一言だ。黒澤明こそ、もっとも偉大な映画監督だと思う。彼の作品の中には、たとえば『生きる』(52)や『羅生門』(50)のように、すばらしい出来ながらも妥協と一時しのぎ的な作りかたが垣間見られるものもあるが、そのほかの『用心棒』(61)、『蜘蛛巣城』(57)、『乱』といった作品では、善と悪という区別はすべて意味がないということが巧みに描かれている。結局はみんな、悪なんだ。勝ったとしても、それは集中力と智恵と力があったからに過ぎない。

亡くなる二、三年前だったが、何人ものアメリカ人が彼に接触し、まもなく予定されていたオスカーの授賞式で名誉賞を受けることに同意してもらおうとした。彼は見事に連中に思い知らせたんだ。世界中にテレビ放映されている授賞式で、彼はアカデミー賞というのくだらない自己満足でしかないと喝破した。そして、五十年間も映画を撮りつづけていながら、ほとんど何も学んでないことが恥ずかしい、いつかちゃんとしたものが作れるように死ぬまで仕事をつづけたいと、はっきり言い切ったんだ」

『ウォーカー』の最後の戦闘シーンでは、コックスはほとんど効果音を使うことなく、黒澤スタイルの歴史大作の雰囲気を生み出すことに成功した。効果音の代わりに聞こえるのは、ジョー・ストラマーとザンダー・ショロスが作曲した温かみのあるスペイン風の音楽である。ショロスは『レポマン』のころ、ジューシー・バナナというバンドのリーダーだった。『シドアンドナンシー』ではプレイ・フォー・レインとともに演奏し、さらに『ストレート・トゥ・ヘル』では「ホットドック・ソング」を歌った。現在はロスアンジェルスでロー・アンド・ハイ・オーケストラの黒幕として活躍している。この曲は『ビリー・ザ・キッド／21歳の生涯』(73)のためにボブ・ディランが書いた曲を彷彿とさせる。この映画のサウンドトラックに入っている曲「天国の扉」は、この映画とコックスの『ウォーカー』の両方の脚本を書いたルディ・ワーリッツァーと一緒にボブ・ディランが作った歌である。ワーリッツァーはウィリアム・ウォーカーの物語にすっかり夢中になり、すぐに脚本の執筆を承諾した。

「ウォーカーというのは、権力に取り憑かれた男だった。これは権力支配がいかに形成されるものか、そしてその権力が失われたとき何が起きるかを描くものだ。つまり、権力を失ったときの精神状態が描かれるわけだが、ウィリアム・ウォーカーの場合、ビリー・ザ・キッドとまったく同じで、その状態はまさに死を意味していた」

コックスは『レポマン』が上映されたロッテルダム映画祭の最中に、ハリー・ディーン・スタントンからルディ・ワーリッツァーを紹介された。

「ペキンパーの『ビリー・ザ・キッド／21歳の生涯』を観てから、死体の山を這い上がって有名人になったふたりの男たちを描くこの映画にすっかり魅了されていた。この映画の終わりでは、彼らの友だちや知り合いがみんな死んで道ばたに転がっている。それで、ふたりはようやく誰からも邪魔されずに決闘できるようになったんだ。ルディ・ワーリッツァーのことは何も知らなかったが、これと『断絶』(モンテ・ヘルマン、71)を観ただけで、ルディがその脚本の中で言いたいことがはっきりわかった。つまり、ぼくたちの社会は死を基盤にしたものだってことだよ。死と名声と権力はすべて同じものであり、権力と名声と栄光を追い求める者は、実は自らの死を求めているのに、目がくらんでいてそれに気づかない。社会とは、頂で二匹のサルがしゃれこうべを振って遊んでいる不気味な骸骨の山のようなものだ。

あとになって、ルディが仏教徒で、そういう考えかたが多分に仏教的なものだということがわかった。死は人生の一部であり、人は自分たちを夢中にさせる狂気を生み出すものの正体を決して知ることができないまま一生を終える。ウォーカーが取り憑かれたのも、まさにそういう狂気だったんだ。ウォーカーはニカラグアでの死に向かって自分の軍隊を率いていき、無数の殺人とむごい殺戮と破壊とを繰り返した。彼がしたことはすべて、ただひたすら自らの滅びの姿を見出すためだったのに、ついに見つけられずじまいだったんだ。思えば、彼は幸運な男だよね。この歴史上の人物は、本来の死期のだいぶあとまで殺されることがなかったんだから。だから、こういったテーマを扱う上で、ぼくはルディこそ『ウォーカー』の脚本を任せるべき男だと思ったんだ。

ニカラグアへは、初の合法的民主選挙が行われた一九八四年にすでに訪れていた。あのときは、サンディニスタ［左翼の武装革命組織サンディニスタ民族解放戦線］が勝ったんだ。ヨーロッパの議会の連中もみんないて、公明正大な選挙だったと宣言した。当時、イギリスをはじめ、世界中いたるところでサンディニスタ支持の声が上がっていたんだよ。オックスファム［Oxford Committee for Famine Relief オックスフォード飢饉救済委員会］も『Nicaragua - the Threat of a Good Example?（ニカラグア：果たして良い見本となるのか？）』というレポートを発行し、その中でサンディニスタはラテン・アメリカ諸国や第三世界に対して適正な社会主義政府が富の再分配［貧困救済のために所得の不均衡を是正しようとする理論・政策およびその実施］によってどんなことをなし得るかを示す、良い見本だと結論づけていた。一九七九年の革命戦争に勝利し、サンディニスタはさらに一九八四年の合法的民主選挙でも完璧な勝利を収めたわけだ。アメリカはそれが気に入らず、この政府をつぶしてしまおうと決めた。たとえ、そのプロセスが中央アメリカ全体をつぶすことになろうとも、だ。

大事な投票日当日、マナグアはジャーナリストや選挙関係者でごったがえしていたので、ぼくはピーター・マッカーシーと一緒に、どうせならもっと居心地のいいグラナダやレオンといった町のほうに滞在することにした。ぼくたちはこの日、レオンのあるホテルのバーにいた。飲めるのは、そこしかなかったんだ。投票日はみんな、しらふで真面目にしてなくちゃいけないっていうことで、バーはどこも閉まってたんだよ！ そのホテルで、ふたりのサンディニスタ兵士と出会った。ふたりとも右派のコントラとの戦いで負傷して、軍から退役を命じられたって言っていた。ひとりはお腹に榴散弾の破片を抱えたままで、もうひとりは片目を失ってたよ。一緒に飲みながら映画の仕事をしてるって話をしたら、ふたりとも、すぐにこの国で何か撮ってくれって言い出した。そこで、ぼくは映画作りがどれほど金がかかるかっていうおなじみの話をして、そんな考えは捨ててもらおうとした。ところが、片方の男は断固とした口調で"いや、違う。それは嘘だ。あんたたちは金持ち国のアメリカから来たんだろ? アメリカへ戻って金を作り、それからここへ映画を撮りに来てくれよ"と言い切った。ぼくははっとしたよ。彼が言ってることは間違ってないことがわかったからだ。

そのころ、サンディニスタのための革命に勝つアメリカ人ジャーナリストを描いた『アンダー・ファイア』(ロジャー・スポティスウッド、83)という最低な映画があった。ニカラグアで映画を撮りたいとは思ったけど、ああいうアメリカの善玉白人ジャーナリストが人々を救うなんて手合いはまっぴらだった。だから、こういう政治的テーマを違う観点からとらえることにしたんだよ」

アレックス・コックスの日記

メイキング・オヴ・『ウォーカー』

一九八四年

十一月三日

レオンの〔ホテル・ヨーロッパ〕に戻り、ポーカーをしたり、ビールを十万杯ぐらい飲んだりして過ごす。ぼくらの運転手マルチアーノはサンディニスタを憎むソモサ派〔一九七九年に打倒されるまでニカラグアで独裁政治を行っていた大統領アナスタシオ・ソモサ・デバイレの支持派〕だ。五年前に比べて、この国の通貨コルドバの値打ちが下がったからだと言う。昔はもっといい身なりをしていた、アメリカへ行きたいと、愚痴ってばかりいる。

十一月四日

投票日。短い列、たくさんあり過ぎるような投票所、投票者たちの赤い親指〔何回も投票するという不正を防ぐため、投票した者の親指には赤いインクで印がつけられた〕……駅までのぶらぶら歩き……チナンデガからの列車が駅に入って来る。小さなディーゼル機関車にオープンの客車が三両。車両には向き合ったベンチ・シートが並び、ガラス窓がない。屋根にも客が乗っている。太った女から「ソモサが大統領だったころはただの売春婦だったけど、今はサンディニスタよ。どう?」と誘われる。あまり赤い親指は多くない。ホテルに戻ると、ふたりのコンパ〔サンディニスタ兵士〕がいた。ふたりともムーラでのコントラの攻撃で怪我を負っていた。昨日も友だちが殺されたばかりだと言う。ひとりは大学一年生、もうひとりはまだ高校生である。ふたりとも〈La Prensa〉を購読していて、「嘘だらけだが、おれたちにも自由な新聞があるっていう証明だから」と語っていた。ふたりとも、親指は赤かった。この国では投票権は十六歳から、入隊は十七歳からだ。かなりの重傷（高校生のほうは爆弾の破片で片目を失明した）を負ったので、前線には戻らなくていいらしい。「だけど、侵略されたら、ぼくは戻るよ」、「戦争がなかったら、農学者になりたいんだ」……。ふたりは捕虜がいるから激しい戦闘になるのだと説明する。コントラは軍兵士だろうと民兵だろうと、捕らえた捕虜をかまわず拷問したり殺したりしているのだ。また、彼らの話によると、コントラがホンデュラスに隠れてしまうと、ニカラグア軍はそれ以上追えないらしい。ふたりともコントラが勝つような恐ろしいことは起きないと信じている。「まだ数は少ないし、勢力が強くなってるということもない」、「あいつらは傭兵だから平気で逃げ出すんだ」。コントラには人気も支持もない。ただ若い彼らが言うように、誰もがアメリカがホンデュラスとコスタリカから侵入してきやしないかと恐れている。すでに毎日、アメリカはニカラグアの領空内に侵入しているのだ……。片方の若者がこんどはニカラグアへ映画を撮りに来てくれと言った。ぼくは「そうできたらいいな」と答えながらも、映画作りは金がかかると説明した。彼は少しもそれに納得せず、「頭を使えばできるさ」と言い捨てた。

一九八五年

十二月二十一日　午前四時二十分、ウエスタン航空四五六便にてメキシコシティに到着。マナグア行きアエロ・ニカ五二七便に接続。『ウォーカー』のプロデューサー、ロレンツォ・オブライエンと美術監督セシリア・モンティエルと会う。

十二月二十二日　サン・ハシント、オールド・レオン、エル・ディアマンテ、レアレホ、コリント、レオンにてロケハン。
十二月二十三日　レオンを発つ。マナグアにてイムシネと会議。
十二月二十四日　リヴァス、サン・ホアン・デル・スールにてロケハン（ペンション二十八号に投宿）。
十二月二十五日　ラ・マルセエイリャ、ディリアンボ、ポチヨミルにてロケハン。
十二月二十六日　グラナダにてロケハン。
十二月二十七日　ニカラグア湖に浮かぶ島々、コヨテペ、フォートゥシデ、マサヤを船でロケハン。
十二月三十一日　午前九時三十分発、アエロ・ニカ航空五二八便でメキシコシティに向かう。十三時発、パンナム航空四九八便でマイアミへ、十八時発パンナム航空九八便にてロンドンへ向かう。

一九八七年
三月十二日　エド・ハリスをリーダーに、（パーカー・フレンチを除く）出演者全員集合。
三月十四日　撮影初日：レアレホにて。
三月十六日　撮影第一週目
三月二十三日　撮影第二週目
三月三十日　撮影第三週目
四月六日　撮影第四週目
四月十三日　撮影第五週目
四月二十日　撮影第六週目
四月二十七日　撮影第七週目
五月四日　撮影第八週目
五月十一日　撮影第九週目

撮影最終日、デイヴ・ブリッジズからファースト・ユニットの予定表を受け取った。そこにはシーン八十三、撮影予定番号五百八十八、テイク・ワンと書かれていた。アメリカ風のシーン・ナンバーと、イギリス風の撮影予定番号を組み合わせたスタイルだ。

これはすなわち、フォースト・ユニットは全部で五八八種類のショットを撮影したという意味である。ミゲル・サンドヴァルの監督するセカンド・ユニットはおそらくそれより百種類は多く撮っているだろうと推測される。つまり、およそ七百種類のショット（しかも、そのひとつひとつに数テイクあることも多い）から編集できるということだ。

ぼくはカルロス・プエンテと一緒にニカラグアのグラナダで八週間にわたって『ウォーカー』の編集作業を行っ

た。ジョー・ストラマーも一緒に滞在して、オリジナル・スコアの作曲にいそしんでいた。

七月十三日、メキシコシティにて、フルコート・プロテクションを施したカッティング・コピーのマスター・フィルムを作った(ネガはロンドンに保管されていた)。翌日、ぼくたちはそのフィルムをアメリカに持ち込み、サンフランシスコでリチャード・ベッグズとサウンド編集に入った。

八月十四日と十五日、アリゾナ州オールド・テューソンで追加シーンをふたつ撮影。ひとつはウォーカーが列車わきでヴァンダービルトと会い、そのあとエレン・マーティンの幽霊を見るシーンで、もうひとつはヴァンダービルトがギャリソンとモーガンに恥をかかせるシーンだ。カメラマンはやっぱりデイヴ・ブリッジズがやってくれた。セカンド・ユニットのほうはトム・リッチモンドが撮った。

九月一日、サンフランシスコでルディとエドとともに、全編を通して観てみる。その後、エドとナレーションを相談し、ルディは追加シーンの脚本を書くことになった。

九月六日、ユニヴァーサルで試写をおこない、追加撮影のための費用を要求した。ユニヴァーサルから拒否の返答があったのは九月十日。ロレンツォとぼくは、それでも九月十九日の夜、ファースト・ストリート・ブリッジ

アメリカ人がニカラグア大統領に!? ウィリアム・ウォーカーに扮したエド・ハリス

の下で追加シーンの撮影を強行した。この日はデビー・ディアスの誕生日でもあった。

エド・ハリスのナレーションは九月二十二日に録音。

十月二十一日、MPAAの検査試写（おそらくはビデオで）が行われ、『ウォーカー』はRもしくはX指定を受けることになった。それでも変更箇所は一切加えなかった。したがって、R指定ということで決定。

ジョーは十月二十三日、サンフランシスコでレコーディングをおこない、最後の一曲「リミックス・ブラディング・ナンバー・シックス」を仕上げた。この日、カリフォルニア州ナパ・バレーにあるゾートロープ・ワイナリー・ミックス・ルームに向けて出発。

十月二十四日から十一月三日にかけて、リチャードと一緒にサウンド編集をつづけ、十一月六日、ロスアンジェルスの〔デラックス〕にてようやく初の完成版試写をおこなう。

『ウォーカー』は十一月三十日、ニューヨークでのMADREのためのチャリティ試写会のあと、十二月四日から全米八都市で公開された。

十二月十一日にはメキシコのチュルブスコ・スタジオでも試写がおこなわれ、十二月十七日にはハバナ映画祭で上映された。

ぼくはウィラル半島〔イギリス北西部〕でクリスマスを過ごし、十二月三十日にはストラットフォード王立シェイクスピア劇団の「復讐者の悲劇」を観た。

『ウォーカー』はサンディニスタの前司法長官ノラ・アストルガがガンで死去してからわずか二日後の一九八八年二月十七日、ベルリン映画祭で上映された。

コックスはこれよりずっと以前から、作品に政治的メッセージを込めてきた。たとえば、『レポマン』における消費文化に対する痛烈な批判などもそうである。また『シド アンド ナンシー』でも、サイ・リチャードソンが演じたメタドン治療クリニック〔メタドンはヘロイン中毒の治療に使われる合成麻酔薬。中毒患者にヘロイン代わりの維持剤として投与される〕のケースワーカーが主人公のふたりに対して「きみたちにはあんなものでラリったりする権利はない。せいぜい健全な大騒ぎでも売っていればいいんだ」と言うのだが、ここには明らかにパンク・ムーヴメントとは歴史的に不毛の現象だったというコックスの主張がある。さらに、サイ・リチャードソン扮するケースワーカーが、ヴェトナム戦争にはアメリカのヘロイン売買を隠蔽しようとする意図もあり、ペンタゴンは山のようなアメリカ人の死体とともにアメリカ国内に大量のヘロインを持ち込もうとしているのだと語るところもある。「ヘロインっていうのは、最高の洗脳薬なんだ」と、彼は辛辣な口調で語る。「本来は利口な人間たちでも、馬鹿になったままになる」。実際、トルーマンからレーガン、前ブッシュなど、近年のアメリカの政権は違法麻薬密輸ルートの確保にいそしみつつ、それを反共の名目で隠蔽してきた。ジョン・ケリー上院議員をリーダーとする「テロリズム・麻薬・国際関係小委員会」は、サンディニスタに対するCIAの戦いは実質的に麻薬によって支えられていると結論づけている。「(コントラが)麻薬密売人たちから経済的および物質的援助を受けているのは明らかである……どのケースについても、アメリカ政府の一ないしそれ以上の機関には、その関与に関する情報があったはずである……当然のことながら、麻薬密売からの金がコントラの資金難に対する完璧な解決法となったことについて、アメリカの政策担当者たちが責任を免れることはできない」。誰でも知っているとおり、アメリカは国内に約二千万人もの麻薬中毒者を抱えた、世界最大の違法麻薬の消費国なのである。

『ウォーカー』はコックス作品の中でも、もっとも政治メッセージ色の強いものである。これが作られた一九八七年は、FSLNとニカラグア国民がアメリカから資金援助されたテロリストたちに攻撃を仕掛けられていた最中の時期に当たる。CIA史の専門家ウィリアム・ブルムはその著書《The CIA：A Forgotten History》の中で、レーガン大統領の最初の任期のころだけでも「CIAに先導され、さらに訓練と資金援助も得たコントラのテロリストたちが八千人ものニカラグアの一般市民を殺害した」(三三四ページより)と記述している。そののち、エルサルバドルでもアメリカによって訓練された殺人部隊(アメリカから五億二千三百万ドルもの「援助」を受けた「国連軍」のこと)によって、約二万人の市民が殺されている。サッチャー政権下のイギリス政府は、当時、こういった何千という数の罪もないニカラグア人たちの殺戮を含む中央アメリカへのアメリカ合衆国の「目的」への支持を表明した。外務大臣ジェフリー・ホウはこのようなテロ行為に対し、「絶対に賛成する」とさえ発言している。ニカラグアに対する、圧倒的な力の行使と違法な経済的交戦状態は、共産主義が権力を握った地域への脅威に対抗して民主主義を守り、強化していく上では必要なものとみなされたのだ。実際には、サルバドール・アジェンデ(チリの大統領)やサンディニスタの政権は明らかに国民の健康および教育面の改善に成果を上げたと証明されていたにもかかわらず、アメリカ製テロリスト軍団コントラが登場したばかりのころのマスコミの熱狂ぶりに比べると、まったくと言っていいほど、どんなメディアにも取り上げられることがなかった。

コックスの意図は、アメリカのドルをできるだけたくさんニカラグアで使いたいというところにあった。れっきとした独立国へ図々しくも介入しようとするアメリカ政府への抗議である。現在と未来を理解するためには、過去を知る必要がある。コックスはそれをたしかなものにしたかったのだ。彼はこの映画が単に一八五三年から一八五五年のあいだに起きた歴史的事件を描くものではなく、現代起きている出来事にもかかわるものであることをはっきりさせたかったのである。

ルディ・ワーリッツァーはそれ以前から、空間的にも時間的にもフロンティア精神に彩られたオープンな時代として、十九世紀を素材にした脚本を何本も書いていた。しかし、『ウォーカー』が求めていたものは、そのような時代のとらえかたとは少し違っていた。そこで、コックスはウーリッツァーの脚本にさまざまな現代的イメージを加え、過去から未来までとらえた超現実的な設定に変えたのである。

コックスは一八五五年の暴力によるニカラグア侵攻のむごさを忠実に描きつつ、観客にアメリカが二十世紀になってもなお中央アメリカの国々に干渉しつづけていることを思い出させるために、わざと二十世紀のもの(テープ・レコーダー、「ニューズウィーク」誌、パソコン、ヘリコプターなど)を登場させる時代錯誤を犯してみせた。ところが、この時代錯誤も映画の中盤過ぎになるまで出て来ないために、観客は単純に面食らってしまう。現在では、コックス自身も冒頭からそういったものを出しておけば、作品全体がもっとユニークな仕上がりとなっただろうと語っている。

「ウォーカーがメキシコを支配しようとして失敗するオープニング・シーンで、メキシコのバスに画面を横切らせればよかったな。それに、砂漠でヴァンダービルトがウォーカーと出会うところでも、彼に携帯電話を持たせておけばよかった! 最初から時代錯誤をやってみせなかったのは、明らかにぼくの演出的なミスだったと思う」

それにもかかわらず、ホワイトハウスを舞台にした最近のハリウッド映画は山ほどあるが、『ウォーカー』はそのどれよりも現代の政治の問題を赤裸々に描いている。コックスは一八五五年に不死身の連隊が原住民たちの手からニカラグアを奪ってから現代に至るまで、実は何ひとつ変わっていないということを言いたかったのだ。ニカラグアはまだアメリカの統治下にあった。この映画が作られた時代においてもなお、アメリカ人ウィリアム・ウォーカーの行動はアメリカの政策に影を落としていたのである。この作品が公開された当時、大量虐殺戦争にかかわった権力者側のマスコミに不評だったのも少しも意外なことではないのだ。ユニヴァーサルは政治色の強い作品になることは承知していたものの、そのアナーキーなトーンにはまったく意表を突かれた。それは彼らが期待していたような、史実のリベラルな解釈ではなかった。この作品では、ウォーカーという男を自分の都合でリベラルな主張など忘れて奴隷制を作り上げ、その直後にぶざまに滅んでいった勝手な男として描いていた。ここでの彼は、権力と華々しい栄光に目がくらんで自由主義者から独裁者へと豹変し、仲間を裏切った男であった。

ハリウッドきってのリベラリスト、ロバート・レッドフォードは史実をもっと正しく記すために、自らウィリアム・ウォーカーの物語を主演・監督して映画化するという声明を発表した。だが、ついに今日までそれは果たされていない。

『ウォーカー』は、アメリカ合衆国が民主主義をアメリカ大陸全土に広めなくてはならないと考えたがために、むしろ民主主義がだめになっていくという考えをベースにしている。脚本家ルディ・ワーリッツァーは、「プロデューサーのエド・プレスマンがぼくたちに自由にやらせてくれたので、プロジェクトそのものにすごいエネルギーが充満していた」初期のころと、メジャー・スタジオのマーケティング担当者や重役たちが口をはさみはじめたころの変化について、次のように語っている。

「ハリウッドの体制側の連中というのはリベラリストで、アレックスの作品のユーモアには、みんなかなり頭に来ていたようだった。彼らにはついていけなかったんだな。過激すぎるって思ったようだったけど、言うまでもなく、アレックスの映画のすばらしさはまさにそういう要素にこそあるんだ。最近のメジャー・スタジオはいつでも、構成がしっかりした筋書きで、しかも従来どおりの無難なパターンの結末が用意された脚本が欲しいんだ。アレックスは本物のアーティストなんだよ。金を持った連中の側にしたがうには、彼は純粋で自由であり過ぎる。だから、いつでもそういう偉い人たちと最後には衝突してしまうんだ。そういう生きかたは大変な勇気がいることだよ。それでも彼が仕事をつづけていけるという事実は、大きな刺激になるね」

劇場公開はごく限られた規模にとどまり、当然の結果として、『ウォーカー』は大きな興収を上げることができなかった。この作品でパーカー・フレンチに扮したミゲル・サンドヴァルは、ユニヴァーサルがもっと協力的であったら興収面でも成功を納めただろうと語っている。

「スタジオ側は本気でアレックスと彼が撮ったあの映画をつぶしたかったんだと思うね。やりたいようにやっただけで、彼は自らスタジオ側と距離を置くことになってしまった。あれほど予算不足の状況で撮影を進めなくてはならなかったのも、別にアレックスのせいじゃなかった。私たちがみんな、膝までブタの糞に浸かって戦闘シーンの撮影に取り組んでいたところに、"お偉いさん"たちはこざっぱりしたポロシャツにサンバイザー姿でご登場なすった。連中に目を向けるたびに、なぜかシャツの色が違うんだ。なんと、ああいう暑さには慣れてないから一時間おきにシャツを換えてたんだと！　バスへ戻りながら、私たちはその日に撮影したショットの話や、次の日には何をする必要があるのかなんてことを、かなり熱心に話し合っていた。ところが、そこへきれいなシャツの皆さんが駆け寄って来て、"アレックス、話があるんだ"とやった。アレックスはその時点で我慢がならなくなったんだな。振り向いて彼らを見つめると、ただ、"あっちへ行ってくれ。さもないと殺すぞ"とだけ言った。ユニヴァーサルは一本映画をすっただけとして我慢し、アレックスが二度とハリウッドでは仕事ができないようにすることで報いたんだと思う」

しかしながら、『ウォーカー』はコックスのキャリアにとっては大きな転機となった。

「ぼくの最初の三本は、誰にでも監督できるものだったと思う。作品のオリジナリティは実際の演出ではなく、脚本そのものにあった。『ウォーカー』の仕事に入る前、自分宛に短いメモを書いたことを今でもよく覚えている。かつての学生映画と同じレヴェルのオリジナリティのある作品にする努力をしなくてはならない、クロースアップをふたつはさんで"ボブはきみの叔父さんだ"なんてセリフを言わせるような、ありふれた演出は絶対しないよう努めなくてはならないってね！」

政治的な主張とともにこうした考えが基盤にあったと思えば、二十世紀のものを取り入れた意図的アナクロニズムも理解できよう。また、ウィリアム・ウォーカーと彼の部下たちがグラナダで葬式に巻き込まれる場面で非常に長い「プラノ・セクエンシア（シングル・テイク）」の手法が用いられた理由も明らかである。コックスはのちにこの撮影法をより完成度の高いものへと仕上げていく。ここでの戦闘シーンは従来の方法では撮影されていない。そうする代わりに、コックスは一台のカメラによるひとつの長いショットでとらえており、そのためにこの作品の中でも最高のシーンとなった。彼自身はもっとこのような撮影をやりたいと思っていたのだが、スタジオ側から度重なるプレッシャーをかけられ、ついに最悪の事態になる前に映画を完成させたほうが良いと判断したのだった。だが、実際の撮影現場の状況をつぶさにとらえる有機的な撮影スタイルは、この先のコックス作品に不可欠の経験則となった。

『ウォーカー』完成直後から、コックスはアメリカのメジャー・スタジオのブラックリストに載り、アメリカではどんな種類であろうと「まともな」仕事ができないことがはっきりした。人気が上がったところでハリウッドで映画を撮るようになるイギリス人監督の成功の図式は、彼には当てはまらなかった。彼の映画監督としてのキャリアはロスアンジェルスで学生映画と『レポマン』を撮ることからはじまり、『ウォーカー』によってロスアンジェルスで終わったのだ。その結果、コックスは翌年から映画作りのための資金繰りに非常に苦労することとなった。

ハリウッドから拒否されたものの、コックスとロレンツォ・オブライエンは『ウォーカー』によってアリゾナ州トゥーソンの名誉市民に選ばれた。コックスはその前から、すでにトライスター・ピクチャーズと風船ガムのおまけカードのシリーズをもとにした『マーズ・アタック！』の映画化に取り組んでいた。脚本の草稿もすでに二本書いていたが、アメリカ国内での『ウォーカー』のあまりに冷淡な扱われぶりに、トライスターはコックスへの関心を失った。要するに、彼は資本主義の最たるアメリカの大映画会社から何百万ドルもの金を出させて、親共産主義的映画を撮ってしまったのだから無理もない。思えば、なかなかのいたずらっ子である。

トライスターはコックスをクビにして、小説家のマーティン・エイミスを新たな脚本家に据えた。エイミスは映画の脚本を書いたことがなく、ようやく書き上げたのは締切をだいぶ過ぎてからだった。しかし、トライスターは彼が提出したものが気に入らず、彼のほうでも自分を雇ったスタジオ側の重役を揶揄するような内容の記事を［ニューヨーカー］に載せてしまった。

いくつものハリウッドの映画会社から雇ってはいけな

黒澤の『乱』に影響された戦闘シーンのひとつ

い監督として名指しされたコックスは、『ボディ・パーツ(Body Parts)』というタイトルの映画の準備を進めながら、トゥーソンに一年間滞在した。今回も脚本をルディ・ワーリッツァーに書かせていた。ラテン・アメリカにおける、移植目的による子供の臓器や肉体のパーツ売買の疑惑が題材だった。この脚本はハリー・ディーン・スタントンの参加を想定した上で書かれたものだったが、結局はスタントンが土壇場で二の足を踏み、彼からの製作資金も当てにできなくなった。この企画は主役にリップ・トーンとロージー・ロペスを据えて、わずか数ヶ月後には撮影開始というところまで進んでいたのだが、その時点においてもなお、またしても手を引く出資者がいた。この作品はついに実現することなく終わってしまった。

コックスは一九八八年から現在のパートナーでもあるトッド・デイヴィーズと組んで脚本を執筆するようになっていた。ふたりは『ストレート・トゥ・ヘル』のときの同志デニス・ホッパーから、彼が監督するつもりで進めていた作品『バックトラック』の脚本執筆を依頼されていた。コックスとデイヴィーズの出会いはふたりがUCLAの学生だったころのことで、それ以来ずっとパートナーとして組み、共同で脚本を書いてきたのである。コックスはデイヴィーズとともにカリフォルニアのホッパーの私邸に寝泊まりしながら、『バックトラック』の脚本と取り組んだ。当時、ホッパーはロバート・デュヴァルとショーン・ペン主演で、『カラーズ 天使の消えた街』(88)というロスアンジェルスを舞台にした荒っぽいギャング映画を監督していた。

ある晩のことだった。夕食の席で、コックスとホッパーは政治のことで口論をはじめた。興奮したホッパーが自分の共和党員証を取り出してみせると、コックスはそれをひったくって、破いてしまったのである。

「あんなことをして、ぼくも短気だったし、乱暴なことをしたと思ってるよ。でも、デニスにはどうしても左派の象徴的存在でいて欲しかった。ところが、本当の彼はそうじゃなかったんだ。一種のアナーキストではあったけど、右派のアナーキストだった。彼は基本的にアメリカという国を支持している。それでも彼はいい人だし、ぼくにもトッドにもずっと親切にしてくれたよ。脚本家として仕事をするなら、彼ほどすばらしいボスはいないね」

『バックトラック』は『ハートに火をつけて』というタイトルで、大幅な編集を加えられたヴァージョンで公開さ

コックスがホッパーから取り上げ、彼の目の前で破り捨てた共和党員証

れた。このとき、ホッパーの強い要望により、アメリカの映画監督たちが製作過程でのトラブルで腹を立てたときに作品の出来には責任持てないという主張代わりによく使うアラン・スミシーという偽名が監督名として表記された。このあと、コックスとデイヴィーズはフランスのカナル・プリュス社のためにチェ・ゲバラを題材とした脚本を共同で書いたのだが、プロデューサーたちからは期待していたようなロマン化した内容ではないということで却下されてしまった。以来、ふたりはルイス・ブニュエルの生涯を映画化するための脚本に取り組んでいる。

『バックトラック』の仕事のあと、コックスは一九五〇年代の伝説的なデレク・ベントレー殺人事件をドラマ化した作品の監督を依頼された。彼はモノクロ作品にするならという条件付きで、それを引き受けることにした。

「この作品はその時代設定当時の映画のような作りにしないとうまくいかないと思った。低予算の企画だったし、一九五〇年代のイギリスのスリラーのように仕立てたら、きっとすばらしいものになるはずだった。ちょっとアンティークな雰囲気の、『長距離走者の孤独』(62)のようなトニー・リチャードソン作品っぽいイメージでやりたかった」

コックスはロケハンのあと、配役を決めた。このとき、クリストファー・エクレストンとポール・レイノルズが重要な役を割り当てられていた。クルーの中心となったのは、『ビートルズがやって来る ヤァ! ヤァ! ヤァ!』(リチャード・レスター、64)や『博士の異常な愛情』(スタンリー・キューブリック、64)を撮影したモノクロ映画を得意とするカメラマン、ギルバート・テイラーである。役者もクルーも決まり、あとは撮影開始を待つだけだった。そのとき、コックスはエージェントから一本の電話を受けた。「だめだ。金がまったく支払われてない。契約書にモノクロ作品でという条件が付いているために、向こうが調印を拒否してるんだ。これはカラー作品として配給されることが決まってたのに、プロデューサーがきみに隠してたんだな。きみが折れてくれるものと思ってたらしい」。もちろん、決して安易に折れるようなコックスではなかった。そのまま撮影に入るわけにはいかなかったが、彼自身もそれ以前から何かおかしいと感じていたと言う。

「何とも言えない、奇妙ないやな感じがつきまとっていた。人が嘘をつくときって、たいてい立てつづけに起きる。嘘はたった一回じゃ済まなくて、必ず何回も繰り返されるんだ。プロデューサーがモノクロ映画の良さを理解していないのは、とても残念なことだと思う。ハリウッドでも状況は同じだよ。現在活躍中でモノクロ映画を撮れそうなアメリカの監督は、ウディ・アレンとジム・ジャームッシュとスパイク・リーだけだ。それにしても不思議なのは、ロックのビデオやコマーシャルにモノクロが多いってことだよ。ああいうのは、明らかに商品を売るための映像(しかも、売るという点では成功している。さもなければ、そんな映像は最初から作られない)なのにな。それなら、なぜモノクロの映画はあまり作られないんだろう? ぼくはやっぱり、観客ではなく、ハリウッドの保守的な体質のせいだと思う。観客は受け入れられるんだ。ところが、どうやらハリウッドは受け入れられないようだね」

このときのプロデューサーたちは『奴に思い知らせろ(Let Him Have It)』(91、未)を作ったヴェテランだったが、残念ながら、撮影直前に彼らのもとから去ったのは監督だけではなかった。リチャード・アッテンボローが判事の役で、スティーヴン・バーコフが父親役で出演することになっていたが、ふたりとも役を降りた。ギル・テイラーもそれにならった。のちに、この作品は改めてピーター・メダックが監督することになった。

エクレストンは降りなかった。突然デレク・ベントレー（殺人罪で絞首刑になったイギリス最後の男）役をオファーされた彼にとっては、またとない大きなチャンスとなる仕事だったのである。

「一九八六年に演劇学校を出てから三年間、ずっと仕事がなかった。あのとき、アレックスがぼくを抜擢してくれなかったら、メダックはぼくと会ってもくれなかったことだろう。どういうわけか、プロデューサーたちはぼくをベントレー役として気に入ってくれたんだ。たぶん、ぼくのギャラが安かったからじゃないかな！」

しかし、エクレストンはメダックが撮った作品に過激なところが少しもなく、俗っぽいものに仕上がったことに大きな落胆を覚えたという。

「アレックスが撮っていたら、きっとあまりハリウッドっぽくない知的な作品になっていたと思う。初めのころの話し合いから、彼なら労働者階級の人間としてのデレクをリアルに演じさせてくれることがわかっていたから。メダック作品は妥協だらけだった。強烈なインパクトのあるスタイリッシュなアプローチなど、微塵もなかったよ。ああいう意欲的な題材を選んだ場合、断固とした意志でスタイルを貫き、なおかつ観客がそれを理解して受け入れてくれると信じなくちゃならない。アレックスはあいまいなところだらけのただの映画じゃなくて、若者たちが感じていた興奮をスローモーションで描いてみようとまで計画していたんだ」

また、コックスは「トレモリノスの戦い（The Battle of Torremolinos）」という作品の映画化にも取り組んでいた。これはリンゼイ・アンダーソン監督のためにマーティン・ターナーが書いたものだった。アンダーソンは『老人連中（The Old Crowd）』（テレビ作品、79、未）という作品で長い監督人生で初めてひどくこきおろされ、その後、進行中だったプロジェクトをすべて投げてしまったのである。だが、その脚本を読んだコックスは、たちまちその面白さに惹きつけられた。これはイギリス人とドイツ人たちがスペインの海岸で第二次世界大戦のやり直しの戦いを繰り広げるという物語であった。ところが、八十年代半ばの当時は映画業界にテレビ出身の俳優たちが大量に流れ込んできた時期に当たり、監督たちも舞台俳優や映画俳優ではなく、こういった新参者たちを選ばざるを得ない状況にあった。

「あのころ、イギリスの映画業界は完全に「コミック・ストリップ」というテレビ番組に支配されていた（ちょうどアメリカでも「サタデー・ナイト・ライヴ」の人気が映画業界に大きな影響を与えていたのと同じだった）。それで、あの低俗番組やそれよりさらにひどい「ヤング・ワンズ」という番組から、最低三人のコメディアンを出演させないと映画としてまともにロンドンで上映できない、情けない状況だったんだ。スペイン人たちはすごく面白い脚本だと思ったようだけど、ドイツ人たちとっては少しも面白くなかったらしい。それから二年経って、タブロイド紙の紙面は「トレモリノスの戦い」のもととなったのと同じような現象の記事で埋まっていた。世間では、その現象をラガー・ラウティティス［「生ビール酔っ払い病」といったような意味］って呼んでいたよ」

しかし、そのときにはすでに手遅れであった。コックスのもとに飛び込んできたもうひとつのプロジェクトは、『ロボコップ』の続編であった。当然のことながら、彼にはまったく興味がなかった。

「『ロボコップ2』のような映画を撮っても、ぼくではうまくいかなかったと思う。強烈なヒーロー至上主義だし、何でもかんでも爆発炎上してしまうしね。ああいう映画ではブルース・ウィリスだろうとメル・ギブソンだろうと、あるいはロボットだろうと、警官役はいつも人の頭を殴ったり、野蛮に振る舞ってばかりいるのに、"もっと大きな悪"に立ち向かうから許されている。ぼくはそんなことが特にドラマにふさわしい設定だとは思えないんだ」

コックスは次の監督作品にふさわしい題材を見つけられずにいたが、イギリスでは相変わらず世間から注目を浴びていた。文字通り、毎週テレビに出演して、何百万人もの視聴者たちの目に触れていたのである。一九八七年、彼は作家で評論家でもあるディヴィッド・トンプソンがプロデュースするBBCの新番組への出演を依頼された。番組は「ザ・フィルム・クラブ」というタイトルで、毎週、さまざまな映画監督が二本の映画を紹介するという内容だった。アレックス・コックスに出演の番が回ってきたとき、彼は『殺しの分け前ポイント・ブランク』（ジョン・ブアマン、67）と『ロング・グッドバイ』（ロバート・アルトマン、73）の紹介を依頼された。この番組では監督の自宅をクルーが訪ね、居間のマントルピースの前に立って映画を解説する、というのが通常のパターンであった。しかし、ロンドン市内に家を持っていなかったコックスは、トンプソンに頼んでロイズのビルの前で撮影してもらうことになった。その結果、彼の出演はこのシリーズで唯一のロケ撮影となり、かえって強い印象を残すものとなったのである。これがBBCの別のプロデューサー、ニック・ジョーンズの目に留まり、コックスは一年後に再びBBCから出演依頼を受けた。しかも今回は、彼が自らホスト役として「ムーヴィードローム」というシリーズ番組を持つことになったのである。彼は出演に同意し、毎週日曜日の夜、BBC2に放映されたこの番組の台本書きからホスト役までを一手に引き受けて、さまざまなカルト・タイプの映画を紹介した。

「ときどき、視聴者はぼくが紹介する映画を勝手に選んでいて、さらにはぼくがこういった映画を監督していると誤解しているのではないかと心配になった。もちろん、取り上げた映画の大半は、『成功の甘き香り』(アリグザンダー・マッケントリック、57)や『アルファヴィル』(ジャン＝リュック・ゴダール、65)、『夢の中の恐怖』(アルベルト・カヴァルカンティ、ベイジル・ディアデン、ロバート・ヘイマー、チャールズ・クライトン、45、未)などのように、すばらしいものばかりだった。でも、ひどいのも取り上げたよ。『ディーバ』(ジャン＝ジャック・ベネックス、81)や『ターミネーター』(ジェイムズ・キャメロン、84)のようにね」

「ムーヴィードローム」のおかげで、コックスは「すばらしいアメリカ映画」や自分の好きなジャンルである西部劇のほか、外国映画(まだBBCも字幕付きで映画を放映していた)についても存分に語るチャンスを得た。以下はその例である。

『悪魔のような女』(54)はホラー映画です。しかも、フランス語の映画だから字幕を読まなくてはなりません。でも、どうか、"じゃ、やめよう"なんて言わないで。これなら絶対にがっかりしません。少なくとも「十二日の金曜日パート十四」のような、ビデオ屋で借りられるその手の無意味な続編ものより十五倍は怖いことは間違いありません。これは本物の映画監督が作った、本物の映画なんです。しかも本当に怖い。『悪魔のような女』を最後までご覧になったら、きっとぞっとしてしまうでしょう。保証します。

それにしても、この映画を観てもらうために、こうして皆さんに懇願しなくちゃならないなんて、実に残念なことです。でも、イギリスだけではなく、ヨーロッパ全体に外国語の映画に対する根強い抵抗感があるようですね。フランスとイギリスは比較的文明度が高い国で、外国語の映画が上映される機会がある場合には、もとの言語のままで上映されます。一方、ドイツ、イタリア、スペインといった国々では、吹き替えで上映されるのがふつうなんです。しかも、EC諸国全体でもっとも人気のある映画はアメリカのもので、かなり点差のある次点ながらも、二番目に人気のあるのは自国の映画、そして、それ以外の国の映画はほとんど問題にさえされないといった状態です。

ある映画館でロマン・ポランスキ監督の『反撥』(65)、『悪魔のような女』、ポール・ヴァーホーヴェン監督の『4番目の男』(82)が三本立てで上映されていたとしましょう。三本ともすばらしい出来のセクシーなヨーロッパ製ホラー映画です。この三本を最近のアメリカ映画と対抗させて、考えてみてください。たとえば、『ペット・セメタリー』(メアリー・ランバート、89)、『エルム街の悪夢 ザ・ファイナル・ナイトメア』(レイチェル・タラレイ、91)、ウィリアム・フリードキン監督の『ガーディアン 森は泣いている』(90)といったものですね。なぜ、人はこんな映画を観たがるんでしょう? 最初に挙げた三本のような映画を観る機会が身近にあるというのに。

『悪魔のような女』がどういう物語かについてはお話しできません。この映画のストーリーには、さまざまなひねりや意外な展開がいっぱいだからです。でも、その代わりに、これを撮った監督についてお話ししましょう。アンリ=ジョルジュ・クルーゾ監督の第二作『犯人は21番に住む』は、一九四二年、ドイツの会社コンチネンタール・フィルムズによって製作されました。これはフランスの片田舎の生活を否定的で陰鬱なものとして描いていたためにドイツのプロパガンダ映画と決めつけられ、その結果、クルーゾ監督はしばらく映画を撮ることができなくなってしまいました。しかし、一九四七年に作った『犯罪河岸』はヴェネチア映画祭で金獅子賞に輝きました。その後、彼はシニカルで悲観的な作風で知られるようになり、しかも優秀な映画監督として評価されるに至りました。彼のもっとも優れた作品は、『恐怖の報酬』(52)でしょう。これは先ほども名前の出たウィリアム・フリードキン監督がまだ絶頂期にあった一九七七年に、まあまあの出来でリメイクしています。『恐怖の報酬』はホンジュラスのジャングルや山々を越えて危険な爆発物をトラック輸送するために雇われた四人の男たちの物語です。これは現在でもなお最高傑作の一本に数えられるでしょう。こういう映画が南フランスで撮影されているんです。

『悪魔のような女』も同じような緊張感と狂気とでつづられる物語ですが、主人公は男ではなく女性です。登場するのは、執念深いシモーヌ・シニョレと監督の奥さんでもある美しいヴェラ・クルーゾですが、このヴェラ・クルーゾは『恐怖の報酬』にも魅惑的な恋人役で出演しています」

『成功の甘き香り』はトニー・カーティス扮するシドニー・ファルコという名前の下品なプレス・エージェントの物語です。彼の仕事はバート・ランカスター扮する底意地が悪くて威張り放題のコラムニスト、J・J・ハンセッカーの機嫌を取ることでした。この作品でのカーティスとランカスターはともに見事な演技を見せてくれます。ランカスターの役は、上院議員とも親しいマフィアのメンバーで、どうやらマスコミ業界で絶大な権力を誇るウォルター・ミッチェルをモデルにしたものと思われます。

カーティスはつねにランカスターの陰で愚痴ばかり言い、つまらないことにすぐケンカ腰になります。とにかくすばらしい映画なのですが、アメリカ国内ではほとんど知られていません。

監督のアリグサンダー・マッケンドリックはマサチューセッツ州ボストンで生まれ、スコットランドで教育を受けました。『ウィスキーをたっぷり(WhiskeyGalore)』(49、未)や『マダムと泥棒』(55)といったイーリング・コメディ〔ロンドンのイーリング・スタジオで一九四八年から五〇年にかけて製作された反権威的コメディ〕も撮ったことのある彼は、マスコミや宣伝広告、人間関係、その他もろもろを鋭く批判する最初のアメリカ映画を作ったのです。くだらないことに鋭く切り込む良質のアメリカ映画を作ることができたのは、マッケンドリックにかつては愛国者だったという経歴があったせいかもしれません。そういった意味で、同じく"外国出身監督"として思い出されるのは、『真夜中のカーボーイ』のジョン・シュレシンジャー、『カッコーの巣の上で』(75)のミロス・フォアマンでしょう。あるいは、その逆の道をたどったスタンリー・キューブリックも思い出されます。彼はアメリカからイギリスへ移住し、われわれイギリス人を見事に描いた『時計じかけのオレンジ』(71)を作りました。

『成功の甘き香り』の脚本を書いたアーネスト・レーマンとクリフォード・オデッツは、ハリウッドでも『ザ・ビッグ・ナイフ(The Big Knife)』(ロバート・オルドリッチ、55、未)で似たような鋭さを発揮しました。また、ハリウッドでももっとも優秀なカメラマンのひとり、ジェイムズ・ウォン・ハウを撮影に起用したことが、この作品の成功の要となっています。

われわれはつねに英雄と悪役とを必要としています。この映画には、後者がふたり登場するだけです。シドニー・ファルコが言うように、"つねに欲しいものを求めて動き、いろいろと手を尽くし、何とかそれを手に入れようとするのが人間の本性だ〟ということを、私たちは忘れてはならないのです。

『ワン・フロム・ザ・ハート』(82)はコッポラが『地獄の黙示録』(79)のあとに作った最初の映画です。この作品はある意味で、すさまじいエネルギーと何年間という時間をかける必要のあった壮大なエピック・ドラマを作ったあと、再び落ち着いた仕事をしようとした彼の気持ちのあらわれのように思われます。大作の代わりに、ボーイフレンドやガールフレンドを裏切ろうとするとき何が起きるかという、ふたりの人間の関係をじっくり描く佳作に取り組んだわけです。

場所はラスヴェガスという設定になっていますが、実際の撮影はハリウッドにコッポラが所有するゾートロープ・スタジオ内のサウンド・ステージで行われました。ゾートロープはクリエイティヴな人たちのために昔風のスタイルのスタジオ・システムを再現しようという、高いこころざしのもとに建てられました。金に困って売りに出す前のコッポラが所有していた二年間に、ジーン・ケリー、ヴィム・ヴェンダース、ジャン＝リュック・ゴダールなど、さまざまな人たちがここで仕事をしました。ゾートロープのこころざしは高かったのですが、『ワン・フロム・ザ・ハート』がうまく成功しなかったのもそこに理由があります。この映画の中で、ふたつの要素のせめぎあいが見られます。ひとつはシンプルでロマンティックな物語、もうひとつはやけに大仰な仕掛けです。製作予算は二千五百万ドル、凝りに凝ったセット、大がかりな特撮を使ったダンス・シーン、そして最悪な歌曲の数々。

トム・ウェイツとクリスタル・ゲイルの歌が下手だというわけではありません。ただ、男が階段を上がっていく、落ちていた女の服につまづき、それを拾い上げてじっと見つめ、顔をしかめてそれを持ったまま歩く、というシーンのバックで〝きみのものを拾ってあげるのは、もう飽き飽きなんだよ〜〟と歌われても困る、ということなのです。要するに、やりすぎということでしょう。

コッポラは本当に満足できる低予算の佳作、つまり『ランブルフィッシュ』のような映画が撮れるようになるまで、もう少し辛抱して待つべきでした。しかし、『ワン・フロム・ザ・ハート』は間違いなく面白い映画です。コッポラの映画はすべて面白いんです。彼はまったく役に立たない映画を平気で撮れるような男ではありません」

「ビリー・ワイルダー製作・監督、そして共同脚本による一九五一年作品『地獄の英雄』は、カーク・ダグラス扮する大都会のレポーターが、自分の成功のためにニューメキシコのナヴァホ保留地の洞窟に閉じ込められた男の苦境を利用しようとする、非常にシニカルな物語です。

　最近の映画では、レポーターというのはたいてい善意に満ちた聖人として描かれるので、こういう利己的なタイプを見られるのは無上の喜びです。もちろん、この映画に登場する身勝手な人間は彼だけではありません。ワイルダーの情け容赦ないペンと演出手腕とによって、掃除機にかけられるべき人物がほかにもいろいろ登場します。閉じ込められた男も含めて、誰もがこの一件から金を稼ごうとしたり、名声を得ようとするのです。それは〝人はみんな一攫千金のチャンスが好き〟だからです。

　ワイルダーは映画界におけるウラジーミル・ナボコフだと言えるでしょう。感傷や自責の念は一切なく、完璧にシニカルな人間であり、言葉を操る上でのナボコフ同様、彼は映画作りの名職人です。この作品や『お熱いのがお好き』(59)、『アパートの鍵貸します』(60)、そしてもちろん『サンセット大通り』(50)など、ワイルダーの映画ではすべてが完璧に仕組まれているのです。彼の作品は完璧に左右対称の映画なのです。

　それはワイルダーがすべて自分でやったからだけではありません。脚本を書いて、プロデュースして監督するだけで十分と言えるのですが、目で見えるもの、つまり演技、編集、美術といったすべての協力者たちにも自分と同様の技量を求め、さらにすばらしい音楽を含めて耳で聞こえるものすべてにも完璧を求めました。この映画はまた、タイプライターでマッチを擦る方法も教えてくれます。

　一九六八年、デニス・ホッパー、ピーター・フォンダ、ジャック・ニコルソン、ボブ・レイフェルソン、そしてヘンリー・ジャグロムは、映画史上もっともヒットしたカルト作品『イージー・ライダー』を作りました。あまりにもヒットしたので、もうカルト映画ではなく、メイン・ストリーム作品と呼ぶべきかもしれません。この作品はたくさんのお金を稼ぎ出しました。ご存じのとおり、お金は作品の質を示します。また、お金は権力も運びます。これほど大ヒットする映画を作った結果、五人の男たちはみんな金持ちになり、もっと映画が作れるようになりました。ホッパーはペルーへ行って、『ラストムービー』を作りました。ニコルソンは『ドライヴしろ、と彼は言った(Drive, He Said)』(72、未)を監督し、ヘンリー・ジャグロムも『安全な場所(A Safe Place)』(71、未)を作りました。ボブ・ラファエルソンは『ファイブ・イージー・ピーセス』(70)を、ピーター・フォンダは『さすらいのカウボーイ』(71)

という西部劇を撮りましたが、フォンダの映画はあまり良い出来ではありませんでした。カメラワークが終始ぼんやりしていて、場面転換がだらだらと長く、登場人物のセリフがろくにない、いわゆるアシッド・ウエスタンというやつです。『ラストムービー』のほうが面白い映画でしたが、ホッパーの狂気や懐の大きさはうまく出ていませんでした。『さすらいのカウボーイ』の本当の見どころは、フォンダの相棒ハリス役でウォーレン・オーツが出演していることです。ウォーレン・オーツは非常に優れた俳優です。『コックファイター（The Cockfighter）』（モンテ・ヘルマン、74、未）という作品にも出ていましたが、タイトルどおりの内容（闘鶏）があまりに生々しかったため、イギリスでは公開されませんでした。彼の出演作品はほかに『ドラム』（スティーヴ・カーヴァー、76）、『おたずね者／キッドブルー逃亡！（Kid Blue）』（ジェイムズ・フロウリー、73、未）、『銃撃（TheShooting）』（モンテ・ヘルマン、66、未）、『ガルシアの首』、『デリンジャー』（ジョン・ミリアス、73）、『ワイルドバンチ』などがあります。今日活躍しているアメリカの俳優の中で本当に実力のある演技派の誰かに、たとえばデニス・ホッパーやハリー・ディーン・スタントン、エド・ハリスといった人たちですが、存命中かどうかを問わずアメリカで一番優れた俳優は誰かと尋ねてごらんなさい。彼らはきっとマーロン・ブランドだとは言わないはずです。間違いなく、ウォーレン・オーツだと答えるでしょう」

このBBCのシリーズ番組の司会として、コックスは実に自然な人選であった。彼自身、本物の面白さと風変わりな作風で知られる映画監督として評価され、カルト・ヒーローと呼ばれるようになった人物である。何シーズンかつづいたこの番組は、毎年、わずか数日のうちに全回分を収録していた。最初のシーズンの撮影はロンドンで、次のシーズンはトゥーソンで、そして三番目のシーズンはアルメリアで行われた。つねに暗くミステリアスな背景の前で撮影され、コックスのエキセントリックな語り口によって、カルト映画の紹介番組としてかなり風変わりで面白いものになっていた。その結果、「ムーヴィードローム」は人気番組となり、コックスは七年間にわたって司会を務めた。また、これが彼の主要な収入源となっていた。この番組が放映されているさなか、彼はメキシコへ移り住み、『ウォーカー』のあと初めての作品となる映画を撮ろうとしていた。

第六章
逃 避

「逃げようとしていることからは決して逃げられないものだ。それに旅暮らしから得られる教訓とは、旅暮らしには教訓などないということにある」

ルディ・ワーリッツァー

「法の定めの外側では、大きな成功を手に入れたり、
満足して死んだりした者はひとりもいない」
一九二七年七月十二日、A・C・サンディーノに対するニカラグアのアメリカ海軍司令官G・D・ハドフィールドの言葉

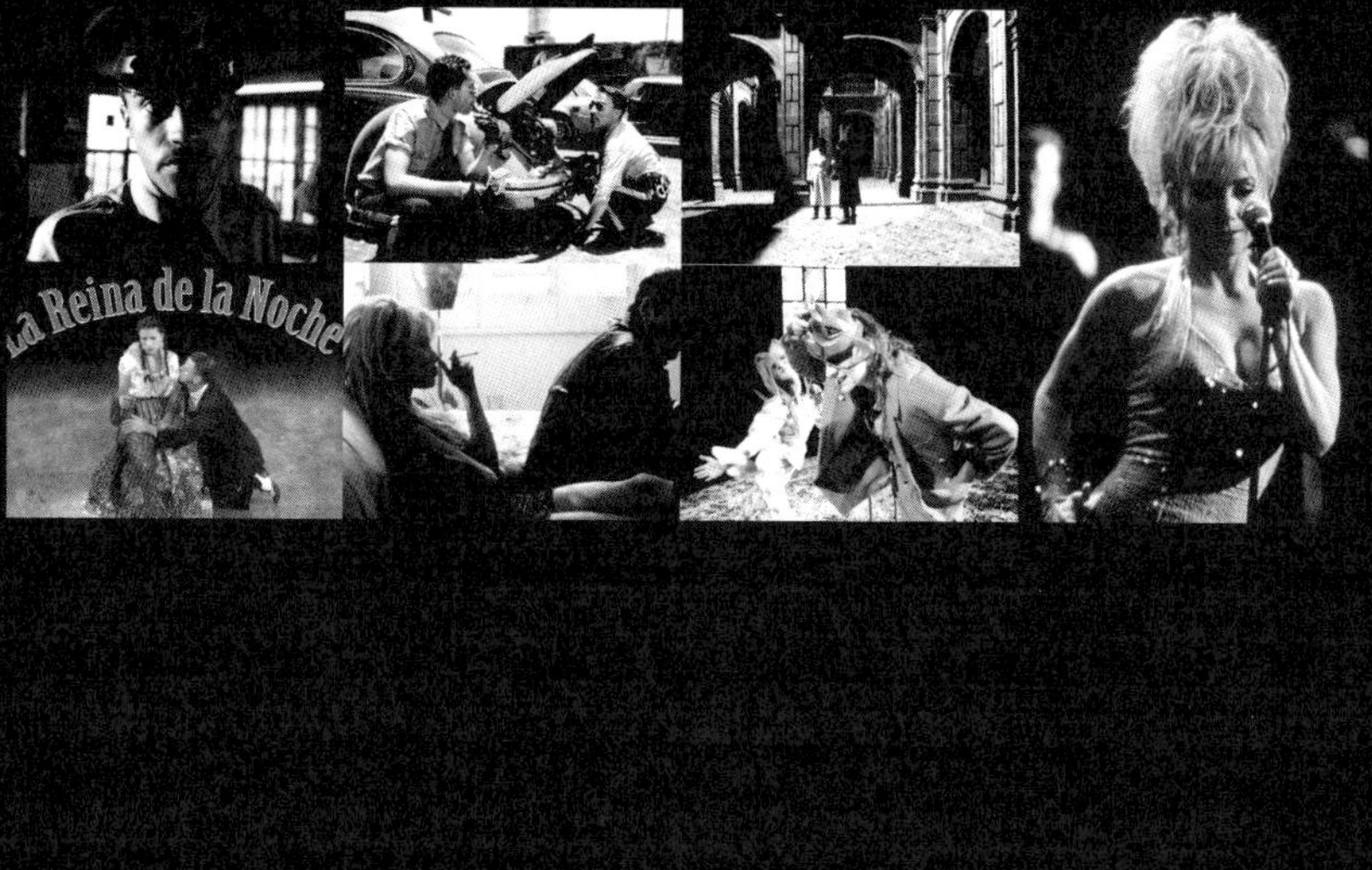

一九八六年の冬、コックスは『ウォーカー』のロケハンのため、プロデューサーのロレンツォ・オブライエンとともにメキシコ北部を旅していた。メキシコで撮影する計画はなかったのだが、内戦の爪あとの残るニカラグアでの撮影に危惧を訴えていたプロデューサーたちをなだめるのが目的だった。結局、やはり『ウォーカー』はニカラグアで撮影されたのだが、このメキシコへの旅も決して無駄ではなかったのである。

デュランゴとマサトランとのあいだの山道を走っていたとき、コックスとオブライエンはひどい渋滞に巻き込まれた。デヴィルズ・バックボーン・マウンテンの麓で、大型トレーラーが連結部のところでくの字型に曲がったまま、立ち往生していたのである。彼らはヴァンの中に閉じ込められたが、車内はかつて連邦ハイウェイ・パトロールの警官をしていたという運転手の話で盛り上がり、むしろすっかり楽しい時間となった。運転手はメキシコのハイウェイ・パトロールならではの、さまざまな面白い経験談を延々と語ってくれたのだった。

運転手の話にすっかり夢中になったオブライエンは、一九九〇年に「ハイウェイ・パトロール（Federal de Caminos）」という題で脚本を書き上げた。そしてコックスとともにメキシコに戻り、あのときの運転手を捜し回った。ふたりはメキシコシティでついに運転手と再会し、ハイウェイ・パトロールの警官としての詳しい経歴から、ふたつの町で同時に養っていた二家族にまつわる私生活まで、彼の話をテープレコーダーで録音させてもらう了解も得たのだった。アレックス・コックス公式ホームページ［www.alexcox.com］に、この運転手の話について詳しい回想が掲載されているが、もっとも印象に残ったエピソードは映画化しなかったというところは非常に興味深い。

「ある夜、彼はレクタ・デ・マテフアラという長いハイウェイの途中で、一台の車を停めた。運転していたのは白人だった。カーステレオをガンガン鳴らしていて、そのときは「悪魔を憐れむ歌」という曲がかかっていたそうだ。白人は明らかにラリっていたので、彼は逮捕しようかとも思ったが、すぐに〝だから何だ〟と思い直した。結局は口論になるだろうし、白人のことだから弁護士もついていれば、金もあるだろう。しかも、もう夜更けだ。そのまま見逃すつもりで、一瞬、白人に背を向けたときだった。彼はかすかなカチッという音を聞いた……。

彼はすぐにそれがウージー短機関銃の引き金と装填の音だと気づいた。それで勢いよく地面に伏せたとたん、猛烈な銃撃がはじまった。白人はサボテンが広がる真っ暗な闇をバリバリと切り裂いた。足を撃たれた彼は、死んだふりをして横たわっていたんだが、やがてカマロのエンジンがかかって走り出す音が聞こえた。そして、ローリング・ストーンズの音楽が次第に遠ざかっていき、やがて聞こえなくなったんだ。もちろん、彼の車は銃撃されてめちゃめちゃになっていたので、彼は撃たれた足を引きずって、隊の本部まで歩いて帰ったそうだ。

　初めて聞かされたときから、ぼくはすっかりこの話が気に入った。悪は決して罰せられないとか、まともな振る舞いや地道な努力なんて所詮は意味がないとか、そういうことをよくあらわしているような気がしたから。〝善を数の上で圧倒する悪には、神も力を貸す〟とメキシコ人は言うけれど、まさにそのとおりだ。それでもなお、正しいことをするというのは本質的に重要なことなんだ。それに、ぼくたちに襲いかかる怪物たちみたいに悪い振る舞いをしないで、しっかりと自分の道徳的基準を持ち、それに従って生きるべく最善の努力をするってことは可能なんだよ。

　それを教えてくれたという意味で、メキシコは偉大な教師だった。どんなに北の隣国に虐待されても、どれほど政治家が賄賂まみれになり、警官が堕落しても、メキシコ人はつねに人間としての高度な品格と穏やかさとを失わず、どんなことがあっても絶対に崩れない礼儀正しさや相手への敬意、道徳的正しさを守り抜く国民なんだよ。サカテカスやデュランゴ、クアフイラといった田舎のもっとも貧しい男でさえ、見知らぬ旅人にきちんとフォーマルな敬意を込めて礼儀正しく挨拶し、それに対して同じように礼儀正しく応対されることを期待する。〝ビエベニードス、セニョール、カバレーロ（よくいらっしゃいました、旦那）。ここはもう、あなたの家ですよ〟。〝さて、そろそろ、おいとましなくてはなりません〟。〝ここへ来たら、いつでも自分のうちだと思ってください〟。〝すぐに再びお目にかかれますよう祈っております〟。〝そうなりますよう、どうか神のご加護がありますように〟。

『赤い薔薇ソースの伝説』(92)の監督アルフォンソ・アラウは、『エル・パトレイロ』は醜い世界を描いているので好きになれないとぼくに言った。たしかに、そうかもしれない。だが、そうだとしたら、ぼくは二重に幸運だと思う。なぜなら、メキシコ人はときどき、ぼくに彼らが住む世界の暗い絵を描かせてくれたからだ。彼らの寛容と洗練のあかしが、まさにそこにある」

　この運転手との再会のあと、一九九一年に日本の貿易会社丸紅がオブライエンの脚本に目に留め、映画化のための出資に興味を示した。その直前に日本でコックスの『ストレート・トゥ・ヘル』が公開されてヒットしていたこともあり、丸紅は『エル・パトレイロ』の製作に千五百万ドルという慎重な額の出資を申し出た。オブライエンの脚本はスペイン語だったが、日本では字幕付きで公開されることになるので、それが問題になることはなかった。

一九九一年四月、『エル・パトレイロ』の作業開始を控えていたコックスは、初めてのメキシコ映画を撮る前に、この国の映画をもっと勉強する必要があると感じた。彼はすでにブニュエルのメキシコ映画(『忘れられた人々』(50)、『エル』(52)、『皆殺しの天使』(62))や、ヒューストンやペキンパーがメキシコを題材に撮った作品などは観ていたが、こういったものはすべて外国人がこの地で撮ったものという域を出ていなかった。コックスは昔のものから最近のものまで、もっとさまざまなメキシコ映画を観ようと決心した。一九九五年十一月、彼は雑誌〔フィルム・コメント〕に「南への道(Road to the South)」と題した長いメキシコ映画礼賛の文章を寄稿した。その後、メキシコ映画界にも多くの変化があったが、彼の多様なメキシコ映画の紹介とどうしてこのような映画が生まれるに至ったかという歴史的見解は、いまだにきわめて適切なものであり、また読み手の心を惹きつける面白さに満ちている。そのとき掲載された文章をここに紹介する。

他に類を見ない優れた長い映画の歴史を持つ国を相手に、私が自分に背負わせた課題は決して楽なものではなかった。『われらはパンチョ・ビラとともに進む(Vamonos con Pancho Villa!)』(36、未)のようなメキシコ映画の古典的名作なら、資金不足にあえぐ政府の映画研究機関チネテカに保存されていて、定期的に上映されているのだが、多くは散逸してしまっている。八十年代にあった火事によって、ポジもネガも含めて無数の貴重なオリジナル・プリントが焼けてしまっていた。さらに、巨大複合企業のテレビ会社テレビーザが多くの作品の権利を所有していながら、決して上映の機会を設けないのだ。ブニュエルやエミリオ・"エル・インディオ"・フェルナンデスが生涯の傑作を作ったメキシコ映画の黄金期、すなわち四十年代から五十年代の作品は、今日ほとんど観ることができない。メキシコシティにある私たちのプロダクション・オフィスでも何とか手を尽くしてみたのだが、フェルナンデスによる名作『真珠』(47、スタインベックにちなんで作られた作品)は、ビデオでもフィルムでも見つけることができなかった。彼のほかの作品もまったく同様で、もう観る機会はないのである。

私はかろうじて『知られざる河（Rio Escondido）』（47、未）を確保することができた。これは《Hidden River》というタイトルで世界中で公開され、通常はフェルナンデス作品の中でもあまり評価されていないもののひとつであるが、私にとってこれは非常に嬉しい発見だった。貧しい片田舎の熱血教師を描くこの作品は、映像的な観点からも、また物語としての観点からも非常に優れたものである。以前の私はフェルナンデスをペキンパーやヒューストンの作品に出てくる悪役俳優としてしか知らなかった。しかし、ある映画評論家を銃で撃ったこともある伝説的な男の中の男〝エル・インディオ〟は、この作品で力強いフェミニスト的物語をつづって見せてくれたのだ。ヒロインはたまに憂鬱になる傾向があるものの、不屈の精神の持ち主である。さまざまな困難にもめげず、貧しい子供たちに読み書きを教えている。しかし、言い寄った若き地主を拒んで恥をかかせ、さらに酔った勢いで強姦しようと迫る彼を撃ち殺してしまう。最近のどんな映画にもあるようなお決まりの女性差別がテーマではあるものの、この『知られざる河』にはぞくぞくするような本物の面白さがあった。私はメキシコシティのオフィスに、これは例外的な作品なのか、あるいはフェルナンデス作品にはつねにこのような強い女性が登場するのか尋ねてみた。返ってきた答は「ええ、そうですよ」というものだった。「彼の映画は全部こんな感じです」。

世界でももっとも優秀なモノクロ映画のカメラマン、ガブリエル・フィゲロアによるカメラワークがやはりすばらしい。彼の構図は非常にシャープで、表現力に富んでいる。たとえば、白壁の建物、サボテン、そして埃っぽい路地が広場へとつづいていく。目のさめるような夕焼け雲の浮かぶ日暮れの空の下、広場に集う人々はまるで砂漠の真ん中の岩組みのように見える。彼のカメラはしばしば、洗練されたシンプルな動きを見せる。ヒロインをミディアム・ショットで狙い、わずかに動いてそこに悪者もいることを見せ、次にシングル・ショットで彼を狙うと、マリア・フェリックスはフレームからするりと出て行くのである（このショットは私もカメラマンのミゲル・ガルソンと一緒に『エル・パトレイロ』のロベルト・ソーサが自分の悪事が上司にバレたと悟るシーンで真似をした）。フェルナンデスがやはりフィゲロアと組んで撮った一九四九年の『雷雲』（たまにスペイン語放送のテレビで放映されることがある）もやはり力強い作品だ。感動的かつ悲劇的で、まるでアンセル・アダムズ［特に西部山岳地帯の自然を写した作品で有名なアメリカの写真家。一九八四年没］の原板シリーズのような映像で撮影されている。

この時期のスペインの映画は、フランコ政権下の検閲を通るものでなければならなかった。一方、メキシコでは、政権を握っていた社会革命党が、ほかではいろいろ弾圧はしていたものの、国民の統一と誇りの原点として文化を尊重した。そのために、チネテカをはじめ、現在は存在しないナショナル・フィルム・バンクの設立など、さまざまな国家事業によって劇場映画製作が推し進められたのである。もっとも最近の事業としては、一九八三年にメキシコ映画の製作への出資と推進とを目的とした政府後援の機関IMCINEの設立がある。IMCINEはメキシコ映画にとっては最大かつもっとも影響力の強い単独プロデューサーである。メキシコ映画の大半をプロデュースし、配給する包括的機関で、四十年代にRKOや他の個人投資家たちによって建てられた一ダースほどの映画館とチュルブスコ＝アステカ・スタジオの所有者でもある。政府は設立当初からずっと、この機関の民営化を推し進めてきた。それがもっとも顕著に出ていたのが、九十年代初めの配給部門COSTAからの投資引き揚げである。COSTAの映画館のうち、多くがアメリカの配給会社によって買われてしまった。そこでアメリカ映画を法外な値段で上映しようという魂胆だった。

メキシコの映画監督たちは、IMCINEに怒りと忠誠心の入り交じった複雑な思いを抱いている。国内製作のプロデューサーとして、また優れたメキシコ映画の海外配給者として、映画監督たちへの資金提供の是非を決める力を握るIMCINEが政治的と呼ばれるのは、やはりやむを得ないところである。セディーヨ政権の行方は不透明とはいえ、GATTによるヨーロッパ映画助成金に対するアメリカの攻撃の厳しさを忘れてはならない。また、そこに何か重大な危機を嗅ぎつけてフランスが対抗措置を決めたことも忘れてはならない。一九九四年、アメリカはNAFTAの名において、カナダの映画監督への支援は貿易の不公平に該当するとして告訴すると、カナダ政府に脅しをかけた。メキシコでも、このまま映画作りへの政府の支援を継続した場合、セディーヨ政権はアメリカから似たような法的攻撃にさらされる危険がある。

IMCINEが今後も残ろうと残るまいと、メキシコでは『AR-15』や『あるハイウェイ・パトロールの死（La Muerte de un Federal de Caminos)』のようなセックス・コメディや警官物には相変わらず根強い人気がある。しかし、ハリウッド映画が徐々に市場を席巻しつつあり、かなり珍しい例外的ケースを除くと、メキシコの「芸術的」映画はめったに上映されなくなってきた。

過去三十年間にわたってメキシコの芸術的映画の代表的立役者で、もっとも多くＩＭＣＩＮＥからの経済的援助を得てきたのは、アルトゥール・リプスティン・ジュニアである。彼は父親のアルトゥール・リプスティン・シニアがプロデュースした暴力的なマカロニ・ウエスタンっぽい西部劇『命果てるとき（Tiempo de Morir）』（65、未）で監督デビューした。これは親子の共同作業としては不運な出来となり、その後、これまでの三十年間ふたりは二度と一緒に仕事をしなかった（しかも、家族の絆はこのあとのリプスティン作品の重要な要素となった）。リプスティンは『皆殺しの天使』が撮影されたとき、ブニュエルの助監督として働いており、世界中にブニュエルの後継者と呼べる映画監督がいるとしたら、リプスティンこそ第一の候補者であろう。彼はブニュエルのような映像のシュール・リアリストではないが、師の関心事の多くを、中でも近親相姦的な家庭に潜むひそやかな恐怖をテーマとして受け継いでいる。彼の作品はどれも似通った、人騒がせなメロドラマ的な内容であることが多い。実際、生活のためにテレビーザでメロドラマの演出をしていたこともあるリプスティンも、最近は安易なクロースアップや場面転換で息を抜かないロングテイク（長回し）のショットを多用し、痛々しいまでにリアルな映像による映画作りに精魂を傾けている。

『純潔の城（El Castillo de la Pureza）』（73、未）はニュースで報道された実話をもとに家族に外出を許さない異常なブルジョワを描く、いかにもリプスティンらしい物語である。主人公のブルジョワは外の汚れた世界から家族を守るため、毎日仕事に出かけるときも厳重に鍵をかけて家族を家の中に閉じ込めるのである。予想されるとおり、このような生活には破綻が訪れる。『制限のない場所（Lugar SinLimites）』（77、未）は、軽佻浮薄なゲイの男と田舎町の売春宿のおかみとのプラトニックな恋の物語だ。最終的には、このゲイは性的嗜好の問題に混乱をきたしたマッチョな男に殺されてしまう。主人公を演じたロベルト・コボは、その四分の一世紀前にブニュエルが『忘れられた人々』で最高にイカしたチンピラ役に抜擢した俳優である。『制限のない場所』はエル・インディオ作品同様、田舎町を舞台にしており、ミゲル・ガルソンによる鮮やかなカラー撮影が目を見張らせてくれる。ただし、ここで取り上げられる性的な問題はエル・インディオ作品よりずっと複雑に入り組んでいる。

一九九四年、メキシコはリプスティンが撮った『夜の女王』をカンヌ映画祭に出品した（メキシコ映画がこの映画祭の正式コンペティション部門に出品を認められたのは二十年ぶりのことだった。その二十年前に出品されたのも、やはりリプスティンの監督作品だった。主人公は悲劇的な運命をたどるキャバレーの歌手（なぜかメキシコ映画ではすべてキャバレーが舞台になるか、あるいはキャバレーでの場面が大きくフィーチャーされる）で、リプスティン作品の脚本を長く手がけ、また私生活のパートナーでもあるパス・アリシア・ガルシアディエゴが書いたもので、さらにパトリシア・レイェス・スピンドーラ、ブランカ・ゲーラ、アルベルト・エストレヤ、ロベルト・ソーサ、アナ・オフェリア・ムルグイナら、メキシコ最高の名優たちが出演している。中でも、ムルグイナはいかにもリプスティン的な恐ろしく強い母親役で圧倒的な存在感を放っている。（実は、私も出演者のひとりなので、この『夜の女王』についてはどうも冷静に語ることができない。監督はかなりクレージーな人物で、何と脇役のひとりとして私を抜擢した。）リプスティン作品は決して万人の好みに合うというものではない。扱われるテーマはつねに酷い運命、皮肉、そして痛ましい悲劇である。登場人物たちはひどく悪意のある人間だったり、あるいは非常に感情的な動機を抱いていたりと、つねに心に深い傷や問題を抱えている。彼は事前にかなり厳密にロングテイクの計画を練る。構図については、非常に細かい神経を使う監督である。最近の作品はますます長尺（『はじまりと終わり（Principio y Fin）』

アルトゥーロ・リプスティン監督の『夜の女王』に出演したパトリシア・レイェスとアレックス・コックス

は二時間以上ある）になる傾向にあり、しかも扱うテーマも近親相姦、幼児虐待、性格異常による残忍さ、殺人、妊娠中絶と、きわめて悲惨なものが多い。しかも『はじまりと終わり』の最後のリールは一本まるごと、ひとつの長いテイクで撮られている。九分半にわたって、姉と弟それぞれの自殺シーンが展開するのだ。カメラは外の通り、室内の二階、一階と動き、さらにサウナの小部屋の列を通って屋根の上まで移動して演技を狙いつづける。私自身の好みからすると、リプスティンは現在活躍中の映画監督の中でも最高であり、もっとも興味深い仕事をしていると思う。

七十年代、ルネサンス期を迎えていたメキシコの芸術映画からリプスティンやホルヘ・フォンスといった才能ある映画人が輩出した。それまでの六十年代はメキシコ映画がもっとも衰退していた低迷期で、このころ彼らはやむなく風俗的作品の仕事をしていた（リプスティンもフォンスのために『五千ドルの報酬（Cinco mildollares de Recompensa）』（72）といった脚本を執筆していた）。リプスティンが「チリ・ウエスタン」と呼ぶ当時の奇妙な作品群の中で、もっとも目立った存在だったのがアルベルト・マリスカル監督である。彼はデイヴィッド・リンチが《Leave it to Beaverland》で見せたのと同類の風変わりな作風が特徴であった。

マリスカルはヘンリー・ハザウェイとジョン・ウェインの『エルダー兄弟』（65）のようなアメリカの西部劇のために建てられたセットを利用し、タイトルを聞いただけで誉めるところが皆無だとわかる『無のためのすべて（Todo por Nada）』（68、未）や、史上もっともくだらない西部劇のひとつ『片腕のマクロビオ（El TuncoMaclovio）』（69、未）といった映画を撮った。後者は一部サカテカス［メキシコ中部の州］のサボテンの森で撮影されており、ギターの音色がフィーチャーされた音楽が印象的であるが、主人公の片腕の賞金稼ぎは、幼い少年と組んで異様なほど復讐に執着している。途中、パートナーの少年を殺してしまったと思った彼は、自責の念に打ちのめされて膝を折り、泣き叫びながら銃身でわが身を殴りつづける。ところが、二分もすると少年はころりと息を吹き返し、ふたりはあっさりと冒険の旅をつづけるのだ。

『烙印を押された者たち（Los Marcados）』（72、未）はいろいろな意味で、それよりさらに奇妙かつ異様である。中心となるのは大量虐殺で、さらにひとりの中国人の老入れ墨師とホモのならず者グループによってシェイクスピア劇から引用した数々の場面が演じられていく。英語圏の評論家たちからはまったく無視されたが、彼の作品は英語版で公開された数少ないメキシコ映画の中に含まれている(『烙印を押された者たち』は七十年代初めのイギリスの田舎でアクション映画として結構ヒットしたほどだ)。しかし現在では、メキシコで『真珠』を見つけるのに苦労したように、アメリカでマリスカルの西部劇を探すのは至難の業である。ただ、大型ビデオ店のヒスパニック映画コーナーなら置いてあるかもしれないが。

このころ台頭したもうひとりの才人がポール・レデュックである。名前はフランス人っぽいが、れっきとしたメキシコ人で、セリフのない映画を得意とした。彼は『リード:メキシコの反逆』(71、未)で一躍注目され、のちに女流画家フリーダ・カーロの人生を映画化した『フリーダ・カーロ』(84)で高い評価を受けた。後者(主役のオフェリア・メディーナとディエゴ・リベラ役のホワン・グローリャは本物そっくりだった)では、カーロによる美しい絵画が次々に登場した。レデュックはメキシコの映画監督の中でももっとも政治的姿勢を明確に貫いており、IMCINEとキューバ国立映画協会(ICAIC)との共同プロデュースによる映画を何本も作っている。彼の最新作は『ラテン・バー(Latino Bar)』(91、未)と『ダラー・マンボ(Dollar Mambo)』(93、未)で、後者はある海岸のキャバレー(私が先に述べたことは冗談ではない。メキシコでは本当に、どの映画でもキャバレーが舞台になるのである!)を舞台に、アメリカのパナマ侵攻が取り上げられている。セリフのない映画という彼の実験的試みは必ずしもいつも成功しているわけではないが、少なくとも彼が実験的試みに挑戦しているのはたしかであり、彼の作品が楽しく観られる映画であることは間違いない。『ダラー・マンボ』で、ミニチュアのヘリコプターから宇宙人の姿をした人形が落とされるという表現方法で示されるアメリカ海軍の襲来は、『E.T.』(スティーヴン・スピルバーグ、81)に対するカリブ的反発として、強烈に心に残った。

八十年代に入るころには、メキシコ映画も分岐点にさしかかった。アメリカと並ぶ長い映画の歴史を誇り、製作面の技術においても演じる俳優たちの実力も、世界のどの国と比べてもひけを取らなかった。アメリカのプロデューサーたちはこの南の隣国に目をつけ、メキシコをベースに『トータル・リコール』(ポール・ヴァーホーヴェン、90)や『シャドー・メーカーズ』(ローランド・ジョフィ、89、未/この作品のプロデューサーはデュランゴにロスアラモスを作ってしまった)、『007/消されたライセンス』(ジョン・グレン、89)、『ザ・スタンド』(ジョン・マクティアナン、91)といった大作映画を作るようになった。果たしてメキシコも、スピルバーグやルーカス、ジェイムズ・ボンド物といったアメリカの大作映画路線に迎合して自国の映画はごく小規模のものを除いてすべて放棄した、かつてのイギリスと同じ道をたどるのだろうか。それとも、メキシコ国内の映画産業は人気作品路線と芸術路線の二本立てで生き残っていけるだろうか。言うまでもなく、イギリスの場合、ポンドの急騰によってアメリカから見捨てられ、かと言ってそれに代わる国内映画製作の復活もないという、最悪の結果に終わった。メキシコでもＩＭＦ主導の「改革」やペソが力をつけてきたことが引き金となって同じことが起きつつある。つまり、そうしたことの結果として物価が上がり、アメリカのプロデューサーたちがもっと南のチリ、アルゼンチン、ペルーなどに目を向け得るようになってきたのだ。しかし、メキシコ映画はなんとか踏みとどまった。人気映画のジャンルは縮小された（おもにテレビの影響による）が、芸術映画のジャンルはむしろ発展を遂げて未知の海域にまで伸びていこうとしていた。一九八九年、ホルヘ・フォンス監督はひそかにＩＭＣＩＮＥや大手の映画スタジオから完全に離れて、近代メキシコ史の中でももっとも暗い時代を描く映画の製作にとりかかったのである。

一九六八年は内乱と不穏の年として、今でも人々の記憶に刻まれている。この年に起きたトラテロルコの大虐殺は国外ではほとんど無視されているが、メキシコ国内では決して忘れられたことはない。十月一日の夜、トラテロルコの住宅地にある「三文化広場」と呼ばれる場所の近くに、ごく平和的なデモ行進のために数千人の学生が集まっていた。彼らは当時の時代に対する一般的な不満を訴えようとしていたのだが、特に政府がオリンピックの公金を浪費しすぎるという点に彼らの不平は集中していた。かなりの数の軍や警察が、広場を取り囲むように待機していた。あたりが暗くなってきたころ、一機のヘリコプターが飛んできて集まっていた学生たちの頭上に照明弾を落とした。それを合図に、警察も軍も一斉に学生たちに向かって発砲したのである。その夜に何人の学生や通行人が殺されたのか、正確には誰にもわかっていない。死体も重傷を負った者もトラックでどこかへ運ばれ、その後、誰もその姿を見ていないからである。しかも、町の至るところで連鎖的に同様の虐殺が行われた。オリンピックの開会式に合わせてこの国を訪れていた外国のマスコミは、この虐殺事件の隠蔽に積極的に協力した。たとえ勇気あるジャーナリストが取材したとしても、オリンピックが台無しになることを恐れるマスコミ全体の力にねじ伏せられ、記事になったり放送されたりすることはまったくなかった。現在、「公式」に発表された概算によれば、二百人から二百五十人の学生たちが殺されたことになっている。しかし、非公式の概算、つまり行方不明になったままの人々の家族の声を集めると、最低でも二、三千人が亡くなったことになる。（現在はメキシコ自治大学の一部となっているサン・イデフォンソの修道院で『デス＆コンパス』を撮影中、何人かのクルーがこの小さな大学の別館となっている建物の玄関ドアに残る銃痕を見せてくれた。）

一九九一年四月、『ＰＮＤＣ エル・パトレイロ』撮影のためにメキシコへ出発する五日前、私は「ムーヴィードローム」のプロデューサー、ニック・ジョーンズと一緒にフォンスがこの虐殺事件を題材にして作った映画『赤い夜明け（Rojo Amanecer）』（未）を観た。二年間の上映禁止を経て、この映画はメキシコ国内でセンセーショナルな話題となっていた。私たちはこれを二回観た。これまで観た映画の中でも最高傑作と言っていい。『赤い夜明け』はメキシコ映画界にとってだけでなく世界の映画史全体から見て、まさに画期的な作品である。物語はトラテロルコを見渡せる中流の下といった階級のアパートの中だけで展開する。母親（マリア・ロホ）は肝っ玉かあさん風の女主人で、寝室が二つしかないアパートで三人の子供たちを育てている。父親（プロデューサー兼俳優のエクトル・ボニーリャ）は政府官僚だ。子供たちのうち、上のふたり（ブルーノとダミアンのビチール兄弟）はデモに参加するつもりでいる。一番下の子供は友だちと遊んだり、家でごろごろしていたいと思っている。

この映画では、カメラは決して広場に見下ろす角度には向けられない。つまり、観客が虐殺そのものを目にすることは一度もない。この小さなアパートの住人がどんな目に遭うかが描かれるだけである。殺戮の第一波のあと、軍の兵士たちや私服警官がアパート中に逃げ出した生存者を捜しまわる。それと同時に、傷を負った数人の学生たちがアパートに避難する。こうして夜が明けるころには、反動的な祖父（故ホルヘ・ファガンの名演に圧倒される）、保守的な両親、急進的だが罪のない子供たちから成るメキシコ家庭の三世代すべてが死んでしまう。最後に残った四歳の子供は、はるか下の通りに群をなす家を失った子供たち、すなわちブニュエルの「忘れられた子供たち」（『忘れられた人々』の原題）の仲間になるために、アパートの永遠につづくかのような長い階段を降りていく。

言うまでもなく、この映画はまったく政府からの財政的援助なしで製作され、撮影のためのセットも倉庫の中に建てられた。この建物はメキシコシティの映画用カメラのディーラーの所有で、ただの倉庫であるがために防音の設備は整っていなかった。したがって、セリフのトラックの音声バランスには、ある種の不自然さがある。

撮影は厳しいスケジュールの中、完全な秘密裡に行われた。セットはトラテロルコのアパートを正確に再現したものになっていたため、撮影監督のミゲル・ガルソンが現場で調整を加えたくとも、構図を検討する余地がないような状態であった。ようやく完成のときを迎えても、ただちに上映禁止となった。それも、サリナス大統領の命令というよりは、さらに強大な力のある大統領護衛軍の圧力によるものと思われた。メキシコでは、国家によって上映禁止となった映画は『赤い夜明け』が初めてではない。このころまで、劇場映画の脚本はすべて政府機関のひとつシネマトグラフィアに提出して承認を得なくてはならなかった。また、外国資本による映画製作のセットには、常時、国家による検閲の目が光っていた。だが、それでも時代は変わりつつあった。国民の中には、抑圧の歴史と正面切って対決したいという大きな願望が渦巻いていた。映画関係者や知識層(彼らの中にはビデオでこの映画を観ていた人たちがいた)はフォンス支持の運動を起こした。民衆からの声の高まりに、ついにサリナス政権が折れてこの映画の上映を許可したとき、メキシコの映画製作にも決定的な変化が訪れたのである。上映されても誰も観たがらないようなものであったら、事態はまた元に戻っていたことだろう。しかし、『赤い夜明け』は劇場でもビデオでも大ヒットし、国内製作の映画としては空前の大成功を納めたのだ。私自身、この映画は何度観ても、その強烈なインパクトと誠実な作りかたに目を見張らされた。フォンスの演出は見事であり、ガルソンのカメラワークは少しも奇をてらうことなく、終始ストーリーを淡々と追っている。俳優たちの演技はほかに比べるものがないほどすばらしい。

ところが、国内で成功したからといっても、ただちに外国での評価にはつながるわけではなかった。サンセバスチャン映画祭では特別賞を受賞した(伝え聞いたところによると、ケン・ローチはこの映画に何らかの賞が与えられないのなら審査員をやめると言って頑張ったらしい)ものの、『赤い夜明け』はメキシコ国外ではほとんど注目されることはなかったのである。IMCINEはプロデュース作品ではないことからこれを無視し、肝心のプロデューサーのひとりバレンティン・トルヒーヨも、この作品の海外プロモートに力を注ごうとしなかった。IMCINEとメキシコ政府と仲良くしておきたいと考えたハバナ映画祭はこの作品の上映を拒否し(この二年後、この映画祭ではハイメ・ウンベルト・エルモシーヤの『仕事(La Tarea)』という実に平凡なメキシコ映画に最優秀映画賞と最優秀男優賞とを授与した)、トラテロルコの虐殺事件について何も知らない欧米の映画配給会社もまったく注意を向けることなく、配給作品としてこれを選ぶことはなかった。しかし、アメリカで行われたいくつかの映画祭では、上映される機会を得ている。

『赤い夜明け』によって、メキシコの政治映画は新たな方向に向かいはじめたのだろうか？　残念ながら、まったくそうだというわけではない。ただ、政治的な問題への意識は明らかに高まっているといえよう。リプステインやフォンスはもっとも身近な社会的問題への関心に突き動かされてきたのであり、それはドン・ルイス・ブニュエルと同じである。その後、『赤い夜明け』は舞台劇としてもヒットしたが、フォンスはあれ以降、ずっとテレビ業界で仕事をしている。しかし、一九九五年には彼の新作『奇跡横町（El Callejon de Milagros）』がベルリンでプレミア上映された。彼やリプステインにつづく若い世代の監督たちは、あからさまに政治的テーマを取り上げることより風俗的作品のほうがやりやすいと感じているようだ。

しかし、もうあと戻りはできなかった。これ以降、メキシコの映画監督たちは取り上げるテーマを選択する上で新たな自由を手にしたのである。『赤い夜明け』が国内で大ヒットしたことから、メキシコの芸術映画はふたつのカテゴリーに分かれることとなった。ひとつは個人的なテーマを取り上げるもの、もうひとつは『製材の村（Pueblo de Madera）』、『結婚生活（La Vida Conjugal）』、『炎の天使（Andelde Fuego）』、『ロロ（Lolo）』、『牛の頭（Cabeza de Vaca）』などのような曖昧な政治性を感じさせるものである。また、『ヒステリーの愛（Solo con tuPareja）』、『クロノスの発明（La Invention de Cronos）』、そして大ヒットした『赤い薔薇ソースの伝説』(92)といった、明らかに意図的に外国、特にアメリカの観客に受けようとして作られた映画が増えた。

アルフォンソ・アラウ監督の『赤い薔薇ソースの伝説』は彼の当時の妻ローラ・エスキベルが書いた小説を原作としたもので、この小説の読者のほとんどが観たようだ。それでメキシコ国内だけでなく海外でも大ヒットしたようだが、よく知られているという理由から、ここでは詳しく取り上げないことを許していただきたい。田舎での生活というメキシコ映画の伝統にのっとったテーマの作品であるが、明らかに貴族的な視点から描いたものである。『製材の村』や、それより二年ほど前に作られた『ベンジャミンの妻（La Mujer de Benjamin）』と比べてみるとおもしろい。前者（一九九一年作品）はデュランゴ州の貧しい製材業の町で生活する人々の暮らしを淡々とつづったものである。全編にわたって頑ななまでに自然で穏やかな表現が貫かれている。一方、カルロス・カレラ監督による後者（一九八九年作品）も小さな町に住む精神薄弱の青年（エドゥアルド・ロペス・ロハスの演技がすばらしい）が同じ町に暮らす憧れの女性を誘拐してしまうという物語だ。ともに厳しい現実を見つめるシャープな視線と本物のユーモアのセンスが光っているが、『赤い薔薇ソースの伝説』のほうはベタベタしすぎるほどのロマンチックな甘さが私には合わなかった。全編ソフト・フォーカスのショットでつづられ、上下に激しく胸が波打ったり、妊娠しそうなため息がもれたりといった描写だらけで、バーバラ・カートランドの小説の映画版かと勘違いしそうなほどだった。

『製材の村』も『ベンジャミンの妻』も、最初から最後までロマンティックな場面に近いものさえまったくない。ともに、田舎の暮らしを徹底的にリアルに描写するのみである。しかし、『ライオン・キング』（ロジャー・アレーズ、ロブ・ミンコフ、94）がアフリカを描いた作品ではないことと同様、そもそも『赤い薔薇ソースの伝説』も、メキシコという国を描くものではないのである。どちらも甘ったるいファンタジーであり、それゆえに高い人気を獲得したのだ。マーチャント＝アイボリー的あるいはマスターピース・シアター的雰囲気を驚くほどの低予算で再現してみせた監督、出演者たち、撮影監督、その他の撮影クルーは賞賛に値する。この作品は彼らの技術面における優秀さと独自の創意工夫とを讃えるものである。

メキシコシティに住むプレイボーイがエイズにかかったと勘違いする都会派コメディ『ヒステリーの愛』（91、未）は、アルフォンソ・キュアロン監督がＭＴＶスタイルで撮影したユニークな作品である。キュアロンはこののちハリウッドに招かれ、『リトル・プリンセス 少公女』（95）を監督した。『クロノスの発明』（92、未）はよくできた特撮が見どころではあるが、出演者の演技には問題が残る。それも、やはり特殊メイキャップの名人ギレルモ・デル・トロの監督作品だからであろう。リプステインの『港の女（La Mujer del Puerto）』をプロデュースしたアメリカ人プロデューサー、マイケル・ドナリーはこの『クロノスの発明』のヒットの理由について、国際的に受け入れられ得るホラー映画だからというだけでなく、メキシコ映画の伝統に基づいているからだと分析していた。つまり、三十年代のホラー映画や、『エル・サント（El Santo）』、『グアナファアトのミイラ（Guanajuato Mummy）』のような懐かしいタイトルの六十年代のホラーないしはホラーまがいの映画の伝統である。

アラウ、クアロン、デル・トロらがロスアンジェルスへ渡ったのは、第三世界の至るところ（まれにロンドンからリマへというケースもあったが）で起きていた国外脱出と変わらない。メジャー・スタジオはアメリカのスタイルによる映画を撮らせるために、才能ある映画監督たち（特にデビューしたての新人）を進んで輸入した。ペルーの「アート系作品」で主導的立場にあった監督フランシスコ・ロンバルディはリマにとどまり、自力で資金を集めて映画を作った。それが一九九四年にドストエフスキーの「罪と罰」を映画化した『憐れみの心なしで（Sin Sompasion）』だが、財源はなんと彼自身が所有するサッカー・チームだった。彼の同胞ルイス・リョサは以前はロジャー・コーマンのために安上がりな映画を速攻で撮っていたが、今ではアメリカに腰を据えて『スナイパー 狙撃』（ラッセル・マルケイ、96）や『スペシャリスト』（ルイス・ロッサ、94）といった金のかかるアクション大作の監督をしている。

このような分裂状態は今後もつづくのだろうか。おそらくはそうだろう。商売熱心なメキシコ人監督たちは必ず北の大国へ引きつけられるだろうし、熱い血の流れる者なら母国に残ることを選ぶだろう。しかし、文化的壁を超越したところに優れた作品が生まれるという現象は今後もつづくに違いない。レデュックは中央アメリカから南アメリカへと活動範囲を広げつつある。ベルナー・ヘルツォフはメキシコでゾートロープ・スタジオが資金を出して製作する『アメリカ大陸征服（Conquest of theAmericas）』を撮ろうと約束した。しかも、ダナ・ロトベルグ（『Angel deFuego』）監督への関心も高まりつつある。『炎の天使（Angel de Fuego）』（91、未）はエバンヘリーナ・ソーサ扮する、ある気性の激しい女の物語である。よくホドロフスキ作品（おそらく同じようにサーカスが舞台だからか）と比較されて評されるが、実際にはリプスティン作品、特にやはりソーサが出演した『港の女』との共通点のほうが多い。『炎の天使』のもっとも注目すべき点は、エバンヘリーナとロベルトのソーサ姉弟が熱愛しあう恋人たちを演じているところである。ふたりとも、すばらしい演技である。

一方、若手監督たちは奇妙だが意表を突く傑作を続々と送り出している。フランシスコ・アティーズの『ロロ』（93、未）はメロドラマ風大仰なドラマ作りと、マンガチックな都会的悪夢、そしてまさに悲劇そのものといった展開の驚くべきミックスになっている。人のいい堕落した警官に扮したダミアン・アルカサールが見事な演技を見せており、また次々に馬鹿らしいが情け容赦ない出来事に巻き込まれていく不運な主人公を演じるロベルト・ソーサがすばらしい。この『ロロ』に込められたメッセージとは、世俗と欲にまみれた暮らしはやがて恐ろしい結末に結びつくこともある、といったところだろうか。『憐れみの心なしで』と二本立てで上映するのにぴったりであろう。撮影監督ホルヘ・メディーナによる映像はときとして息を呑むほどすばらしく、明らかにフィゲロアやフェルナンデス、ブニュエルを意識したものと思われる。

カルロス・カレラの二作目『夫婦生活（La Vida Conjugal）』（93、未）は、テンポの速さ、構成の複雑さ、ロマンティックなシニシズムといった点で、『ベンジャミンの妻』をはるかにしのいでいる。グアダラハラの一組の夫婦を六十年間にわたって追うブラック・コメディだ。ソコッロ・ボニーリャとアロンソ・エチャノベのふたりが見事に演じきるこの夫婦は、たがいに相手を破滅させようと全力を傾ける。しかし、そうしながらも、ずっと愛し合っているのである。カレラのキャリアは最初アニメーターとしてはじまった。映画監督としての最初の二作で、彼はすでにリプステインやアラウにつづいて国際的に活躍できる潜在的才能があることを示した。メキシコから、しかもこのような不安定な時期に、彼のような新しい才能が台頭してきたというのは非常に喜ばしいことである。

セディーヨ政権は今後も映画芸術をサポートする姿勢を維持していくようだ。だが、確実なことなど何もない。純粋な国内製作ではない、どこかとの共同製作を国の金で補助するという噂もある。（一九九五年、IMCINEは逼迫する財政難を理由に、製作を支援する映画を年に五本と制限すると発表した。これはそれまでの年間十本から十五本という数字をかなり下回る。）一般的な観点からすると、公金はユニークな文化資産にこそ注ぎ込まれて欲しいと思うのがふつうだ。しかし、私は個人的な観点から、これまで私自身がそうしてもらってきたように、メキシコはこれまでどおり外国の映画監督にも寛大で理解のある国であって欲しい。私がメキシコで撮った映画のクルーは、これまで一緒に仕事をしてきた仲間たちの中でも最高だった。特に、キャスティング・ディレクターのクラウディア・ベッカー、助監督のミゲル・リマとレネ・ビラレアル、俳優のペドロ・アルメンダリス・ジュニアとロベルソ・ソーサ、そして私の相棒であり優秀な編集者でもあるカルロス・プエンテ・オルテガなど、私と組んでくれたメキシコのコラボレーターたちには、深い感謝の気持ちと暖かい親近感とを感じている。

今日、「個人的な」思い入れから映画を作る監督というのは、大変な金持ちか根無し草のどちらかだ。後者である私のこのメキシコ映画評が、敬意と友情を込めたものとして受け取られることを祈る。私にとって、メキシコはどんなときでも故郷のようだった。

メキシコ映画を知り尽くし、メキシコ的なやりかたにもすっかり精通したと自信を持つに至ったコックスは、一九九一年四月、ロレンツォ・オブライエンと美術監督のセシリア・モンティエルとともにメキシコ南部に向かった。オブライエンとモンティエルはともにペルー人である。コックスはイギリス人である自分を除けば、スタッフの中で「外国人」はこのふたりだけだということに気づいた。彼ら以外、クルーはすべてメキシコ人ばかりだったのである。百五十万ドルという製作費で作られる『エル・パトレイロ』は、メキシコ映画としては、当時もっとも大きな予算による作品だった。もちろん、その一年前にこの国で作られたシュワルツェネッガー主演のSFアクション映画『トータル・リコール』などは、それよりはるかに大予算をかけた大作だったが、メキシコの国民性を活かした「メキシコ映画」となると、『PNDC エル・パトレイロ』がもっとも大きな映画ということになった。

　主人公のペドロ・ロハス(ロベルト・ソーサ)をよく観察すると、まず警察訓練学校での彼が印象に残る。先輩の巡査部長が見習い警官たちに向かい、警官としての基本その一を教え込むのである。「誰でも絶対に何かやましいことをしている。だから、まず車を止めろ。理由はあとから考えればいい」。訓練期間中、見習い警官たちはボスの車を洗ったり、彼の自宅の芝を刈ったりする。映画は警官としての活躍よりも、人間的な家庭生活にスポットを当てている。

　ペドロの母親や弟たちは彼の新しい仕事を応援するが、父親は関心がなく、訓練学校の卒業式にもあらわれない。ペドロは違反切符の割り当てをこなすことができず、通称「ブタ街道」と呼ばれる道路の担当に回される。そこで彼は農場主のグリセルダ(サイデ・シルビア・グティエレス)という女と出会い、違反切符を切らずに見逃してやったことから、あっという間に結婚してしまう。法の番人になるより犯罪者たちに同情する気のほうが強いペドロは、やがて賄賂の甘い汁を吸うようになる。ここが彼の破綻のはじまりである。麻薬中毒の若い売春婦マリベル(バネッサ・ボーチェ)と知り合った彼は、彼女と妻の両方を養うという重荷を背負うことになる。そのために、ますます積極的に賄賂を受け取ったり、事故の被害者たちから金品を盗んだり、さらに麻薬ディーラーから大金をせしめようと悪だくみを企てるようになる。

　そんなペドロもたてつづけに起きたさまざまな事件によって、次第にボロボロになっていく。銃撃戦で足を撃たれた彼は、一生、足が不自由なままになってしまう。一番新しいパトカーをめちゃめちゃにしてしまったた

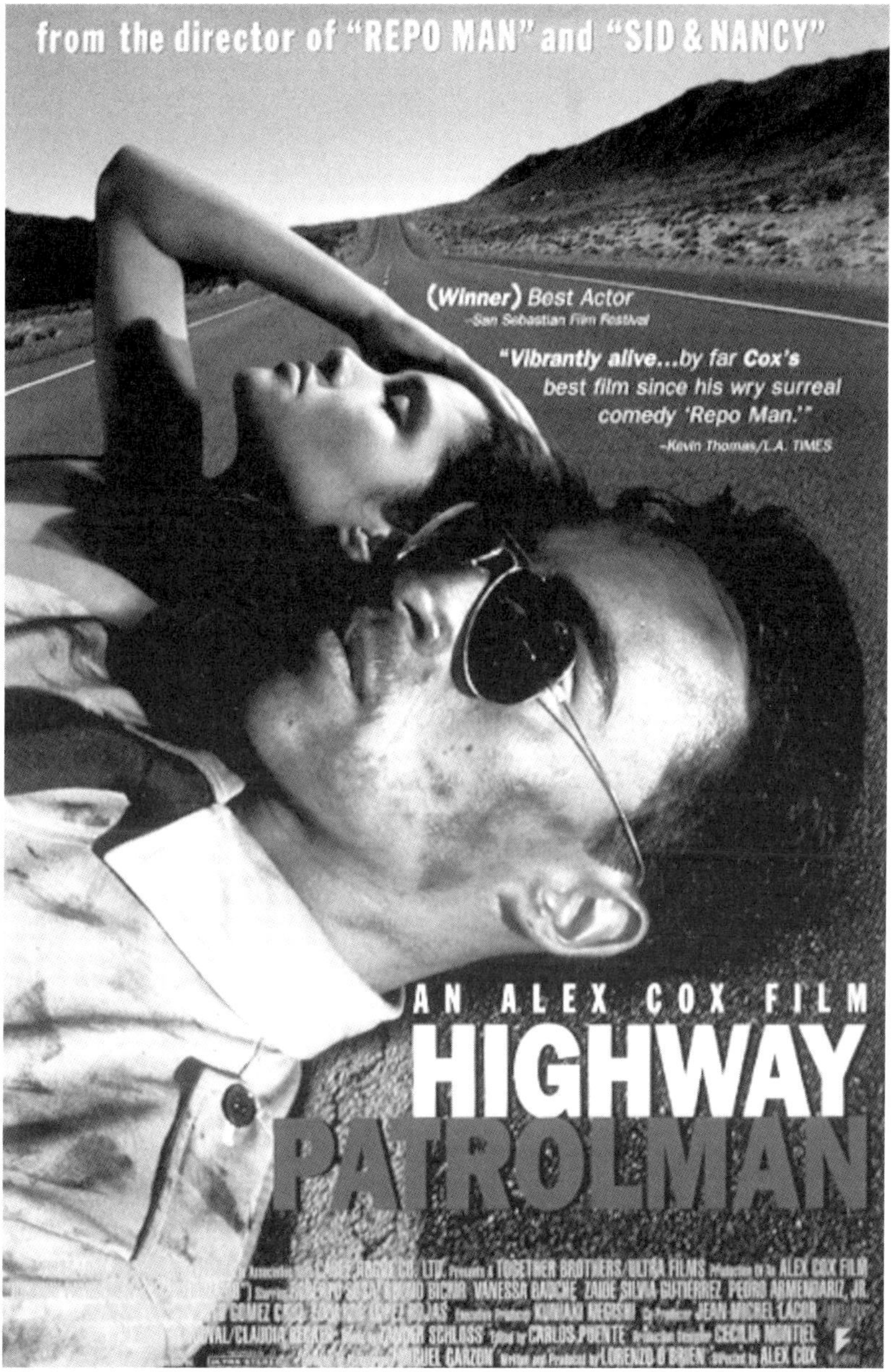
from the director of "REPO MAN" and "SID & NANCY"
(Winner) Best Actor
–San Sebastian Film Festival
"Vibrantly alive...by far Cox's best film since his wry surreal comedy 'Repo Man.'"
–Kevin Thomas/L.A. TIMES
AN ALEX COX FILM
HIGHWAY
PATROLMAN

グリセルダに扮したサイデ・シルビア・グティエレスとペドロ役のロベルト・ソーサ

め、一番古いポンコツのパトカーがあてがわれる。マリベルと酔いつぶれた夜、激昂した妻が振り上げたナイフであやうく殺されそうになる。そして父親が亡くなり、親友が殺される。こうして最後には、観客はこのどこにでもいそうな平凡な男に大きな共感を抱くようになる。コックスは彼を可哀想な男としても、悪漢としても描いていない。彼はごくふつうの良心をもった、私たちと同じ、ふつうの人間なのである。これがメキシコ映画であるということも、実はどうでもいいことなのだ。どこの国の映画だろうと、地理的な場所など関係ない。時代の申し子のようなパンク野郎オットーとも、狂気に駆られて過激な道を歩んだシドとも異なり、ペドロは私たちと同じように現実的な世の中の重荷を背負ったふつうの男であり、だからこそ、どんなハリウッド映画の警官よりも生身の人間らしさを感じさせる。コックスはモンテ・ヘルマンの『断絶』のようなロード・ムーヴィーのファンではあるが、この作品はロード・ムーヴィー的な要素よりも反アクション映画的色合いのほうを強く感じさせる。そもそも、ペドロの父親の亡霊を登場させるシーンなどを見せられては、コックスにアメリカ的な警官アクション映画を撮れというのはもともと無理だということがよくわかる。

ペドロはついにマリベルと取引するコカインの売人エミリオを罠にかける。撃ち合いになり、ペドロは彼を殺してしまう。思いがけない展開に、彼は警察を辞めて妻の農場の仕事に専念することにする。それでも、マリベルから彼の情婦となった今は売春宿で稼ぐこともできないと脅され、彼女の生活もひきつづき養いつづけることになる。結局、彼は社会の体制にがんじがらめに縛られたままなのだ。そうなるほか、彼にできることはない。これこそ、現実である。この作品に込められた精神は、最後のショットに要約されている。道路わきに「税金を払えば、あなたも社会に参加できるのです」と書かれた看板が立っているのだ。ペドロは一種の税金を払うことで、罠から逃れられなくなった。社会体制に参加しきったあとの結末の恐ろしさを、アレックス・コックス以外の誰がこれほどたくみに教えてくれるだろう。

『PNDC エル・パトレイロ』は手持ちカメラによる名人芸的なシングル・テイクで撮影されている。全編でわずか一八七カットしかない。途切れないシーンは、編集によって作り出される動きではない、フレームの中で展開する生の演技を堪能させてくれる。観客はカメラに見つけてもらうのではなく、自分の目でスクリーンに展開する素材のハートの部分を見出すことができるのだ。

警察訓練学校時代のペドロを演じるロベルト・ソーサ

コックスがこのアプローチで撮影することにしたのは、現代のアメリカやイギリスの映画に見られる決まりきった編集スタイルに飽き飽きしていたからだった。

「アメリカ南西部のティーンエイジャーが一万ドルぐらいの予算で撮ったものだろうと、マーティン・スコセッシの作品だろうと、だいたいどこにカットが来るか、観ていればすぐに読めてしまう。映画評論家たちはこぞって『グッドフェローズ』(90)のような映画を絶賛し、階段から厨房へとつづくプラノ・セクエンシア、つまりシングル・テイクのカメラの動きに誰もが注目する。でも、そのワン・ショットだけだよ！スコセッシの映画はほぼずっとマンネリ化したクロースアップのインターカットの繰り返しで、そういう映画作りは本来あるべきエネルギーや意外性をすべて奪ってしまい、実に無気力で情けないと思うんだ」

コックスは『ウォーカー』ですでに長いシングル・テイクの撮影を試していたが、この作品の公開後にメジャー・スタジオのブラック・リストに載ったことから、そのような撮影の仕方を発展させる機会を失っていた。その後、何年間も映画製作のための資金調達に苦労した結果、

どこにでもいそうなふつうの男ペドロ、ただ今勤務中

じっくり時間をかけて革新的な新しい映画作りについての考えをめぐらせてきたのである。そして、作品の内側を編集でまとめたり、クロースアップをインターカットで差し挟むやりかたを排除した映画作りに挑戦すべきだと悟ったのだった。時間の経過や場所の移動、あるいは視点が切り替わるときのみ編集することで、より「有機的」でより舞台劇的なスタイルを追求しようと思ったのである。『PNDC エル・パトレイロ』やその後の最近の作品を作る上で、彼が守ろうと心に決めたルールがあった。

「ハリウッドの映画によって押しつけられた伝統的な映画作りの制約から解き放たれたとき、映画監督ができることの幅の広さには驚くべきものがある。ぼくは『PNDC エル・パトレイロ』を心に描いたとおりのキャスティングとスタイルとで撮影した。これまででもっとも自然な形でできた映画だと思う。もっとも有機的な作品ってことだね。映画とはかくあるべきだっていう先入観に妥協してクリエイティヴな要素を譲り渡したという感じは、まったくなかった」

アレックス・コックスの日記
メイキング・オヴ・『PNDC エル・パトレイロ』

一九九一年
四月十八日

ロレンツォ、メキシコ連邦ハイウェイ・パトロールの警官たちと会う。彼らはロレンツォがホモか、父親を憎んでいるのかなどと質問したが、私たちへの協力は拒否された。ロレンツォは脚本のタイトル変更を呑むことにする。セシリアは新たに架空のハイウェイ・パトロールのバッジやロゴ、制服、パトカーなどを考え出さなくてはならなくなった。〈Patrulla Nacional de Carreteras〉（PNDC、国立ハイウェイ警察といったような意味）がいいだろう。この日、『赤い夜明け』の撮影監督だったミゲル・ガルソンと会う。彼と契約することができた。

六月三日

北部のコアフィラ、パラスの町で『エル・パトレイロ』（というタイトルに決まった）の撮影を開始する。主人公の警官は才能あふれるまだ若い俳優ロベルト・ソーサが演じ

『PNDC エル・パトレイロ』のメキシコ・ロケにて

る。彼はまだ二十一歳だが、すでに三十本の映画に出演している。これまで一緒に仕事をしてきた俳優の中でも、おそらくもっとも優秀ではないかと思う。(この日の夜、「ルチャ・リブレ」のレスリングの試合を観たあと、パラスの街を散策する。なぜか、奇妙なほど親しみを感じる街だ。すると、ここでサム・ペキンパーが『ワイルド・バンチ』で銀行強盗のシーンを撮影したということがわかった!この夜まで、そのことは誰も知らなかったのだ。)

六月五日

パラスからゴメス・パラシオへの道で、ペドロが父親の亡霊(エドゥアルド・ロペス・ロハス)と出会うシーンの撮影をする。何週間もまぶしい太陽の輝く晴天がつづいたが、この怪奇的シーンの撮影に合わせたかのように、嵐のような突風と暗い雲がやってきた。

六月八日

オフエラ鉱山にて、ペドロが吊り橋を渡るシーンを撮影する。ソーサがびくびくしながら渡る演技を少しも怖がることなくやってくれるのは、何てすばらしいことだろう!上空を雲の影が横切り、今日もまた、撮影にぴったりの光線に恵まれることができた。今日のショットはホセ・ベラスコの風景画のようだ。

六月十四日

ホルヘ・ルセックと、ひとけのない鉄道の駅で撮影する。ペドロが初めて賄賂を受け取るシーンだ。ルセックはまさに前時代の俳優である。彼はヒューストンや、ペキンパー、"エル・インディオ"・フェルナンデスとも仕事をしてきた。だが、彼とソーサの演技スタイルはぴったり合っている。すべてをシングル・テイクで撮影しているが、今日はミゲル・ガルソンにとって一番むずかしかったようだ。だが、彼はテイク・シックスで完璧にやってのけ、自信満々の様子だった。

六月十七日～二十二日

デュランゴの町および周辺で撮影。田舎の警察署や、ペドロが州知事の息子を逮捕したり、孤児院におもちゃを持っていくシーンなどを撮った（孤児院の修道女役はキャスティング・ディレクターのクラウディア・ベッカーにやってもらった）。三週間が過ぎたが、スケジュールがきつい。長回しの撮影は

（上）ロベルト・ソーサと談笑するアレックス・コックス（左）空冷エンジンのメリットについて語り合うロベルト・ソーサ（右）とブルーノ・ビシール

むずかしいが、能率的ではある。

六月二十四日

サカテカスのソンブレレテにて、ミゲルはまたしても至難の業とも思えるショットをやってのけた。ペドロの親友アニバル（ブルーノ・ビチール）が亡くなるシーンである。あとでロベルトと一緒に脚本どおりの地図を描いてみて、六十人ものクルーやカメラがいかに巧みに付近の木や岩陰に隠れていたかについて、改めて感心した。撮影中、そこには完全にペドロやアニバルしかいないかのようだった。

七月一日

デュランゴとサカテカスの温泉にも、ついにさよならする日が来た。メキシコシティに戻って、警察学校やさまざまな室内撮影をしなくてはならない。室内撮影の最初のシーンは、繁華街のキャバレー（前にも言ったように、メキシコの映画には必ずキャバレーのシーンが出て来なくてはならないのだ）で手持ちカメラによるクレーン撮影だった。ガルソンとモンティエルは相変わらずすごい。彼らはこれまで会った中で最高の「目」の持ち主だ。

空冷エンジンのメリットについて語り合うロベルト・ソーサ（右）とブルーノ・ビシール

厳しい道の果てに待ちかまえているのは……ハイウェイ・パトロールの警官にまたしても災難がふりかかる

七月十一日　ペドロが警察学校を卒業するシーンを撮影。撮影中の十三時二十五分、皆既日食がはじまる。青く染まった地平線の彼方の空が妙に薄暗くなり、映像をフィルムに収めることもできない不思議な暗さになる。シャンペンで乾杯。

七月十六日　六週間半にわたる撮影の最後の夜。同時に、ガルソンにとっては手持ちカメラによるもっとも長いショットが行われた日でもあった。酩酊して家に戻ったペドロがナイフを握りしめた妻グリセルダ（サイデ・シルビア・グッティエレス。ぼくのお気に入りのメキシコ女優だ）に追いかけられる様子をワン・ショットでずっと撮るのである。四回のテイクの末、七分間のシーンをフィルムに収めることができた。セットを去るとき、ロレンツォとセシリア、そしてぼくの三人は青いペンキを全身に浴びた。これがメキシコ映画組合STICのテクニシャンたちの正式な「洗礼」の儀式なのである。どうやら、ぼくたちもようやく仲間入りを許されたということだ！

「これまで仕事をしてきた俳優の中で最高のひとり、おそらくはその中のトップと言えるかもしれない」というのが、コックスのソーサ評だ

十月三十日　**製作総指揮の根岸邦明とともに『PNDCエル・パトレイロ』の初号プリントを観る。見終わって、ネギさんは自分の「サムライ映画」に非常に満足したと言った。**

一九九二年、『PNDCエル・パトレイロ』はサン・セバスチャン映画祭で初めて上映され、ペドロ役のロベルト・ソーサは最優秀男優賞を受賞した。一九九一年の末にこの作品を完成させたばかりのコックスのもとに、早くも次の仕事の話が舞い込んだ。ロンドンのBBCから、ラテン・アメリカ侵攻五百周年記念のさまざまな映像作品の製作に関わっているスペインのプロデューサーを紹介されたのである。この五百周年というのが、実際にはグラナダ図書館の焼失とスペインからのユダヤ人排斥、さらにスペイン人による残虐な他民族支配から五百年経ったという意味であることを理解しつつも、コックスはプロデューサーたちの依頼に耳を傾けることにした。

彼に求められたのは、アルゼンチンの作家ホルヘ・ルイス・ボルヘスの作品の映画化だった。彼らは映画化権を取得したボルヘス作品のリストを差し出した。コックスはリスト・アップされた作品をすべて読破し、まず「エンマ・ツンツ」という作品に大きな関心を抱いた。これは抑圧的な工場で働く女性が悪辣な工場主に復讐するという物語である。主人公は工場主にレイプされたふりをしたあと彼を殺し、復讐を達成する。コックスはキャシー・バークを主役に考えていたが、結果的には別の物語「死とコンパス」を映画化することにした。こちらは連続殺人の発生する場所にひねりの効いた謎があり、よりストレートなサスペンス物になりそうな話であったからだった。

コックスは自ら脚本を書いた。しかし、それは連続殺人事件が超自然的なものによって引き起こされているような、あるいはそうでもないような、奇妙な陰謀の物語になっていた。哲学者のような警部ランロットがチェスに興じながら思索をめぐらし、当てにならない部下トレビラヌスとともに不穏な空気の漂う町で連続殺人事件を追い、反体制のリーダー、レッド・スカーラックと対決するのである。ここでは無実な人間はひとりもおらず、誰もが何らかの罪を犯している。また、この物語はランロットを主人公とする長いシリーズ物の一話のような書かれかたをしていた。だが、もちろん、シャーロック・ホームズとはだいぶ趣が違う。コックスの書いた脚本は非常に複雑な上に、奇妙きわまりなく、プロデューサーたちは期待がはずれて逃げ腰になりはじめた。彼らにはコックスの意図が理解できなかったのである。結局、コックスが書いたのは純粋にエンターテインメントとしての物語で、特に何かを訴えようとしたわけではなかったが、プロデューサーたちには通じなかった。

しかし、コックスにはこういう場合に何をすべきか、よくわかっていた。彼はBBCのお偉がたに電話を入れ、「これは東洋の神秘主義と仏教思想に、西洋思想とヘブライ神秘哲学を組み合わせて、無についての考察を描く物語である」ともっともらしく説明したのである。これがまんまと功を奏した。BBC側はこの込み入った説明にすっかり感心し、契約書にサインした。コックスは『PNDC エル・パトレイロ』のクルーをそっくりそのまま使い、メキシコシティで五十五分版の『デス&コンパス』を撮影した。この作品には、実にすばらしいキャスティングがなされた。ピーター・ボイルがランロットを、ミゲル・サンドバルが二枚舌の警察長官を演じ、そして事件の鍵を握る犯罪者レッド・スカーラックにはクリストファー・エクレストンが扮したのである。そのほかにも、ペドロ・アルメンダリス・ジュニア、サイデ・シルビア・グティエレス、アロンゾ・エカノーベなど、錚々たる顔ぶれが脇を固めた。

このBBCの五十五分版は一九九二年八月に放送され、高く評価された。「アレックス・コックスによるこの

A FILM BY ALEX COX
in a NIGHTMARE CITY
inhabited only by CRIMINALS and POLICE...
a mystic DETECTIVE finds a TOOL
to catch a VILLAINOUS OUTLAW.
JORGE LUIS BORGES'
DEATH AND THE COMPASS

機知に富んだ傑作は、非常に新鮮かつ奇想天外だ……まさに圧倒的」（『タイムズ』紙）、「コックスの作品は幻想的なまでに不思議な雰囲気で観る者を夢中にさせる。あるときは暗く陰鬱に、あるときはセクシーで滑稽で、エキゾティックで、これまでどうして誰もこういう作品を作らなかったのだろうという疑問が頭をもたげる」（『タイム・アウト』誌）など、マスコミは絶賛した。

しかしながら、ボルヘスの原作は高度に文学的な内容で、ランロットとレッド・スカーラックのあいだに長い敵対関係の歴史があるというヒントが書き込まれていた。それは物語の冒頭の部分に匂わされているのだが、コックスはそこに着目した。BBC版では、なぜランロットがそれほどまでにレッド・スカーラックを憎むのかの理由が明らかでなく、そこがわかりにくい部分として残っていたのである。コックスは五十五分版を長くして、ひとつの物語としてのまとまりを持たせた劇場映画版『デス&コンパス』を作ろうと心に決めた。プロデューサーのカール・H・ブラウンが追加シーンを撮るためにメキシコへ戻る費用の面倒を見てくれた。製作費は『PNDCエル・パトレイロ』のときにコックスのパートナーとなったふたりの日本のプロデューサー、石熊勝己とケイブルホーグ社の根岸邦明が提供することとなった。

完成した劇場版では、フラッシュ・バックのシーンによってランロットとレッド・スカーラックの確執の理由が説明される。大胆不敵な強盗事件を引き起こしたレッド・スカーラックは、現場でエリック・ランロットの友人を殺してしまう。この友人、盲目の警察署長ボルヘスとは原作にない登場人物で、作り出したコックス自身が演じた。ところが、スカーラックにもランロットを憎む理由があった。かつてバーでの警官との撃ち合いで弟を殺された彼は、その責任がランロットにあると信じていたのである。そして長い年月のあいだ、ふたりはたがいに相手を追い詰める策を練りつづけていたのだ。ついに第三タルムディック議会でマルセル・ヤルモリンスキー博士が謎の死を遂げたとき、ランロットは無神論者ズンズの手助けを得て、大いなるミステリーを解き明かして憎きスカーラックを捕らえられると確信するのだった。

ここでミゲル・サンドヴァルがランロットのかつての上司である老人フランツ・トレビラヌス役で登場し、この殺人事件の調査のいきさつと奇妙な結末との語り手となっている。かつては市警察の長官だった彼も、今はすっかり年老いてナイトメアの町はずれで偏屈な世捨て人のように暮らしている。トレビラヌス自身、何年間もこの確執と背信とに巻き込まれており、それが複雑さに何

『デス＆コンパス』でレッド・スカーラックに扮したクリストファー・エクレストン

重もの厚みを加えている。新たに九十三分の映画として生まれ変わった『デス＆コンパス』は、一九九六年に数々の映画祭で上映されると、たちまち評論家たちから熱い支持を得た。「美の覆いに包まれた、才能溢れる映像作品」（「ロスアンジェルス・タイムズ」紙、ケヴィン・トーマス）、「面白い！独自の作風による鮮やかな色彩のコミック・ホラー映画。まさに豪華なシュール・リアリストの夢」（「LAウィークリー」誌、エラ・テイラー）といった具合だ。

メキシコには実にすばらしい建築が多く、この作品は現代建築の傑作と昔の建築の遺構の両方を存分に利用してロケーション撮影された。それぞれの建築物の威風堂々とした大きさと美しさは圧倒的で、美術監督のセシリア・モンティエルはそれを最大限に利用した。ランロット警部が勤務する警察本部はメキシコシティ市内のクラシックな「パラシオ・デ・コレオス」、すなわち「宮殿」という愛称で呼ばれる郵便局である。ちなみに、ランロットはアールデコ風宮殿美術で優等を取った人物という設定だ。彼の親友が殺される場所は、トルテカのセメント工場の巨大な廃墟である。また、敵のレッド・スカーラックが待ち受けるのは、エッシャーの絵のように入り組んだサン・イルデフォンソ修道院の中庭とヒルダゴの崩れかけた邸宅だった。

コックスと撮影監督のミゲル・ガルソンは『PNDCエル・パトレイロ』で多用した長回しの撮影スタイルをさらに発展させ、編集者のカルロス・プエンテが長いシングル・テイクに「フラッシュ・フォワード」[「フラッシュ・バック」に対して、突然ストーリーの先へ飛ぶ手法]を挿入して物語の展開をジャンプさせるという大胆なアイディアを使った。まさに、革新的な映画である。しかし、俳優のピーター・ボイルはコックスの撮影法にひどく苦労させられたと告白している。

「彼には持論があって、中断せずに撮りつづけるので、私が意味不明の隠喩まがいのセリフをぶつぶつしゃべっているあいだ、まわりをカメラがずっと動きつづけているんだ！　だから、カメラがまわりを回ってるあいだは、ずっと口を動かしてなくちゃならなかったんだが、これがえらく大変でね。私にとっては、実にきつい撮影だったよ。あのころ、私は体調がすぐれなくて仕事もあまりしてない時期だったから、本当に頑張らなくちゃならない大仕事だった。だがね、アレックスは大した男で、彼との仕事は本当に楽しかったんだ。だから、結局はやって良かったと思ってるよ。ただ、今の今まで、あれがどういう話だったのか、私にもよくわからないんだ。誰か、

『デス＆コンパス』でのピーター・ボイルとクリストファー・エクレストン

説明してくれないかな！」

よくわからないまま撮影に臨んでいたのはボイルだけではなかった。クリストファー・エクレストンも、やや的はずれな理由からレッド・スカーラックを引き受けたことを正直に認めている。

「アレックスが『奴に思い知らせろ』を降りてしまったとき、ぼくはすごくがっかりしたんだ。でも、ぼくの俳優としてのキャリアのブレイクとなったこの作品に抜擢されたことで彼にはずっと感謝していた。だから、『デス&コンパス』は彼に対する忠義心みたいなものから引き受けたんだよ。でも、アレックスには黙っていたけど、ボルヘスのおかげでいかにも自分が馬鹿だって気がした。難解だったし、とにかくぼくにはチンプンカンプンさ。今思うと、アレックスにとってもやりにくかったんじゃないかな。ぼくは何をやってるのか理解できないまま、芝居してたんだから！アレックスはすごく知的で頭がいいんだ。文学を深く理解できるし、知識も豊富だ。一方、ぼくはがさつな人間だから、彼がやろうとしていることを理解するだけでひと苦労だった。あのころはまだ若くて役者としての自信もなかったけど、少なくともアレックスのために精一杯頑張ったのはたしかだよ。それに、あの長回しの撮影は本当に楽しかった。ピーター・ボイルは不安そうにやってたのを覚えているけど、ぼくはあの撮影スタイルがすごく気に入った。アレックスは俳優やクルーたちを極度の混乱状態まで追い詰めて仕事させようとするタイプみたいだね。それはすなわち、観客もぼうっと観ているだけじゃダメだってことになるんじゃないかな」

コックスが成し遂げた業績といった観点からすると、彼にとって『デス&コンパス』はもっともむずかしい作品だったかもしれない。彼のホームページに載っているインタヴューで、このプロジェクトに手をつける前はボルヘス作品はわずかしか読んだことがなく、知識が足りなかったと告白している。

「もちろん、彼はすばらしい作家だ。ラテン・アメリカやスペインでは、非常に高く評価されている。アメリカやイギリスでは"カルト"作家と呼ばれているけど、ぼくはそれがとても残念だと思う。偉大な文学作品が、まるで作家なら誰でも影響を受けるべき最高峰と評価されずに"カルト"として扱われるなんて。だから、映画業界からもまったく無視されてきたが、それも仕方ないことだった。ボルヘスの作品はすばらしいが、暗くて、シニカルで、悲観的なんだ。望みはひとつもなく、変化も逃避も不可能として否定し、運命と暴力の必然性を描いている。彼の書いた物語からは、メル・ギブソン主演の映画も、マーチャント・アイボリー作品も生まれ得ないね」

　ボルヘス作品をスクリーンに再現するという難作業を手がけてきた映画監督は少ない。非常に複雑で謎の多い作家であり、「死とコンパス」についても自ら「悪夢」と呼んでいるほどだ。コックスもこの殺しと復讐の物語を、悪夢のような迷宮の町を舞台に展開するように設定した。ここは市当局が「市警察の警部たちは拷問地区がつねに整然と保たれているように気をつけてもらいたい。拷問地区の利用はふつうの人間の権利ではなく、特権階級のみに許されている。諸君の協力をお願いする」といった発表をするような、恐ろしいところなのである。

　コックスの抱く悪夢的世界のイメージはデイヴィッド・バトラーによる一九三〇年のSF映画『五十年後の世界』に影響を受けており、またフリッツ・ラングの『メトロポリス』(26)の影響も少し感じさせる。このプロジェクトを引き受ける前には特にボルヘスのファンだったわけではなく、この仕事のためにボルヘスやその映画作品の研究家として知られるエドガルド・コツァリンスキーから詳しく話を聞いた。コックスの最新作『スリー・ビジネスメン』では、主人公のベニーが〈アデルフィ・ホテル〉の一室で彼の著作「都会のヴードゥー(Urban Voodoo)」を読むというシーンがある。

「エドガルドによると、ボルヘスはヒューゴ・サンティアゴという監督のために「侵略(Invasion)」と「他人(The Others)」という映画用オリジナル作品のシノプシスを二本書いているらしい。『侵略』については脚本の共同執筆にも加わっていて、一九六八年にアルゼンチンで映画化されているんだ。『他人』のほうはフランスで一九七三年に映画化された。ボルヘス作品の映画としてはほかに、一九五五年に「エンマ・ツンツ」を下敷きにアルゼンチンのレオポルド・トーレ・ニルソーン監督が作った六十六分の『憎しみの日々(Dias de Odio)』や、一九六一年にレネ・ムジカ監督が撮った七十分のアルゼンチン映画『ピンクの街角の男(El Hombre de la EsquinaRosada)』、一九六九年にアラン・マグロー監督が撮った五十四分のフランス映画『エンマ・ツンツ(Emma Zunz)』、一九六九年にベルトルッチがイタリアで作った『暗殺のオペラ』(下敷きとされた原作は「裏切り者と英雄のテーマ」）そしてエドガルドの『兵士と捕虜（Guerreros y Cautivos）』（97）がある」

「死とコンパス」を映画化した作品もある。はるか昔の七十年代に、ロンドン映画学校でポール・ミラーが監督したモノクロの短編である。このときカメラを担当したのがディヴ・ブリッジズで、彼はのちに『ウォーカー』の撮影監督となった。こちらの作品でランロットを演じたのは、明らかにナイジェル・ホーソーンである。

アレックス・コックスの日記
メイキング・オヴ・『デス&コンパス』

一九九一年

八月二十三日　『デス&コンパス』の脚本執筆開始（このとき、『PNDCエル・パトレイロ』の編集第五週目の終わり）。

九月二日　『デス&コンパス』の第一稿を書き上げる。

九月四日　メキシコシティにて、追加のセリフ録音。

九月三十日　ロスアンジェルス、スカイウォーカーにてミキシング作業開始。

十月十五日　スカイウォーカーにてミキシング作業終了。

十月十八日　フォトケムにて、ミゲル・ガルソンとともにカラー・タイミング調整。

十月三十日　初号プリント完成。

十一月四日　メキシコシティ、チュルブスコ・スタジオにて『PNDCエル・パトレイロ』の完成試写を行う。

十一月十日　『デス&コンパス』の第二稿を書き上げる。

十二月四日　ロスアンジェルス、ファイン・アーツにてノアイユ夫妻とそのゲストのために『PNDCエル・パトレイロ』のプライヴェート試写会を行う。

一九九二年

一月十七日　『デス&コンパス』の件でBBCのサイモン・カーティスと会う。

一月二十四日　『デス&コンパス』の件でマドリードにおいてエンリケ・デ・ラス・カサスのセシリエ・ブラウンと会う。

一月二十八日　第三稿を書き上げる。

一月三十一日　ロンドンへ。サイモン・カーティスは「『デス&コンパス』は九十五パーセント、いける」と請け合う。

ランロットがついにレッド・スカーラックと対決するサン・イルデフォンソ修道院、ビラ・トリステ・レ・ロイの全景

二月十日　メキシコシティへ。キャスティングについてクラウディア・ベッカーと、ロケーションについてディエゴ・サンドバルと打ち合わせ。
三月二日　メキシコシティにて、撮影準備開始。
三月十日　ニューヨークにて、ピーター・ボイルと会う。
三月三十日　撮影第一週目
衣裳合わせ。
三月三十一日　クリス・エクレストン到着。通しで本読み。
四月一日　ビデオのシーンを撮影。
四月二日　ペンキ屋を撮影。
四月三日　ランロットのアパート。
四月四日　サンド到着。
四月六日　撮影第二週目
市警察本部のトレビラヌスのオフィスを撮影(パラシオ・デ・コレオスにて)。
四月七日　市警察本部、屋外および屋内の撮影。
四月八日　市警察本部、迷宮の部分の撮影。
四月九日　市警察本部、夜の撮影(イギリス総選挙の日。トーリー党またしても勝利!)。
四月十日　市警察本部、夜の撮影。
四月十三日　撮影第三週目

四月十四日　ヒダルゴへ移動。トリステ・レ・ロイ、キャニオンの鉄道駅にて撮影。
四月十五日　トリステ・レ・ロイの屋外撮影。メキシコシティに戻る。
四月十六日　〔ホテル・デュ・ノルド〕。
四月十七日　〔ホテル・デュ・ノルド〕。
四月十八日　鉄道の撮影（最初は地下鉄での屋内撮影の予定だった）。
四月二十日　鉄道の屋内撮影。
撮影第四週目
四月二十一日　トリステ・レ・ロイにて屋内撮影（サン・イルデフォンソ修道院）。
四月二十二日　トリステ・レ・ロイの屋内撮影。
四月二十三日　トリステ・レ・ロイの屋内撮影。
四月二十四日　エステュディオ・アメリカへ移動。照明の準備。
四月二十五日　トリステ・レ・ロイの円形の部屋の撮影（エステュディオ・アメリカにて）。
四月二十七日　トリステ・レ・ロイの円形の部屋の撮影（エステュディオ・アメリカにて）。
撮影第五週目
カジェ・トルビットの屋外撮影（エステュディオ・アメリカにて）。

『デス&コンパス』のプロデューサー、カール・H・ブラウンは1974年のトニーノ・ヴァレリの西部劇『ミスター・ノーボディ』に俳優として出演している

四月二十九日　リヴァプール・ハウスの屋内と屋外の撮影（エステュディオ・アメリカにて）。撮影の終了は午前六時、すなわち四月三十日の木曜の朝までかかった。暴動のあと、夜明けのカジェ・トルビットを歩くランロットとトレビラヌスを撮影。

五月五日　シアトルへ飛び、アルファ・シネにてモノクロ版のラッシュを観る（メキシコにはモノクロ用の現像所がない）。編集はメキシコシティのチュルブスコ・スタジオにてカルロス・プエンテが行った。

七月十日　メキシコで初号プリントの試写を行う。

七月二十一日　ジョン・クレインがＢＢＣ用の五十五分のビデオ版に評点をつけた。

一九九三年

一月十七日　カール・ブラウンが東京の石熊からの出資をもとに劇場版『デス＆コンパス』のための追加シーンの撮影を提案する。

三月二十六日　メキシコへ飛び、追加シーンの脚本を書き始める（ほとんどは前年にセットの小道具の準備のために美術部に渡した「トレビラヌスからのメモ」が下敷きになった）。

四月二十六日　メキシコシティにて、撮影準備開始。

五月三十一日　古紙幣貯蔵庫の撮影（トルテカのセメント工場）。

六月一日　古紙幣貯蔵庫の撮影（トルテカのセメント工場）。

六月二日　トレビラヌス邸屋内撮影。

六月三日　トレビラヌス邸屋内撮影。

六月四日　トレビラヌス邸、トレビラヌスの裁判の撮影。カルロスとともに新しい編集を考えていたが、この時点で予算が底を突き、ポスト・プロダクションの費用をまかなうことができないと判明。

十一月十三日　フィルムを箱に詰めて『デス＆コンパス』の作業を停止する。（ただし、ビジネス面は除く。こののちも三年間にわたり、カール・ブラウン、ロレンツォ・オブライエン、そして私の三人で権利問題に取り組まなくてはならなかった。ボルヘスによる短編の権利はマドリードのアンドレス・ビセンテ・ゴメスに帰属しており、劇場版の権利について我々との契約にサインさせるのに必死に説得しなくてはならなかった。五十五分版のほうは、権利もネガもＢＢＣにあった。メキシコと日本についての権利問題も解決しなくてはならなかった。）

コックス作品常連の美術監督セシリア・モンティエルによる『ゾロ』のセット。コックスはこの作品を「プロダクション・デザインの勝利」と呼んで彼女の仕事を絶賛した

一九九六年四月六日

チュルブスコでカルロスと会う。停止していたところから、動かしはじめるのだ。ロッコ・ジョフレが追加の特撮シーンを提供（立ちのぼる炎、骸骨、新聞の輪転機など）。トム・リッチモンドが迷宮でタイトル・シーンを撮影（照明はショーン・マディガン）。七月、ヴィクター・バラガンがチュルブスコにて完成版のフィルムをミキシング。チュルブスコで初号プリントを観ることができたのは八月だった。

『デス＆コンパス』は十月二日に東京映画祭でプレミア上映されたあと、十月十二日にはバンクーヴァー映画祭でも上映された。一九九七年三月七日にはサンタ・バーバラ映画祭で、三月十五日にはグアダラハラで上映され、七月十一日にロスアンジェルスの「レンムレズ・ミュージック・ホール」にて公開された。

　メキシコで二本の映画を作ったコックスは、すっかりこの国が居心地よくなっていた。ハリウッドの画一性とイギリスの仕事の少なさから逃れた彼は、メキシコの映画人たちの伝統的な命令系統の中で頑張りつづけるやりかたにすっかり馴染んでいた。メキシコでは莫大な製作予算に宗旨を曲げることもなく、資金の流れの連鎖によって分裂することもなかった。その代わり、依然としてきっちりと上下関係が決まっていた。その頂点にいるのは「スター」ではなく、監督であった。

皮肉なことに、資金不足から『デス&コンパス』の追加の三十分は一九九三年に撮影されていたにもかかわらず、完成はずっとあとまで待たなくてはならなかった。撮影は終わっていたが、ばらばらのショットの状態のままで、ネガもメキシコ、ロンドンのBBC、そしてシアトルの現像所に散らばっていた。

『デス&コンパス』を完成させる資金を作るために、コックスは役者としての仕事を引き受けることにした。メキシコの映画監督アルトゥール・リプスティンから、『夜の女王』という作品に出演しないかという話が持ち込まれたのである。これはアル中になってしまうクラブ・シンガーの不幸な人生を描くもので、コックスはブランカ・ゲーラの恋人役を演じた。『デス&コンパス』を完成させる責任感から、この仕事は純粋に金稼ぎのために引き受けたのだが、実際にやってみると、コックスは映画人生で初めて、おとなしく脇に控えていられる俳優としての仕事が楽しくてたまらなくなった。

一九九五年、コックスはリプスティンの映画のプロデューサーたちに力を貸し、これをカンヌ映画祭に出品させた。そして、カンヌに滞在中だったある日、数人のアメリカ人プロデューサーが彼に近づき、ラスヴェガスのギャンブラーたちの暮らしの裏側を描く映画の監督になって欲しいと申し込んできた。ウェンディ・リスが自らの作品「さらに暗い目的(A Darker Purpose)」を脚色したもので、それを読んだコックスはやってみようかという気になった。いわゆる雇われ監督として仕事をした経験は一度もない彼だったが、とにかく『デス&コンパス』のために金を作る必要があった。彼は契約書にサインした。そして、初めて雇われた身となったのである。

しかし、この作品は出だしから呪われた運命のもとにあった。プロデューサーたちが早々とタイトルを『ザ・ウィナー』と変えたことから、この時点ですでにコックスはやがてタブロイド紙から何といって揶揄されるかを悟った。『ザ・ウィナー(勝者)』などというタイトルの映画なら、映画評が載るときに必ず「勝者になれない『ザ・ウィナー』」とか「『ザ・ウィナー』の敗北」といった見出しがつけられるに決まっていた。「そういうことを面白がるのは映画評論家の病気のようなものだね。特にイギリスでは」と、コックスは説明している。

この作品の製作会社はMDPワールドワイドという海外版権販売会社であった。このような会社では、製作する映画を海外配給するとどれくらい稼げるかをリサーチして、海外市場での販売予測を立てるのがつねである。それはすなわち、ハリウッドの人間なら誰でも持ち歩く「リスト」からキャスティングが決められるということを意味した。このリストには、トム・クルーズやアーノルド・シュワルツェネッガーのようなクラスのトップ・スターを百点として、それぞれの俳優たちが海外市場でどれほど稼げるかが点数で表示されていた。アメリカ国内なら誰でも知っているような人気俳優でも、海外で認知されていないことから低い点数がつけられることも珍しくなかった。MDPはこのリストをもとに俳優を選び、その結果、コックスはマイケル・マドセンやヴィンセント・ドノフリオといった俳優たちと一緒に仕事をすることになった。ところが、このことは同時にプロデューサーたちが映画を大きな視点からとらえていないということも意味した。おもな登場人物のために選ばれた五人の俳優はすべて白人だった。コックスはせめてひとりは有色人種のほうがいいと主張し、デルロイ・リンドという非常におもしろいキャラクターの役者が選ばれた。彼も喜んでこの仕事を引き受けた。

『ザ・ウィナー』でルイーズに扮したレベッカ・デモーネイとウルフ役のマイケル・マドセン

ラスヴェガスの表通りからはずれたところにある、〔ペア・ア・ダイス〕とさびれたカジノが物語の舞台だった。登場人物たちはみな、表通りにはめったに顔を出さないタイプだった。それにふさわしい雰囲気を作り出すため、美術監督のセシリア・モンティエルはカジノをできる限り、狭く小さな店にしたいと考えた。「カジノの内部はすべて、ロスアンジェルスの〔ザ・タワー〕と呼ばれる古い映画館で撮りました。建築的には非常にスタイリッシュで、バロックな感じのところでした」

平凡なギャンブラー、フィリップ（ヴィンセント・ドノフリオ）は自殺寸前の追い詰められた状況にあったが、突然ルーレットで連勝して立ち直りのきっかけをつかむ。彼の幸運にあやかろうとする人間たちは掃いて捨てるほどいた。カジノのオーナー、キングマン（デルロイ・リンド）に巨額の借金のあるしがないクラブ・シンガー、ルイーズ（レベッカ・デモーネイ）もそのひとりである。ほかにも、フィリップの兄ウルフ（マイケル・マドセン）、エキセントリックなやくざ者のジョーイ（フランク・ホエーリー）、そしてルイーズと組んで悪事を企むジャック（ビリー・ボブ・ソーントン）などが彼の金を狙っていた。シュールな西部劇的風景、フィリップがラストで使う輝くチップなど、随所にコックスらしさが発揮されていた。

コックスは妥協し過ぎることなく仕事をしたが、出演者のひとり（レベッカ・デモーネイ）を製作総指揮に据えることは良くないという意見は、はっきり述べた。

「俳優にとって、撮影現場でどういう演技をするか、自分の役をどう演じるかについて、いろいろ意見が言えるというのは悪いことじゃない。でも、それ以上の権力が与えられるべきじゃないんだ。プロデューサーと一緒にデンと構えて、映画の再編集や音楽の差し替えを命じられるというのは、彼ら自身にとって決してプラスにはならない」

とにかく、コックスは与えられた素材を使って最善と思われるものを作り上げた。そして、契約どおりに報酬を受け取ると、ただちに『デス＆コンパス』を仕上げるためにメキシコシティへと飛んだのである。ところが、彼がメキシコにいるあいだに、プロデューサーたちが完成していた作品をいじりはじめた。プレイ・フォー・レインによる皮肉っぽい味のある音楽は完全にカットされ、非常に退屈で平凡な、コックスが「ポルノ映画のバックに入れるために細切れで買えるような、インチキ・ジャズのたぐい」と表現する音楽に差し替えられた。それだけ

きらびやかなショーのスター、レベッカ・デモーネイ。しかも『ザ・ウィナー』の製作総指揮をとっていた

でなく、デルロイ・リンドやビリー・ボブ・ソーントン、マイケル・マドセン、フランク・ホエーリーらが演じた非常にユーモラスで秀逸なシーンも多くがカットされてしまった。

もともとコックスが作った映画は、従来のよくあるハリウッド製ラスヴェガス映画と対抗するものだった。プレイ・フォー・レインのダン・ウールはコックスが脚本に書かれていない独特の感じを求めていることをよく理解し、その上で曲を書いたのだった。

「ウェンディ・リスの脚本にはタランティーノっぽいノワールな犯罪映画的な要素があったんだが、アレックスはそういうものがあまり好きじゃなくて、むしろそれに逆らいたがっていたんだ。だから、ぼくたちが作った曲も、はっきりとそういう感じに対抗するものだった。プロデューサーたちや配給会社が気に入らなかったのは、いわゆるラスヴェガス物の曲として〝不適当〟だったからだ。『ウォーカー』でアクション・シーンのバックにジョー・ストラマーのサルサを流したように、あらゆる慣習に逆らうのがアレックスのやりかたなのにな。彼は映像的にも同じことをしてるよね。パンク・ロックのクラブに仔猫を登場させたりしてさ！」

ウールは甲高い悲鳴のようなヴァイオリンとカズー笛で『ザ・ウィナー』の感傷的な部分をあっさり切り捨て、むしろ異質なよそよそしい味を加えたのである。だが、明らかにプロデューサーたちはウールのようにはコックスのスタイルを理解できなかった。それはコックス作品の常連プロデューサー、ロレンツォ・オブライエンには少しも意外なことではなかった。

「アレックス自身が編集した版を観たけど、そのほうがよほど映画として良くできていたね。製作会社はそのシャープな部分を全部切り取ってしまった。個性豊かな監督を雇って映画を作ろうとするなら、個性豊かな作品を期待すべきだ。個性豊かな作品を作りたくないのなら、そういう監督を雇ってはいけない。これほど単純な理屈はないと思うんだが、中にはそれが理解できない鈍感な人たちってのがいるんだね」

コックスが作ったオリジナル版は日本だけで上映され、ヨーロッパとアメリカでは製作会社側が再編集したヴァージョンしか存在しない。そのため、コックスはこの作品から自分の名前を削除してもらおうとしてきた。「会社が作ったものは絶対にぼくの作品じゃない。いわゆるアラン・スミシー作品だよ」

『ザ・ウィナー』でさんざんな目に遭い、まだメキシコに滞在中だったコックスに、また役者としての仕事が舞い込んだ。スペインの監督アレックス・デ・ラ・イグレシアが『ペルディータ』(97)という映画で街にたむろする酔っぱらいの役を演じないかと言ってきたのである。汚物まみれになりたくなかったコックスは、もう少し立派な役をくれと頑張り、その結果、モルモン教徒の警官役を貰うことができた。しかも、それは才能豊かなアメリカ人俳優ジェイムズ・ガンドルフィーニの相棒役であった。撮影はメキシコではじまり、一九九六年の夏にラスヴェガスで終わろうとしていた……。

第七章
恐れるものなし

「私が言いたいのは金のことだよ。
それがすべてさ。
何たって、何百万ドルもの大金のかかる商品を扱ってるんだからな。
何百万なんて金がからむと、
この世でいちばん汚い連中と付き合わなくちゃならなくなる」

サム・ペキンパー

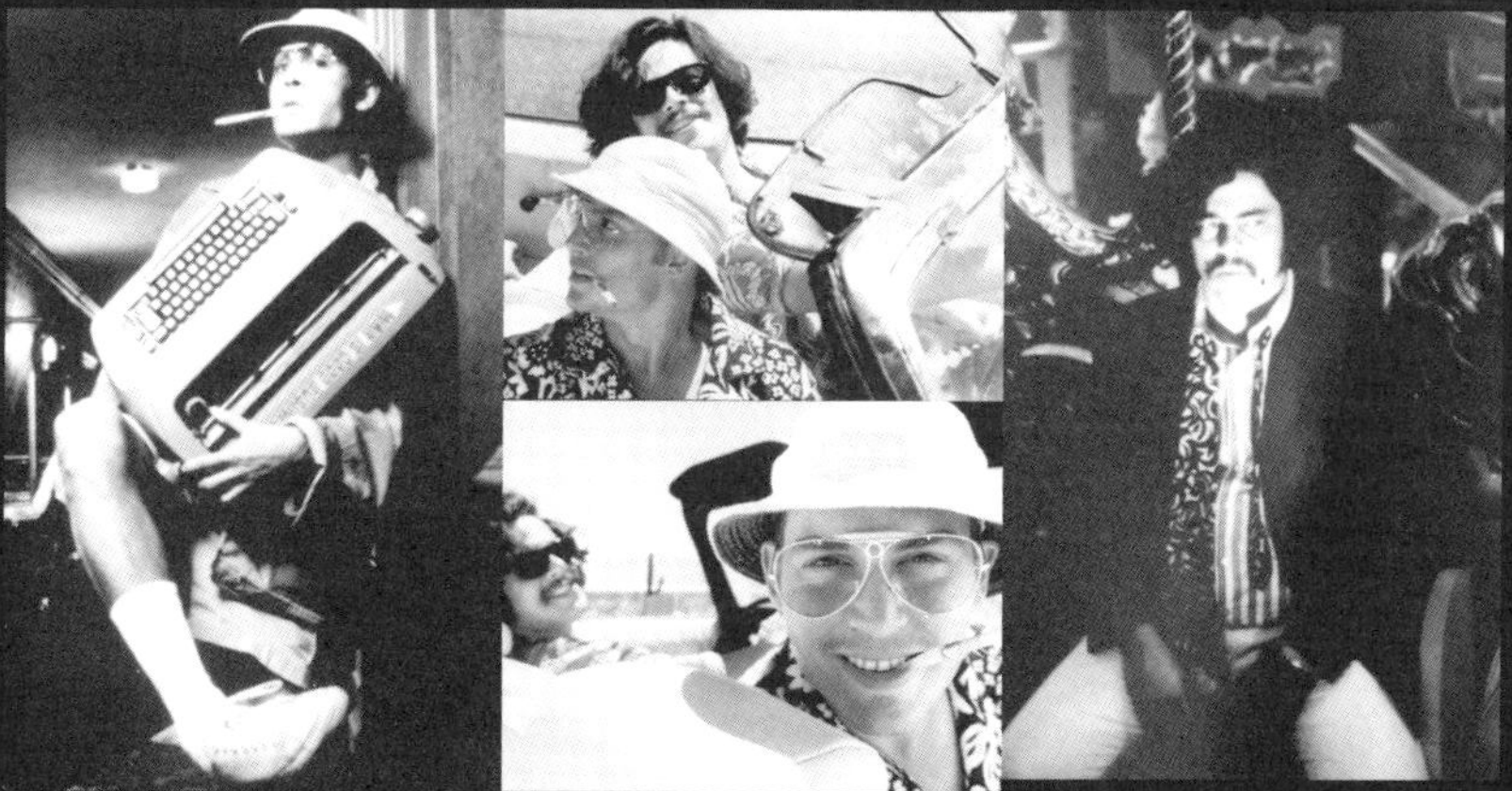

ハンター・S・トンプソンが一九七一年に書いた一種のカウンターカルチャー文学「ラスベガスをやっつけろ」は、映画化が非常にむずかしいとされてきた。ほとんど頭のおかしいジャーナリストだったころの著者自身の行状が書き記されたこの作品は、脚本家や監督にとって非常に扱いにくい素材だったのである。

一九八〇年にはビル・マーレーがトンプソンに扮して『バッファローがさまようところ（Where the Baffalo Roam）』（アート・リンソン、80、未）という映画が作られたが、公開後の評判はさんざんであった。改めてこのトンプソン作品の映画化についての具体的な計画が持ち上がるまで、それから十年以上が経過しなくてはならなかった。一九九二年、プロデューサーのスティーヴン・ネメスとハロルド・ブロンソンは自分たちで設立したばかりの新しい会社ライノー・フィルムズの第一作として、この作品の映画化を企画した。

それから二年間が交渉に費やされ、ついに一九九四年に、ネメスはトンプソンと映画化についての契約を取り結ぶことができた。共同でプロデュースすることとなったのは、レイラ・ナブルシと、大企業ジャーゲンズ・ローションのジョン・ジャーゲンズである。彼らはライノーの株主シャーク・プロダクションズの代表だった。ところが、ライノー・フィルムズは契約によって一九九七年一月までに撮影を開始できなければ、映画化権を失うことになっていた。一九九六年十月になっても、まだ脚本は書かれておらず、準備も進んでいなかった。あと二ヶ月以内に脚本を用意しなくてはならず、彼らは苦しい状況に追い詰められた。

計画の初期の段階で上がっていた候補には、音楽ビデオで知られていた監督のジェフ・スタインズやキューバ人のレオン・イチャーゾ監督（『シュガー・ヒル』（93））などがいた。しかし、レイラ・ナブルシはリー・タマホリ監督（『ワンス・ウォリアーズ』（94））とアレックス・コックスに目をつけた。タマホリと脚本の共同執筆者はトンプソンに会いにアスペンまで出向いたが、すぐに交渉は決裂して物別れに終わった。

こうしてコックスが採用され、脚本の執筆と監督を引き受けることとなった。彼のパートナー、トッド・デイヴィーズはＵＣＬＡの教授をしていたころにハンター・Ｓ・トンプソンの著作を教えていたことがあり、ふたりで一緒に脚本を起こした。その執筆中におもな出演者が検討されていたのだが、その中にはキアヌ・リーヴスとジョン・キューザック（彼はシカゴで舞台劇の「ラスベガスをやっつけろ」を演出したことがあった）の名前も挙がっていた。

ドクター・ゴンゾの役にはベニチオ・デル・トロが決まった。同時に、撮影監督はトム・リッチモンド、美術はダン・ビショップ、衣裳はドゥリンダ・ウッドと、スタッフも決定した。だが、経験の浅いプロデューサーたちはラウル・デューク役をジョン・キューザックとジョニー・デップの両方に同時にオファーしてしまうという過ちを犯した。この時点で、そもそも彼らには撮影を急ぐ関係で早く監督を決める必要があっただけでなく、勝手に引き起こした俳優との面倒な問題を解決させるために、自分と契約したのだと、コックスは悟った。つまり、彼はこの厄介な交渉のための一種の当て馬だったのである。

　ともかく、ハンター・S・トンプソンとの打ち合わせが予定された。コックスとデイヴィーズは偉大な作家に会うためにコロラド州アスペンへと旅立った。空港に迎えに来てくれる約束だったが、トンプソンはあらわれなかった。ホテルに到着すると、その夜の十時にとあるバーで会いたいという伝言が届いていた。おおかた薄暗いあやしげなバーだろうが、少なくとも落ち着いて話はできるだろうと想像しながら出かけたところ、コックスとデイヴィーズは想像とは正反対の場所にたどり突いた。そこは町一番のトレンディで高級な店で、ライル・ラヴェットの抜き打ちライヴを見るために集まった人々が列を作っていた。しかし、リストに名前がなければ誰であろうと入店を許されなかった。入り口に立つ用心棒は恐ろしい形相で敵意をむきだしにし、コックスとデイヴィーズを追い払った。ホテルへ戻る途中、デイヴィーズはコックスにこう言った。「ハンターの名前はリストにあったわ。彼が私たちの名前もリストに載せておいてくれたかどうか、きちんと尋ねてみたほうが良かったんじゃないの？」。コックスは諦観したまなざしを彼女に向けると、「トッド、尋ねてみたって、ぼくたちの名前はないことがはっきりしただけさ！」と答えた。

　ホテルに戻って数え切れないほどあらゆる手を尽くした結果、ようやくコックスはトンプソンを電話口に呼び出すことができた。「午前二時に会おう」と、トンプソンは言った。その日、午前五時から起きているコックスはそれを断り、たちまち偉い大作家の機嫌を損ねた。

　翌朝、目を覚ましたふたりは、留守番電話にいくつもの楽しくも空しいメッセージが録音されているのに気づいた。要は、トンプソンはふたりに郊外にある彼の邸宅に来て欲しがっており、朝から一緒にフットボールの試合を観たいということのようだった。「ラスベガスをやっつけろ」の話をしたくてわざわざロスアンジェルスからやって来たコックスとデイヴィーズは、フットボール

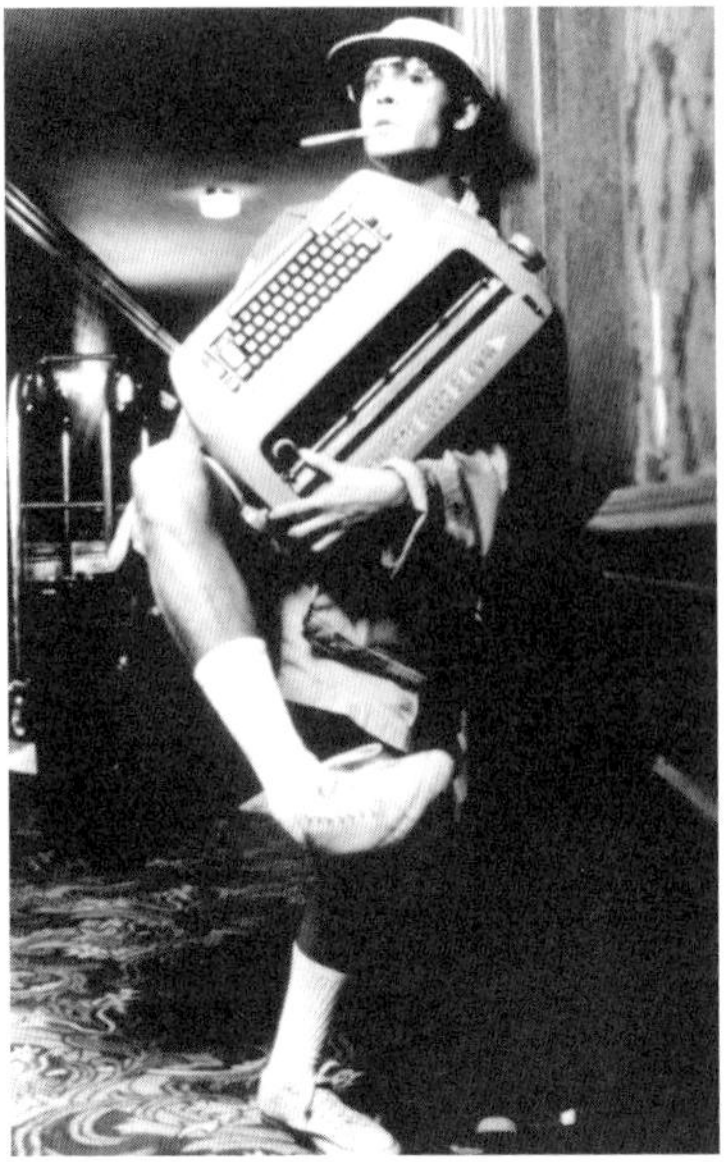

ラウル・デュークを演じる
ジョニー・デップ。
執筆準備に忙しい

になど少しも興味を持てなかった。しかし、とにかく彼の家へ向かったところ、大作家は本道からそれる曲がり角を見失わないように、空気でふくまらせた赤ペンキの血まみれのダッチワイフを目印に立ててくれていた。ようやくたどり着いたコックスとデイヴィーズを、トンプソンはビデオのカメラマンと一緒に出迎えた。トンプソンは絶えず自分をビデオ撮影させていた。自分の人生の記録を撮らせる人間というものを初めて目の当たりにし、改めて変わった人間だとコックスは思った。

「フットボールを観ないあいだは、誰かが彼のために開いたディナーのビデオをかけるんだ。何か、すごく哀れな感じがした。それに、少しでも咳が出ると、すぐにビデオ・カメラを止めさせるんだ。身体が弱いと思われるのがいやだったらしい。だけど、まるで頭の中にバケツ一杯のアルコールが詰まってるんじゃないかって思うほど飲んでたんだよ。朝の十時から、でっかいコップに安っぽい酒と氷をなみなみと満たしていた。しかも、そのあと車で出かけて、帰って来たと思ったら、時速百マイル出したと言って自慢するんだ。ぼくたちはただ、"楽しかったでしょうね"って言うしかなかったよ。とにかく、自分が大した人間だってところを見せたいようだった。

だけど、苦しそうな様子だったのには本当に心配になったな。ひどく具合が悪そうだった。彼には大勢の信奉者や崇拝者がぞろぞろいて、いつも誉め言葉が飛び交っているけれど、本当は病院に入ったほうがいいんだ。デニス・ホッパーと同じ治療が必要だと思う。デニスはある時点で、このままだと身を滅ぼし、仕事もできなくなると悟った。ハンター・トンプソンにはまだ、そういうことがわかっていない。すばらしい作家なのに残念なことだよ。作家にとって最悪な事態は、書かないことなんだから」

この不愉快きわまりないアスペン滞在中、ふたりの心の中にはめられたのではないかという強い疑念が沸き上がった。デイヴィーズは今でも、ふたりはこのとき、金銭的な問題からトンプソンとケンカ別れすることが期待されていたのだと考えている。コックスはトンプソンに対する威嚇の材料として利用されたのである。アスペンのトンプソンのもとへ彼を送り込むことで、プロデューサーたちはどれほど真剣にこれを低予算作品として作りたいのかというメッセージを伝えたのだ。けれども、あとからよく考えてみると、彼らの意図は違うところにあったのではないかと思えてきた。低予算作品にすれば、トンプソンの取り分も少なくなるということである。それに対して、もしトンプソンがコックスとケンカ別れすれば、交渉はおのずとライノーにとってより有利な、大予算作品への企画変更へと向かわざるを得ない。予算が大きくなればなるほど、関係者の取り分も大きくなる。コックスはことを有利に運ぶための交渉材料に過ぎなかったのではないか。

公式にはトンプソンが脚本を気に入らなかったとされているが、デイヴィーズによれば、彼はそもそも脚本を読んでさえいなかったという。

「午前中は脚本を前におとなしく座って最初の三ページぐらい読もうとするんだけど、すぐにお酒をおかわりして、"なあ、ヤクをやらないか?"なんて言い出すのよ。私たちはやむなく、"トンプソン先生、せっかくですけど今日は辞めておきます"って答えるしかなかった。そうすると、こんどはフットボールの試合に賭けろってしつこく迫るの。アレックスは顔色を変えることなく、穏やかに"いいですよ。それじゃ、ぼくは十ドル賭けます"って返事をしていたわ。でも、ハンターは私にも"きみも賭けろよ!"と言って聞かないの。それで、"いいわ。それなら、次の十分間に動物の着ぐるみを着た男がフィールドを駆け回ることに百ドル！〝って答えたら、〟あばずれ女〝って、ののしられたわ！私にそんなこと言わせたくなかったのなら、最初から賭けろなんて言わなければいいのにね。その時点でもなお、アレックスはおおむね無視されっぱなしだった。ハンターは私に話しかけたり、お尻をつねろうとするだけ。本当に不愉快だったわ。まるで感謝祭のお休みにアル中の親戚の家へ行って、おとなしく我慢してるみたいな感じだったのよ。あそこへ行く前は堂々とした立派な人物だろうと期待していたのに、実際の彼はアル中の伯父さんみたいだったんですもの。ちょっと一緒にいただけで、すぐに先が読めるようになっちゃった。まず、お酒でしょう。それから、お昼ごろまで、くどくど同じ話ばかり繰り返す。その話に、まわりの人間が気に入るような返事をしないと怒るの。午後になると、何かしら脂っこいものを食べて元気をつける。で、午後五時か六時ごろにはヤク切れ状態になって、理由もなく怒ってかんしゃくを爆発させるの。そうなる前って、さりげなくアシスタントが姿を消すので、そろそろだってことがわかったわ。アシスタントは雲行きが怪しくなるとすばやく察して、抜け目なくその場からいなくなるのよ。私たちが書いた脚本には、短いアニメーションのシーンがあったの。プロデューサー自身、このラルフ・ステッドマンのアニメを気に入っていなかったらしくて、私たちがアスペンに着く前に彼にそういう話をしていたらしかった。ハンターは午後のヤク切れタイムに、取り憑かれたようにこのシーンの文句ばかり、延々と言いつづけたの。自分では、まったく脚本を読んでいなかったくせにね。それでも、私たちは黙っておとなしく耳を傾け、気に入らないのならこのシーンを削るって答えたの。彼が気に入るよう、どんなことでもするとまで言ったのに、怒鳴りっぱなしだった。とにかく、ケンカを仕掛けようとしていたみたい。ステッドマンのアニメ自体が好きじゃないのなら、そもそも自分が本を書いた時点で削ればよかったのにってアレックスが言ったんだけど、彼はただ、夢中になってステッドマンなんて大嫌いだってまくしたてて、〝ステッドマンのやつ、勝手に自分で映画を作ればいいんだ！〟ってわめくばかりだった。アレックスはこうなることも予想していたみたいだけど、私は本当にショックだったわ。ずっと心から尊敬してきた大作家に会えるということでわくわくしていたのに、会ってみたら立ち直れないほどがっかりさせられたんだから」

次に登場したのは、ユニヴァーサル・スタジオだった。

ユニヴァーサルは千七百万ドルの予算をオファーした上、配給権を求めてライノーと契約しようとした。この時点で、コックスはプロデューサーたちの狙いは最初から大予算をかけた典型的ハリウッド映画だったと確信した。アレックスにまんまとキャスティングの問題をクリアさせた今、彼らがそういう映画を作るチャンスは広がっていた。プロデューサーたちは本当の夢は何だったかを思い出し、それを実現させるためにメジャー・スタジオを引き込めそうだと踏んだのである。「最初から本気で低予算作品にしようとしていたのかどうかも疑問だね。ぼくはそれをとても残念に思う。明らかに、あの本を映画化するには低予算のやりかたのほうがふさわしかった」

ところが、大予算作品への道を歩む上で、発言力は監督とプロデューサーたちから俳優とそのエージェントへと移行し、それに伴って避けようのない不確定要素が次々に襲いかかってきた。

当然のことながら、コックスはこの仕事から降りた。ハンター・S・トンプソンとの一件も理由のひとつだったが、ユニヴァーサルがからんできたことが大きかった。一方、ハンター・S・トンプソンと仲が良くなっていたジョニー・デップはそのまま残った。とどのつまり、ユニ

『ラスベガスをやっつけろ』のジョニー・デップとベニチオ・デル・トロ

ヴァーサルはさらに数百万ドルをかけて彼を売り出そうとしていたのである。少なくとも、最終的に製作費は二千万ドルほどになりそうだった。四千万ドル近くかかったとマスコミに取り沙汰されているが、それはかなりの誇張である。それにしても、このような映画になってしまったのは皮肉な結果だった。そもそも、この作品のテーマは消費文化批判だったからだ。

ライノーの海外配給権のエージェントだったサミット・エンターテインメントのパトリック・バックスバーガーが新たな監督としてテリー・ギリアム(『未来世紀ブラジル』、『12モンキーズ』(95))を引き入れた。ギリアムはコックスとデイヴィーズが書いた脚本は気に入らないと主張し、マスコミに向かってコックスは「自分ならハンターの作品をもっと良いものにできると考えて、関係者たちみんなをわざと遠ざけた」などと語った。このような発言は理不尽で現実とはかけ離れており、コックスには不愉快なことだった。ギリアムはあたかも、それまでのプロジェクトの進みかたには彼自身が怒り心頭に達していたと言わんばかりの印象を世間に与えたのである。

ギリアムは共同脚本家のトニー・グリソーニとともにまったく新しい脚本を書き起こしたと伝えられていた。デイヴィーズはそれをもっともなことと考え、彼による

ドラッグも効き目なし

新しいヴァージョンを楽しみにしていた。

『『ラスベガスをやっつけろ』の脚色は非常に面白かったし、出来にも満足していたわ。ハンターのアクの強い個性をドラマという形に変えていく上で、さまざまな問題を解決しながらも、原作に忠実に書き上げられたという満足感があったから。でも、テリー・ギリアムもかなり個性の強い人だから、私たちの書いたものとはまたひと味違った脚本になるだろうと思い、読ませてもらうのを楽しみにしていたの』

ところが、「新しい」脚本を読んだコックスとデイヴィーズは、少なくとも最初の三十六ページが自分たちのものと酷似していることを知った。さらに、ふたりが書いたストーリー構成もまったくそのままだった。さらに腹立たしかったのは、ギリアムとグリソーニによる撮影用台本最終稿のエンディングであった。コックスとデイヴィーズは自分たちの脚本に唯一の功績と呼べるものがあるとすれば、それはトンプソンの原作のエンディングを再構成したところだと自負していた。ふたりは原作では物語の中盤にあった〔ハードウェア・バーン〕という金物店での短い場面をエンディングへ持ってきたのである。彼らの脚本では、この店こそデュークが探し求めていながら手に入れることのできなかった、本物のアメリカン・ドリームを代表する場所だった。デュークの心は自ら批判してきた文化によって石のように鈍感になり、さらに狂気に駆られていくのである。そのことを悟ったとき、彼は恐れ憎む文化から守勢に立ちつつも、ほんの一瞬、自分が優位にあるように感じる。だが心の底では、自分がそれに同化しつつあることも承知しているのである。この内面的なクライマックスこそ、アレックス・コックスとトッド・デイヴィーズが作り出したものだった。

これは原作のエンディングではなかった。しかし、ギリアムとグリソーニは撮影用台本最終稿にコックスとデイヴィーズが書いたままのシナリオを採用し、さらにもっとあけすけなものに手直しした。ふたりが作り出した原作にない登場人物「地主の娘」は「孫」へと変えられていたが、その意図も展開も、そしてデュークのうしろめたさも原作にはなかったというのに、撮影用台本最終稿には堂々とそのまま残されていた。原作では、広々とした道路ではなく、デンヴァー空港にひとり残されたデュークがとぼとぼと歩き出して、獰猛な犬を買うというラスト・シーンになっていた。オープンカーに乗ったデュークを広々とした道路に走らせて終わるというのは、完全にコックスとデイヴィーズの創作であり、ふたりのオリジナル草稿にそのように書かれているのだが、撮影用台本最終稿にもそのままコピーされていた。ほかにも、コックスとデイヴィーズの創作によるエピソードやシーンで彼らのオリジナル脚本第三稿（一九九七年初頭）と第二稿（一九九六年終わり）にしっかり書かれていながら、撮影用台本最終稿にも書き込まれているものはたくさんある。ここにその一部を紹介するが、石熊勝己によるアレックス・コックスのホームページ(www.pfcweb.com)にはその全編が掲載されており、誰でも閲覧することができる。

一ページ
シーン一、二

（最終稿）

ブラック・スクリーン
ジョンソン博士のコメント
デューク（VO、ヴォイス・オーヴァー）

（第三稿）

ブラック・スクリーン
ジョンソン博士のコメント
デューク（VO、ヴォイス・オーヴァー）

（最終稿）

あーっ！
赤いシェヴィのオープンカー、レッド・シャークが登場して、ブラック・スクリーンはワイプ・アウトされる。レッド・シャークは時速百マイルで砂漠の中のハイウェイを疾走する。

（第三稿）

ヒューッ！
ブラック・スクリーンはワイプ・アウトされ、白い砂漠に赤いシェヴィのオープンカーがあらわれる。車は時速百マイルでハイウェイを疾走する。

（最終稿）

ラスベガスへ向かう道……
車を運転している
車内には奇妙な静けさと緊張感が漂う。片手にビールを持ったラウル・デュークが運転している。
デューク（VO）
「こんなことを言ったのを覚えている。〝なんだか頭がふらふらする。運転を代わってもらえないか〟」

（第三稿）

ラスベガスへ向かう道……
車を運転している
はげ頭で、サングラスをかけ、片手にビールを持ったラウル・デューク、またの名をハンター・S・トンプソン。
デューク（VO）
「こんなことを言ったのを覚えている。〝なんだか頭がふらふらする。運転を代わってもらえないか〟」
デューク、まっすぐ前を見つめる。

二ページ
シーン二

（最終稿）

ふいに手を滑らせ、ゴンゾは手にしてい

（第三稿）

走る車の中でドクター・ゴンゾがヒゲを剃

（最終稿）
たカミソリで顔を傷つける。

（第三稿）
っている。明らかにそのためにできたと思われる傷から血がにじんでいる。

（注：これは完全にコックスとデイヴィーズの創作である。原作には血がにじむ傷の描写は一切ない。）

（最終稿）
デューク、車から飛び出す。そして夢中でトランクを開け、中から取り出したものは、まるで移動用の警察麻薬課ではないかと思われるものだった。

（第三稿）
彼は車から降り、トランクのところへ行く。トランクの中から大量の麻薬と酒を取り出す。まるで移動用の警察麻薬課ではないかと思われるほどの量だ。

（注：これも第三稿の創作である。原作には、デュークが車を降りてトランクを開けるという描写はない。）

三ページ シーン三

（最終稿）
ゴンゾ
「あの少年を乗せてやろう」
ゴンゾはハンドルを切って、レッド・シャークを道路の端へ寄せる。
デューク
「ここに停めちゃだめだ！
このあたりはこうもりが出るからな」

（第三稿）
ドクター・ゴンゾ
「あの少年を乗せてやろう」
デューク
「ここに停めちゃだめだ！
このあたりはこうもりが出るからな」
ドクター・ゴンゾ、ハンドルを握りしめて車を路肩に寄せる。

（注：これもコックスとデイヴィーズによる脚色。原作では、ヒッチハイカーを拾うくだりは五ページにあらわれる。また、「このあたりはコウモリが出るからな」というセリフが使われるのは十八ページである。）

九ページ シーン八b

（最終稿）
ピントがポリネシアン・バーの外に急停車する。黒い窓から、たくさんのアロハ・シャツがぶら下げられている。

（第三稿）
ピントがでたらめな感じで停車する。後部座席の窓からは、たくさんの派手なシャツがぶら下げられている。

（注：原作には車の後部座席からシャツがぶら下げられているといった描写はない。これは完全にコックスとデイヴィーズの創作である。）

十一ページ シーン十四

（最終稿）
屋外：明るい月夜。崩れかかったビーチハウス。

（第三稿）
崩れかかったビーチハウスの屋外：明るい月夜。

（注：原作には「崩れかかったビーチハウス」など出てこない。また、明るい月夜という設定もコックスとデイヴィーズの創作である。）

最悪の旅になった

十八ページ
シーン二十

（最終稿）
店の反対側のテーブルに座ったチンピラのグループが彼らをじっと見つめている。チンピラたちの犬歯からは血がしたたり落ちている。

（第三稿）
チンピラのグループが受付カウンターから彼らを見つめている。チンピラたちの犬歯から血がしたたり落ちている。

（注：このシーン描写はコックスとデイヴィーズによる創作。原作には、「私は店の反対側からこちらを見つめているように思えたグループを指さした。」と書かれているだけである。）

（最終稿）
室内：ミント・ホテルのスイート、夕暮れ。テレビから夜のニュースが流れている。反戦を訴える仏教僧が焼身自殺を図る。

（第三稿）
ミント・ホテルのスイート、室内：夕暮れ。ドクター・ゴンゾ、テレビをつける。夜のニュース。反戦を訴える仏教僧が焼身自殺を図る。

（注：ここもまさにコックスとデイヴィーズの創作であり、使われている表現もまったく一致している。原作には反戦を訴えて焼身自殺を図る仏教僧など、まったく登場しない。）

（最終稿）
デューク、警察署長に慇懃な笑顔を向ける。そのままエレヴェーターの前まで進み、あっけにとられる警官たちを振り返ると、缶ビールを掲げ

（第三稿）
あっけにとられた署長以下の警官たちをしり目に、彼はエレヴェーターの到着を待つ。デューク、大きな音を立てて鼻を鳴らし、指で鼻をぬぐう。そ

て乾杯の仕草をする。ドアが閉まる。

して、缶ビールをもう一缶取り出してタブを開けると、警官たちに親しげな笑顔を向けて挨拶する。そして、エレヴェーターの中へと姿を消す。

（注：エレヴェーターと警官たちへの挨拶は完全にコックスとデイヴィーズの創作である。原作には、エレヴェーターも缶ビールも登場しない。）

六十五ページ
シーン八十

（最終稿）
デューク
「ホテル・アメリカーナ？ 予約したいんだ。ぼくの姪なんだけど。よく聞いてくれ。姪を丁重に扱ってもらいたいんだ。アーィストなんでね。ちょっと神経質なんだよ。

（第三稿）
デューク
「ホテル・アメリカーナ？ 予約したいんだ。ぼくの姪なんだけど。よく聞いてくれ。姪を丁重に扱ってもらいたいんだ。アーィストなんでね。ちょっと神経質なんだよ。

（注：最終稿のセリフは第三稿とまったく同じである。原作では、ただ過去形でそういうことがあったと描写されるだけである。原作の百十八ページから百十九ページ参照。）

六十五ページ
シーン八十二

（最終版）
屋外： 街頭
夜明けのタクシー乗り場。ホワイト・ホエールがやって来て停車する。デュークがハンドルを握っている。車から降り、絵を降ろすルーシーに、ゴンゾが手を貸す。

（第三稿）
街頭。夜のタクシー乗り場、屋外：
ホワイト・ホエールがやって来て停車する。デュークがハンドルを握っている。車から降り、タクシーに乗るルーシーに、ゴンゾが手を貸す。

（注：この場所の設定はコックスとデイヴィーズの創作である。原作では、空港に置き去りにされる。原作の百十九ページ参照。）

……といった具合である。撮影用台本最終稿には、ほかにもコックスとデイヴィーズが創作したシーンが数多く組み込まれており、「使ったシーンはふたつだけだ」というギリアムの主張が嘘であることは、誰の目にも明らかである。

デイヴィーズは撮影用台本最終稿を読み終わるなり、コックスに電話した。ギリアムがふたりの脚本を使ったのは、彼らの名前をクレジットに載せてやろうとして、意図的にしたことだろうとさえ思ったのだった。

「あまりにも大胆なやりかただったから、プロデューサーを怒らせたくてわざとやったんじゃないかと思ったほどだった。ギリアムとグリソーニは絶対に私たちの脚本をディスクで手に入れて、コンピュータで直接その上から書き込むというやりかたをしたに違いないわ。そういうやりかたをして、覚えてないと思う？そうしたって証拠があまりにもあり過ぎるもの。脚本史に残るような、テレパシーか何かによる偶然の一致でもない限りはね！」

アメリカ作家組合（WGA）は映画監督が脚本についてクレジットの申請をすると自動的に裁定を行う組織である。今回の場合、裁定者はすぐにデイヴィーズとコックスが独占的にクレジットされるべきであるという判断を示した。これに憤慨したギリアムはWGAを脱退するとまで言い出し、またスタジオ側もこの裁定を不満とした。プロデューサーたちは裁定のやり直しを要求してさまざまな圧力をかけ、その結果、ギリアムとグリソーニの名前もクレジットに加えられることとなった。それでも不満の残るギリアムは「狂気に駆られた強烈なエゴとの闘いを余儀なくされた」と、コックス側を非難した。彼はその前も、コックスがハンター・S・トンプソンに会いに行った件について、「わざわざ自宅まで押しかけて、強引な要求をつきつけてハンターを黙らせたに違いない」などと主張していた。

かつて「モンティ・パイソン」で一世を風靡したほどの彼がなぜアーティスト仲間にこのような仕打ちをしたのかについて、トッド・デイヴィーズは次のような独自の理由づけをしている。

「彼には仕返しされる心配なく怒りをぶつけられるはけ口って、ほかになかったのよ。ハンター・S・トンプソンに怒るわけにもいかないし、プロデューサーや俳優にも怒るわけにいかない。その点、私たちならちょうど良かったんだわ。今回の作品については、製作の現場の外にいたわけだから。彼の発言はあまりにも的はずれだし、あまりにも感情的だった。ほかに考えられることとしては、『ラスベガスをやっつけろ』の監督の仕事で、彼も一時的におかしくなっていたんだろうってことね。だって、あのまま、あの仕事にかかわっていたら、アレックスも私もきっとそうなっていただろうって本気で思ったんですもの！」

コックスは別の見かたをしている。彼はスタジオのために仕事をするという経験があったことから、そういう環境からどれほどの重圧がかかるかを熟知していた。

「映画監督には、できる限りクレジットを独占したいという、やや常軌を逸した要求をしたがる傾向があると思う。それはスタジオに雇われる映画監督というのは自分の立場をとても不安定なものに感じるからなんだ。そういう監督の仕事とは、そもそも不安定なものなんだから無理もない。だから、勝てるところでは、ちゃんと勝っておきたいんだよ。俳優にも従わなくちゃならないから、やむなく脚本家をやっつけることで、ようやく報われるんだ。それが何だって言うんだろうね？ 映画監督になれたんだから、いいじゃないか。それだけでは十分じゃないのかな？

こういう不安感って、変なものだよ。『市民ケーン』の場合にも、オーソン・ウェルズとハーマン・J・マンキーウィッツが同じような問題を抱えたほどだ。映画監督がこんなふうになるのは、きっとスタジオ側の圧力や映画スターの権力に押されて悔しい思いをするからかもしれない。

『ザ・ウィナー』と部分的ながらも『奴をぶんなぐる』をやった経験から言うと、「雇われ監督」ではやっぱり満足のいく仕事はできないんだ。監督というのは、良い映画を作るのなら、その作品に責任を持たなくてはならない。ところが、プロデューサーや俳優たちがショットに口出しするようになると、監督ではなく彼らの作品になってしまう。そういう場合には、監督は自分の仕事を保証されない、ただの「雇われ労働者」に過ぎなくなる。ブラッド・ピットやジョニー・デップを使って映画を撮ろうとしたら、一匹狼として独自の道を歩むわけにはいかないんだ。なぜなら、俳優である彼らが絶対にショットに口を出すからね。だから、ぼくはテリー・ギリアムを哀れに思っている。彼はスタジオに雇われただけで、ずうっと不安な気持ちでいたんだろうから。一歩でも間違った方向へ進んだら、きっと彼もクビになって、すぐにピーター・メダックか誰かに取って代わられていただろうさ。

ある意味で、映画監督はスターの忠実な家来みたいにならなくちゃならないんだ。スターがトレーラーから出て来てくれるなら、誰もが喜んでいつまでも待とうとする。〝彼、今日は具合が悪いのか。それじゃ、今日は撮影はやめにしよう。え、撮影を半年遅らせてくれって言ってるって？ オーケー、それじゃ遅らせよう〟って調子でね。でも、ぼくはそういうことに加担したくない。ぼくが映画を作るのなら、ぼくの責任で作りたい。ぼくの責任で作れないのなら、監督としての仕事ができないからだ。ぼくの仕事は映画を作ることなんだよ。ぼくの仕事は俳優の機嫌を取ることじゃなくて、彼らにアドヴァイスを与え、ベストな作品にするために指示を出していくことにある」

WGAが最初にコックスとデイヴィーズにクレジットされる権利があると裁定を下したあと、ふたりはユニヴァーサル映画の弁護士から電話を受けた。ユニヴァーサルはふたりが名前を出さないという条件に合意するなら、四十八時間以内に監督と脚本家としての正統な報酬を支払おうと申し出てきた。実際には、その申し出はもともとふたりに支払われるべきものを払うと言ってきたに過ぎなかった。だが、いきなり二日以内にとは！これより約二十年前、学生だったコックスが撮った『エッジ・シティ』の中で、彼自身が演じた登場人物が一本の脚本についての交渉の折に「いいかい、私は絶対に前金は支払わないんだ！」と言い渡されるシーンがあった。現実に映画業界からそれとまったく同じ仕打ちを受けるとは、コックスも夢にも思わなかったことであった。

「長い人生を生き抜いてつらい経験を積んだ結果、若いときにシニカルな観点から考えたことがやっぱり真実だったと思い知らされるなんて、本当におかしなことだよね」

ちなみに、本書執筆中の現時点において、コックスと

ドクター・ゴンゾ役の
ベニチオ・デル・トロ

デイヴィーズが『ラスベガスをやっつけろ』の脚本に手をつけはじめてから一年以上が経過していたが、ふたりへの報酬は依然として支払われていなかった。

ギリアムが監督した作品はカンヌ映画祭でのプレミア上映でブーイングの嵐に遭い、評論家たちにさんざん叩かれた。同じころ、ハンター・S・トンプソンはギリアムについて、次のように気持ちをはっきりと表明している。

「きみは私をぜんぜん知らないし、きみは私の友人じゃない。きみは非常に優秀な敵をたくさんリスト・アップしているそうだね。ニクソンと同じように」

『ラスベガスをやっつけろ』のニューヨーク・プレミアには、出演したスターたちも出席した。パパラッチはこぞってデップやデル・トロの写真を狙ったが、ふたりのどちらもギリアムやトンプソンと一緒のところを撮られることはなかった。興味深いことに、この四人が一緒に写っている写真は一枚もないのである。上映中、ギリアムはバーにひっそりと身を隠していた。「この作品とは早く縁を切りたい」と、彼は言った。結局、コックスがハンター・S・トンプソンと「仲違いした」という話には、ギリアムも喜んで同調する（あるいはだまされる）つもりだったが、自分とトンプソンとのあいだもまずくなると、トンプソンについて「馬鹿のようにふるまい、しかも自分ではそれを止められない人間」と平気で悪口を言うようになった。おそらく自ら苦い経験をさせられ、コックスとトンプソンとのあいだに起きたことを理解できるようになったのだろう。コックスは「偉大な先生」と仲違いするどころか、一緒にヤクをやろうという誘いを断るのに必死だったのだ！

ライノーが『ラスベガスをやっつけろ』の映画化に然るべきやりかたで取り組む気がないとわかった時点で、コックスとデイヴィーズはさっさと引き下がり、ブニュエルのプロジェクトを進めるためにスペインへ向かうことにした。華やかなスターたちや頼りにならないプロデューサーたちの動向をむなしく待ちつづけるのにすっかりうんざりしたふたりは、もっと自分たちの思いどおりになる仕事をしようと決めたのである。

その前から、コックスはレベラーズというフォーク・パンクのバンドから声をかけられていた。ブライトン出身のレベラーズはもともと彼の映画のファンであり、ポーグズの《A Pair of Brown Eyes》、ジョー・ストラマーの《Love Kills》、デビー・ハリーとイギー・ポップの《Did you Ever?》（《Well Did You Evah!》というタイトルでリリースされた）といったコックスのビデオ作品に惹かれていたため、新作の《Too Real》のビデオを彼に監督してもらいたがっていた。

　初期のころのレベラーズの曲《Just the One》では、ジョー・ストラマーが特別にピアノ・ソロで参加していたこともあって、コックスは彼らとの仕事に興味を持った。

「バンドのマネージャー、ジョナサン・バニーから電話やファックスや電子メールじゃなくて、何と手書きの手紙を受け取っていたんだ。これは特別だなって思ったよ。しかも、バンド自体はすごく左寄りで、どんな過激なことでも平気でやるって感じだった」

　レベラーズのコンサートがアムステルダムで予定されていたため、コックスはオランダまで飛んで彼らに会い、ビデオ撮影をリヴァプールでやらせてもらえるよう説得した。ビデオはマージ・クラークとハワード・マークスのカメオ出演や分割スクリーンなどが効果的に使われ、『華麗なる賭け』（ノーマン・ジュイスン、68）や『グラン・プリ』（ジョン・フランケンハイマー、66）のような六十年代の映画のスタイルで撮影された。また、ローリング・アナーキーのロゴの映像が全体に散らされ、バンドを会社組織に見立てるアイディアに沿ったストーリー展開になっていた。

　コックスが故郷の町で仕事をするのは、ＢＢＣラジオ・マージーサイドのテープ編集者をしていたころ以来だった。《Too Real》のビデオは一九九七年八月に撮影され、一九九八年三月にシングルとしてリリースされた。このビデオ撮影をきっかけに、コックスはイギリス北西部の映画およびテレビ委員会やリヴァプール映画協会と接触を持つようになった。このふたつの組織はともに、コックスの最新作である次の作品の製作を積極的に支援することになる。

第八章
旅暮らし

「現代のブルジョワ社会、すなわち、かくも巨大な生産ならびに取引の手段を生み出した社会というのは、あたかも自らの呪文で呼び集めた暗黒界における権力をもはや制御しきれなくなった魔法使いのようなものである」
共産党宣言

「いいか、資本主義っていうのは法を超越してるんだ。
"売れないものは問題外"って言うくらいでね。
自分のとこで作るのに金がかかり過ぎるんなら、
どっかよそで安く作りゃいいんだよ」
ボブ・ディラン、一九八三年

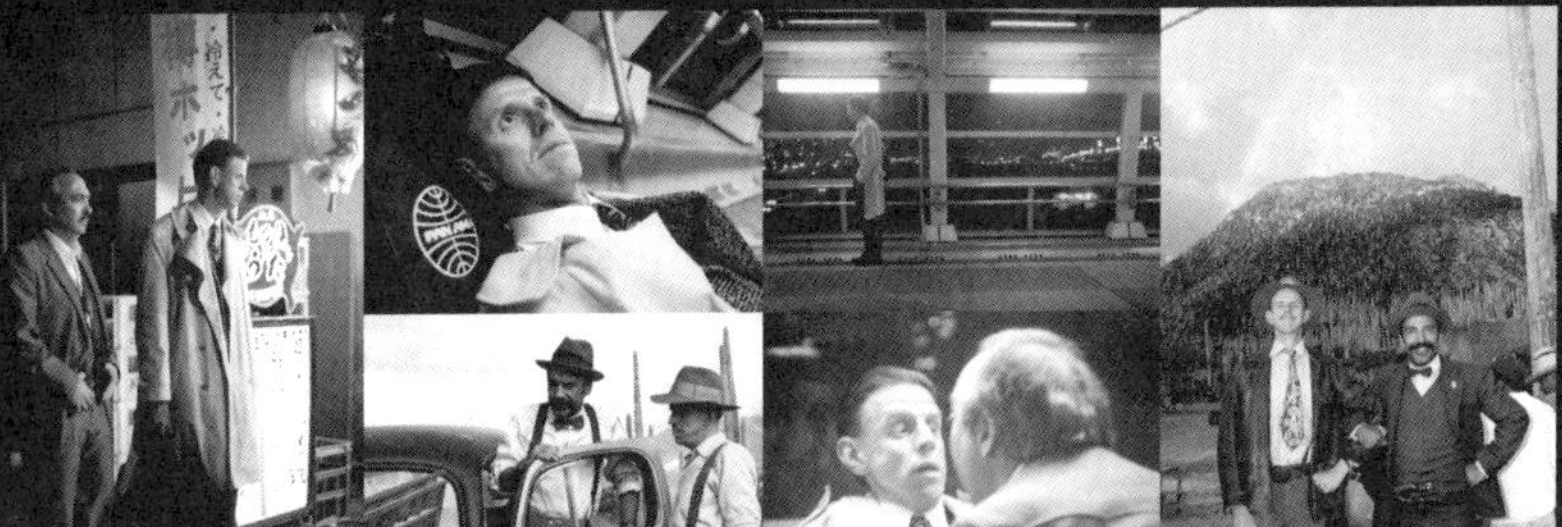

アレックス・コックスが『レポマン』を作ってからの十五年間に、世の中はより危険で、よりよそよそしい顔を見せるようになっていた。ぞっとするほど恐ろしいことが横行し、希望を抱くこともできず、つねに大企業の力が支配する孤独な世界……それでもなお、この恐ろしげな顔の裏には何か別の意味が潜んでいるのだろうか。その恐ろしさに泣くのではなく、笑い飛ばすほうがコックスの好みに合っている。そこで生まれたのが、真剣なテーマを扱うコメディ『スリー・ビジネスメン』だった。

『スリー・ビジネスメン』は純粋に面白おかしい描写がふんだんに散りばめられながらも、同時に非常に暗い描写も含まれるユニークな作品である。風変わりな登場人物や異常な状況設定などに、アレックス・コックス的趣味がはっきりと認められる。コックスならではの突飛なスタイルのファンにとっては、いかにも彼らしいやりかた、つまり長回しの撮影(この作品では、全体でわずか百二カットしかない)、奇妙なセリフ、異様なディテールといったものを存分に楽しめる作品となっている。しっかりと構築された妥協のないトッド・デイヴィーズの脚本は、無味乾燥になることなく哲学的な深みをたたえており、実験的でありながら十分に娯楽作品としての面白さを備えている。デイヴィーズは明らかにブニュエルの『ブルジョワジーの秘かな愉しみ』(72)、ジャン・ルノワールの『ゲームの規則』(39)、イングマール・ベルイマンの『夏の夜は三たび微笑む』(55)といった作品に影響を受けている。現に、今でもこのようなタイプの映画を受け入れる市場は必ずあると信じているそうだ。

単純に言えば、『スリー・ビジネスメン』はそれぞれ自分で事業を営むふたりのビジネスマン、ベニーとフランクの物語である。ふたりはある夜、リヴァプールの〈アデルフィ・ホテル〉で偶然知り合いになる。ホテルには食べるものがなく、彼らはやむなく力を合わせて夕食がとれるところを探しに見知らぬ街の中へ出て行く。その一夜の出来事は、ふたりがそうと気づかないまま、リヴァプールからロッテルダム、香港、東京、そしてどこかの砂漠へとつづく長い旅になってしまう。

フランクはコックスが自ら演じている。製作予算が非常にきつかったことから、コックスが監督と主演を兼ねるというのは好都合だったのだ。移動のための飛行機代もギャラも、ひとり分浮かせることができる。しかし、それがコックスが主人公のひとりを演じるということの主要な理由ではなかった。まず第一に、彼がこの役にぴったりだったということと、最近の彼の実生活に作品のテーマがよくあらわれていたからである。今回の脚本の

ベニーに扮したミゲル・サンドヴァル（左）とフランク役のアレックス・コックス

テーマは、明らかに彼個人にとって大きな意味のあるものであった。たしかに、『スリー・ビジネスメン』に表現される価値観や考えといったものをしっかり理解しようとする俳優の姿は、なかなか想像しにくい。さらに付け加えると、コックス自身がホームページで語っているように、このことには復讐的側面もあった。

「すでに巨万の富を得ていまいましいほどの億万長者になっている映画スターが、監督をやらせてくれと映画会社に声をかけて、初の監督作品としてのつたない仕事に安易に多額の金をもらったりすることがよくある。その一方で、地道な仕事をつづける監督たちは、〝監督するから、ワインくれ〟ってなぐり書きした段ボール紙を掲げて寒さの中で高速道路のランプウェイの脇に立つホームレスみたいな、惨めな思いをしながら仕事をもらっている。まったく、ひどい話だよ。これからは、出演者は監督ばっかりにしようかなあ。いいぞ、まもなく公開、新ヴァージョンのぼくの『若草物語』。出演はアルトゥール・リプスティンとアーサー・ペン。ベス役にはスパイク・リーがいいな」

ベニーに扮したのは、これが六本目のコックス作品になるミゲル・サンドヴァルである。『レポマン』、『ウォーカー』、『デス&コンパス』といったアレックス・コックス作品のほか、サンドヴァルは『ジュラシック・パーク』(93)や『今そこにある危機』(94)といったハリウッド映画、また「隣のサインフェルド」、「ゆかいなフレイザー一家」のようなテレビ・ドラマでも活躍している。コックス作品のほとんどにかかわってきた彼は、コックスはこれからも決して丸くなりそうにないという結論に達した。

「彼はどんなときでも、きわめて自立心と反権威的傾向が強い男だった。『スリー・ビジネスメン』は、彼のそういう姿勢がまったく揺るぎないものであることの良い証拠だと思う。実際、歳をとるにつれて、ますます好戦的になってきたような気がする。ずっと映画の仕事をしてきて、どえらい金持ちになったわけでも、大きな名声を手に入れたわけでもないからこそ、彼を尊敬しているんだ。彼がこれまでやってきたことについて、ほんのわずかでも後悔や自責の念を見せたことは一度もないね。これからもずっと、泥の中に足を突っ込んだような生きかたをするんだろうよ。そういう生きかたをして、"よく聞けよ。あんたの言うとおりになんか、絶対にするもんか!"なんて言うことが自分に損になるとわかっていても、だ。やつはスタジオの連中のほうが正しいときもあることだって、十分わかっている。でも、そんなことはどうでもいいって思っているんだよ」

『スリー・ビジネスメン』は映画会社の顔のない重役たちに翻弄されることなく製作された。あるとき、コックスとデイヴィーズは美と慰めというテーマによるテレビ・シリーズを製作していた、哲学的かつ享楽的なオランダ人ヴィム・カイザーと知り合い、そこからこの映画化の話が持ち上がった。ふたりは脚本、キャスティング、ロケの場所、クルーなど、製作に関する全面的な自由を与えられた。製作資金はオランダのVPROテレビ、ロッテルダム映画基金、そしてコックスとデイヴィーズ自身の会社、エクスターミネイティング・エンジェルが出すこととなった。

『ラスベガスをやっつけろ』で脚本のクレジットに関する争いをマスコミに大げさに書き立てられたあと、コックスとデイヴィーズはこの一件にすっかり懲りて、エクスターミネイティング・エンジェル・プロダクションという自分たちの製作会社を設立した。また、一九九六年の『ザ・ウィナー』でスタジオ側からさんざん干渉された経験から、どういう映画を作りたいのかという考えが明確

「会社員のロード・ムーヴィー」に出演中のコックスとサンドヴァル

でないプロデューサーたちとの仕事にも、すっかりうんざりしきっていた。エクスターミネイティング・エンジェルを設立したことによって、デイヴィーズがプロデューサー、コックスが監督という立場で、ふたりで独自の映画作りを進めることができるようになったのである。この会社設立の趣旨はいたってシンプルなものだった。デイヴィーズは大予算をかけた映画作りを繰り返すスタジオのやりかたは無駄が多過ぎると考えている。

『スリー・ビジネスメン』の一場面。また旅に出てしまった

「もっと管理しやすい状態で、もっと少ない予算の映画を作り、なおかつ、そこから利益を得ることは絶対に可能だと思うの。映画作りというのは、誰もが仕事のやりがいと引き替えにたくさんのお金を得るなんていう、人間疎外のやりかたをとるものであってはならないのよ」

『スリー・ビジネスメン』の製作は、まったく新しいやりかたで進行した。コックスとデイヴィーズは完全な自主性を維持するために、かなりの金額を犠牲にしなくてはならなかった。しかし、ふたりの会社が製作するということで、クルーのメンバーと話し合ってものごとを決めるのもきわめて迅速であった。彼らがひとつの方向に進む一方で仲間の誰かが別の方向に進む、という状況は一度もなかったのである。製作にたずさわる誰もが一丸となって働いていた。それは金や権力欲しさに参加した者などひとりもおらず、みんながこの企画を実現させたいという気持ちによって動いていたからである。コックスとデイヴィーズはようやく心から一緒に仕事をしたいと思う人間たちと映画作りにいそしみ、心から面白くて重要であると感じられるものを作り出す機会を得たのだった。表面的に見れば、この映画は孤独な人間がいかに友情を手に入れるかという話である。しかしその実、奥深いところで現代の世界を侵しつつある異常さが描かれている。

　ベニーとフランクはふたりとも、世界のどこにも居場所のない孤独なビジネスマンである。ふたりは一種の不安感やもろさ、あるいは逃げ出したいという衝動を抱えているが、誰も助けてはくれない。まるで、ふたりともホームレスの境遇から這い上がれないでいるかのようだ。しかし、それと同時に、世の中から疎外されたこの人間たちも、地理的な境界を超越して、自らを取り囲むその場の環境に何とか対処して生き延びていこうとしているように見える。コックスは個人のアイデンティティがひとつの場所によって支えられることのない、境界のあいまいな世界をここで描いた。どこにいようと、われわれは地球上の境界のあいまいな新しい場所に生きているのだ。いったい、出口はあるのだろうか。

〔ヴァラエティ〕誌に「会社員のロードムーヴィー」と評された『スリー・ビジネスメン』では、冷たくよそよそしい、資本主義の発展の末に生み出された暗黒の世界のイメージを見ることができる。コックスは彼ならではの皮肉っぽい視点を通して、グローバリゼーションによる場所の観念の変化と微妙な危機感とを描き、国際的大企業が作り出す資本主義によって、世界がどんな「村」になったのかを具体的に見せてくれる。国と国との境界がいかに宣伝

これはまじめな題材を扱うコメディだ

俺たち、今、どこにいるんだろう？　いろんなところさ

や情報、文化の流れによって自在に超越されているかを目の当たりにすると、まさに驚嘆するしかない。そこに生じるのは個人の自立と「分離」であり、それゆえに国家の権力は衰退してきたのである。われわれを取り囲むカラオケ文化においては、新しいアイディアはすべてコピーされる。ここで台頭してきたのは消費主義的イデオロギーという世界的規模の文化パターンであり、実はそこに、まだ社会主義がつけ入るチャンスは大いにあるのである。

『スリー・ビジネスメン』は終始予想できない展開を見せ、観客を混乱させ、やや不安な気持ちにさせる。フランクとベニーがどこへ行こうと、その背景となる世界はその前にふたりがいたところと似た、見覚えのある場所である。リヴァプールやロッテルダム、東京、香港と、都市は変わってもネオンがまたたく情景はまったく同じだ。観客を楽しませる一方で、この作品には独特の沈鬱なムードが流れている。すべて大丈夫ということはあり得ないと、ひしひし感じさせられる。われわれはすべてが可能な理想の世界に生きているわけではないのだ。コックスは東京という都会の混乱した姿を効果的に使った。東京にはカラオケやコンピュータ・ゲーム、さまざまなハイテク機器という人工的な現実が作り出されており、現実とシミュレーションの世界の境界がきわめて曖味な街である。日本の先進的技術は西洋的現代性を超越し、映像産業においては圧倒的支配を誇りつつ、世界を未来へと導びこうとしている。日本はもはや禅や歌舞伎といったエキゾティックな文化ではなく、ヴァーチャル・リアリティとシミュレーションの国なのである。

『スリー・ビジネスメン』はそういったグローバリゼーションが生み出す不安感を描く作品である。ベニーとフランクは自らのアイデンティティの核に必死にしがみついて、それを見失わないように懸命になっている。ふたりにできることは、コンピュータのような差し障りのない話題について、わけのわからないおしゃべりをつづけるくらいのものなのだ。コックスによれば、これが登場人物たちが自分たちがどこにいるのかわからない理由のひとつになっているという。

「ふたりとも、コンピュータの話をしている限り、どちらも気を悪くすることなどあり得ないってわかっているんだ。ベニーもフランクも、相手が強烈な反応をするような話題は決して出さないようにしている。口論したり、本気で意見を言ったりするようなことだけは、絶対にしたくないんだ。ベニーがセックスの話をしようとする瞬間があるんだが、フランクはそれに乗ってこない。人間っていうのは、たがいにたくさんのことを隠しているんだよ。みんな、心の殻に閉じこもって自分を守ろうとする。ぼくにとっては、陳腐な会話がつづくことが重要なポイントだった。この作品に大きな影響を与えてくれたキューブリックの『2001年宇宙の旅』(68)のようにね。まわりではつぎつぎに異様な出来事が起きているのに、登場人物たちはまったくそのことを問題にすることなく、ふつうにチーズ・サンドイッチの話をしていたりする。惑星探検や知性のある生命体の発見など、本当に途方もない出来事が起きて、それによって人間の知力がより高まったり、殺人者となったりするんだ。ところが、そんなことはまったく話題にされない。その代わり、"あなた、私の誕生日には家に帰って来られる?"とか"おたくの美人の奥さんは元気かい?感謝祭には一緒にめしでも食おうじゃないか"といった会話が交わされる。

『2001年宇宙の旅』の脚本はすばらしく良くできているんだ。ところが、今でもあの作品の脚本のすばらしさが評価されることはない。ただの優れた特撮映画だと思われているだけだ。ぼくたちの小さな映画があんな大作に影響されているなんて奇妙な話に聞こえるだろうけど、本当にそうなんだよ。『スリー・ビジネスメン』では、〔アデルフィ・ホテル〕が『2001年宇宙の旅』のエンディングみたいな役割を果たしている。まるで宇宙人が思いどおりに建てたような狂気のホテルさ。

　もともと、この作品はブニュエルのスタイルで撮ろうと考えていた。ある晩、一緒に出かけた二組の夫婦が、そうとは気づかないまま世界中をぐるぐると車で走りつづけるって話にしようと思っていたんだ。自分たちがどこにいるのか、どこへ向かっているのかもわからないまま、砂漠やジャングルや険しい山々を走りつづける。でも、予算組みをしてみたら、えらく金がかかりそうだってことがわかった。そこで、テーマは同じまま、ふたりの男が歩き回るという『スリー・ビジネスメン』を採用したんだ。ちなみに、リヴァプールやロッテルダム、香港の地理的条件は話にぴったり合った。ベニーとフランクをぐるぐる歩き回らせ、それが考えたとおりにつながっていくんだ」


　ロバート・ウイズダム（『フェイス／オフ』（ジョン・ウー、97）、『マイティ・ジョー』（ロン・アンダーウッド、98））が扮する三人目のビジネスマン、リロイは終盤近くになって、ベニーとフランクがいつのまにか砂漠にやって来るところにならないと登場しない。この時点に至ると、ふたりがどの国へ行っても、背景にダディZというロック・スターらしき人物のポスターや広告が貼られていることがわかってくる。どこに行っても、さりげなくダディZが背景に登場しているのだ。ある意味で、ダディZは象徴的な導きの星である。この旅自体、登場人物たちの孤独と恐れとを浮き彫りにする、象徴的なものなのである。

　この作品は東方の三博士の奇妙なパロディで最高潮に達する。どこもかしこもクリスマスの飾りだらけの中で、三人の賢者たちは揺りかごのまわりに集まり、その中の生まれたばかりの赤ん坊をのぞき込むという不思議な描写がある。そして、最後に三人は小さな少女、つまりは神の使いに導かれて、いずこともなく去って行く。エンディングのクレジットのバックでは、デビー・ハリーの歌うテクノ・ヴァージョンの《Ghost Riders in the Sky》が流れるのだ。

　新たな千年期のスタートに当たって、国際的な文化が個々の国民性に取って代わりつつあり、従来の考えかたに代わる新しい哲学が生まれようとしていると、デイヴィーズは考えている。

「今、まったく新しいことがはじまりつつあるわ。私たちはこれまでの世界を覆うように広がる新しいローマ帝国に生きているの。しかも、その帝国は前よりずっと大きくなっている。そういう状況にあって、落ちこぼれの人間たちのグループにも新しい可能性が芽生えている。

出口はあるのだろうか？

実際のローマ帝国が滅ぶ直前、エルサレムとベツレヘムで同じことが起きたわ。今また、そういうことがあっても不思議じゃない。今と同じように、昔の人たちも生きていくことに精一杯だったわけだしね。ただ、コンピュータの話はしなかったでしょうけど！」

ここしばらく、当たりさわりなくまとまった政治と空虚なライフスタイルとが世の中を席巻し、それに対抗するイデオロギーなど、どこからも生まれて来ていない。人は歳をとるにつれて、ますます右翼化する。その結果、財産を得て子供が生まれたりすれば、ますます右翼化する。その結果、社会全体のことより、自分の子供のために何が最善かを考えるようになる。巨大な企業組織のようなものが全世界を包み込むとはすなわち、誰もがマクドナルドのハンバーガーを食べ、〔ヒルトン・ホテル〕に泊まり、メル・ギブソンの映画を観るということである。それは巨大ビジネスとグローバリゼーション、そしてそれに伴う不平等がどんな結果を生んでいくかに、誰もがますます無関心になっていくということを意味する。コックスは安易な生きかたを選ばない男である。これまでずっとそうだったように、依然としてラジカルな人間である。彼は局地的な解決策というものは必ず存在すると語っている。

アレックス・コックス、人生について沈思黙考中

「国際的なグローバル・モノリスや、新リベラル的実験、そして新しい労働党の台頭などにもかかわらず、最終的には地域主義が勝利して、鉄道を国有化できるようにもなるって願おうじゃないか」

『スリー・ビジネスメン』は一九九八年の夏に完成した。最終的に、製作コストはどれくらいかかったのか。それには誰も答えることができない。コックスがそれに答えようとしないのは、このプロジェクトにかかわった人間たち全員がこれをやりたいという気持ちから働いたことがよくわかっているからである。したがって、本来ならいくらぐらいかかったのかを勘定することがむずかしいのだ。出演者もクルーも、本来彼らが稼ぐギャラに比べれば、ほんのわずかな報酬で仕事をした。万一、コックスがどれくらいの金がかかったかを口に出してしまったら、この映画の実際の値打ちを決める上で不公平な判断基準を与えることになってしまうのだ。しかも、かなりの部分が一種の幸運によって可能となったために、単なる金額を示しただけでは大きな誤解を呼ぶ恐れもある。実際問題として、将来、同じようなやりかたで映画を撮ることはまったく不可能なのである。幸運に恵まれて、多くの才能ある人間たちがスケジュールの合間を縫ってこの仕事に貴重な時間を割いてくれたからである。

アレックス・コックスの日記
メイキング・オヴ・『スリー・ビジネスメン』

一九九八年

一月二日 VPROのヴィム・カイザー、ファックスした脚本とトッドと私が用意した予算見積もりを承認。

一月三十一日 アムステルダム到着。カイザーと彼のアシスタントのクリス・ヴィリンガーと会い、脚本について討議する。この翌週、ロッテルダム映画基金のディック・ヴィレムセンに製作費借り入れを申し込む。

二月十八日 VPRO、正式に予算を承認し、作品名を一時的に「パパはビルを出た(Dad Has Left the Building)」とする。

二月二十日 脚本第一稿完成。

三月九日 メキシコ、ショーチミロへロケハン(結局、ここは使わずじまい)。

三月十六日〜十九日 石熊勝己、大林千茱萸とともに東京でロケハン。

三月二十二日　トッドとともにリヴァプールへ。ＦＴＣのオフィスでクリスティン・コルバンと会う。

三月二十四日　〔マスク・シアター〕でドリュー・ショフィールドとジョン・マクマーティンの「子供たちの夢（Dreams of Children）」を観る。

三月三十一日　撮影監督ロバート・トレゲンザ到着。

四月十一日　サンド到着。

四月十二日　撮影第一週目。

リバプール撮影第一日。夕刻。シーン十、ホテルの回転ドア。シーン十一、ホテルのロビー。シーン十二、エレヴェーター内部。

シーン二十、ホテルのフロント・ロビー。

四月十三日　リヴァプール撮影第二日。シーン十七、フランス料理店の前面。シーン十八、レストランの内部。

四月十四日　リヴァプール撮影第三日。シーン二、セント・ジョージのホール。シーン三、ノースウエスタン・ホテル。シーン四、ライム・ストリート駅。シーン五、ライム・ストリート駅へ入るところ。シーン六、駅のプラットホーム。シーン七、駅の売店。

シーン八、雪の街頭。シーン九、夕暮れ、タクシーの列（ホテル屋外）。

四月十五日　リヴァプール撮影第四日。シーン十三、一階のエレヴェーターの外。シーン十四、廊下の突き当たり。シーン十五、一四七号室。シーン十六、一四七号室にてすぐあとのシーン。シーン十九、厨房。

四月十六日　リヴァプール撮影第五日。シーン二十一、ホテルの前。シーン二十二、通りの反対側、ルイスの店。シーン二十三、ステーキ・レストラン。シーン二十四、マシューー・ストリートへの曲がり角。シーン二十五、グレイプス・パブの前。

四月十七日　リヴァプール撮影第六日。シーン二十六、桟橋の先端。シーン二十七、桟橋先端から車のショールームへ。シーン二十八、バスの内部。シーン三十二、ジェイムズ・ストリート駅の外。シーン三十三、ジェイムズ・ストリート駅のプラットホーム。

四月十八日　休日。

四月十九日　リヴァプール撮影第七日。シーン二十九、街頭。シーン三十、パブ内部。シーン三十一、街頭。

四月二十日　撮影第二週目。

四月二十一日　ロッテルダムへ移動。撮影第八日。

四月二十二日　列車の中。ロッテルダム撮影第九日。シーン三十四、シーン三十六、ブール駅。シーン三十五、列車の中。シーン三十七、エスカレーターの頂上。

四月二十三日　ロッテルダム撮影第十日。シーン三十九、トラムフイズ内部。

四月二十四日　ロッテルダム撮影第十一日。シーン四十、街頭。シーン四十一、ギリシャ料理店パノス内部。シーン四十二、通りへ出て行くシーン。

四月二十五日　撮影第十二日。ロバート・ウイズダムと合流。砂漠へ移動。

四月二十六日　砂漠にて、休日。

撮影第三週目。

砂漠、撮影第十三日。シーン七十、ロスアンジェルス、ある部屋の中。シーン六十八、砂漠にて日暮れを夜明けに見立てて撮影。シーン六十九、砂漠、夜明けの公衆電話。シーン七十一、砂漠、夜明けの公衆電話。シーン七十二、夜明けの砂漠横断。シーン七十三、さらに旅をつづける様子。

四月二十七日　シーン七十四、木製の荷車の荷台。砂漠、撮影第十四日。シーン七十六、砂漠の真ん中の小さな町のはずれ。シーン七十七、町の泉にて。シーン七十八、これより先。シーン七十九、通り沿いの歩道の売店。シーン八十、歩道の売店。シーン八十一、歩道の売店。シーン八十五、街頭。

四月二十八日　砂漠、撮影第十五日。シーン八十二、真っ暗な廊下。シーン八十三、奥の部屋の中。

四月二十九日　砂漠にて、休日。

四月三十日　移動。撮影第十六日。

五月一日　ロッテルダム撮影第十七日。シーン六十五、ブルー・スクリーン前でタクシーの車内を撮影。シーン四十三、角を曲がったところ、広々とした広場。シーン四十三、メイン・ストリート。

五月二日　ロッテルダム撮影第十八日。シーン四十四、市内電車の車内。シーン四十五、通り。シーン三十八、店が軒をつらねる通り。

五月三日　移動。撮影第十九日。

五月四日　撮影第四週目。香港到着。撮影第二十日。シーン四十七、香港港。シーン四十八、スター・フェリーの船上。

五月五日　香港、撮影第二十一日。シーン四十九、九龍側のスター・フェリーの船着き場。シーン五十、通り。シーン五十一、トラムの車上。

五月六日　東京へ移動。ただちにロケハン。撮影第二十二日。シーン五十二、路地。シーン五十三、新宿地区。シーン六十二、荻窪のレストラン・バーの外。シーン六十三、レストラン・バーの店内。シーン六十四、街頭。

五月七日　東京、撮影第二十三日。（荒れ模様の天候のため、撮影中止。）

五月八日　東京、撮影第二十四日。シーン六十、階段。シーン六十一、高架沿い。シーン五十八、銀座、鉄道の高架下。シーン五十九、カラオケ・バーの外。

五月九日　東京、撮影第二十五日。シーン五十四、中華料理屋の外。シーン五十五、中華料理屋の店内。シーン五十六、そば屋の外。シーン五十七、中華料理屋の店内。

五月十日　移動。撮影第二十六日。全員がそれぞれ事前に指定した場所へ向けて帰国。

五月十九日、ロンドンのソーホー・イメージズにてラッシュの上映会を行った。五月二十一日から六月十六日にかけて、ロッテルダムにてフラットベッドで編集。ポスト・プロダクションの音響の作業はサンフランシスコのリチャード・ベッグズのスタジオと、プレイ・フォー・レインの本拠地で行った。

ルイス・エストラーダ監督作品『ヘロデ王の掟』でのダミアン・アルカサールとアレックス・コックス

最終的なミックス作業は、八月、サン・サファエルのスカイウォーカーでリチャードがやってくれた。九月二十二日、アダム・バーディがニューヨークで追加シーンを撮影。ニューヨークのメトロポリス現像所で、フランク・リッツォが（スーパー十六ミリ）から三十五ミリへブロー・アップし、作業は完了。

初めての一般試写は九月二十八日、ロンドン中央部にあるチャンネル4テレビジョンの本社で行われた。その後、十月十六日にはニューヨークのハンプトン映画祭で公式のワールド・プレミアが行われたが、コックスが最大の懸念を抱いていたのは、十一月に予定されていたリヴァプールでの試写会だった。

「やっぱり、ぼくにとっては故郷だけど、ここで一部ロケしたからといって、ぼくが大目に見られることはあり得ないんだ。ここでは、しょっちゅう映画撮影が行われているからね！」

『スリー・ビジネスメン』はインディペンデント製作としては、最高の出来の映画である。非常に知的で芸術性が高く、示唆に富み、何よりも個性的である。観客にとっては難題となるだろう。観た人すべてがそれぞれ独自の意見を抱き、独自の解釈でこの作品を理解するであろうから。しかし、このような不可思議で非凡な作品も、できればまだまだ、ほんの序の口であって欲しいものである。こういったコンセプトで映画を撮ってしまうとい

ルイス・エストラーダ監督作品『ヘロデ王の掟』でのダミアン・アルカサールとアレックス・コックス

う事実だけで、映画監督のコックスの才能が十分証明されている。
今後の見通しは非常に明るい。コックスはリヴァプールでもう一本映画を撮りたいと考えている。おそらく、それはフランク・コットレル・ボイスが書いた脚本をもとにした『復讐者の悲劇(The Revenger's Tragedy)』という作品になるだろう。また、ルイス・ブニュエルの生涯の映画化も懸案中だ。これはメキシコの地でメキシコ的なやりかたで製作されることになりそうで、それはすなわち、ある程度出演者の顔ぶれも予想できるということである。もともとは、国際的なビッグ・スターを使い、彼らにふさわしいスター級のギャラを払って製作されることになっていたのだが、それでは製作予算そのものをしのぐ金額になってしまうところだった。コックスはすでにメキシコに入り、ルイス・エストラーダ監督の『ヘロデ王の掟(La Ley de Herodes)』に俳優として出演した。ロケはテファカンとメキシコシティで行われ、彼は登場人物のほぼ全員が悪役といった中で、きわめて卑劣な白人の役を演じている。エストラーダの作品に出演して、コックスは改めてどれほどメキシコを愛していたかを思い知らされた。どうやら、今後彼が作る映画はメキシコをベースにしたものになりそうである。

『ヘロデ王の掟』は十一月十日にアカプルコ映画祭で上映されたが、大きな議論を呼ぶこととなった。IMCINEはこの作品の承認と映画祭出品を取り消そうとしたが、出演者たちは猛烈に抗議し、上映されるようにと圧力をかけた。この作品は本年、サンダンス映画祭でも上映される予定で、イギリスでは『やがてブタが飛ぶ(Pig Will Fly)』というタイトルで劇場公開されることになっている。

「メキシコというのは映画を作ろうとする者に非常に親切な国なんだが、それは金のためじゃないんだ。ぼくが心から関心があるのは、映画を作ることだけだ。大金を稼ぐことにも、アメリカで高い評価を得ることにも興味はない。イギリスはたまたまアメリカと同じ言語が使われているために、文化的に大きな問題を抱えている。どうしてもアメリカ人とあの世まで道連れになるつもりになっちゃって、彼らが喜ぶような映画を作ろうとしてしまう。野暮ったいコメディとか、ギャング映画とか、かしこまった執事が出てくるような時代遅れのマーチャント・アイボリー的映画とかね。そういうの、大嫌いだよ。『ザ・ウィナー』の助監督の中で、ぼくにこんなことを言った男がいた。〝いつか、あなたのような監督になって、たくさんお金を稼げるようになりたいんです。"もちろん、それなら、ぼくのような監督にはなるなって言ったよ。稼ぎたいなら、ハリウッドを目指すか、俳優になったほうがいい。

　いや、まじめな話をしてるんだ。稼ぎたかったら、映画学校へ行ったり、テレビのコマーシャルを撮ったりしちゃだめだ。俳優、できれば映画スターになるべきだ。つまり、こういうことさ。昔なら、イギリス人かアイルランド人、あるいはオランダ人、もしくはそのいずれかに見えるだけで、ハリウッドのどのスタジオへ行っても、たちまち何本か監督させてもらえた。

　ところが、ぼくらが子供のころに一世を風靡していたホービス[イギリスの黒パン]のコマーシャルなんかを撮っていたこの昔のアルティザンたちは、大変な過ちを犯した。大スタジオと共謀して、一本の映画を撮るのに三千万から四千万、あるいは五千万ドルはかかるなんて途方もない嘘をついたんだ！くだらない話さ！しかも、スクリーンには決してその五千万ドルが反映することはない。なぜなら、筋肉隆々の主役男優が一千万、監督が二百五十万、プロデューサーが二百五十万、そしてスタジオも"必要経費"とかいって一千万ドルをせしめてしまうからだ。

　とにかく、スタジオは金をかけた映画作りをしたがっている。金がかかるという話にしておけば、映画そのものの値段がつり上がり、作られる映画の本数も減る。そうすれば、スタジオ側は市場を思うように牛耳ることができる。スタジオが映画館を所有している場合もあるくらいだからね。だから、映画の本数をできるだけ減らしたがるんだよ。本数が少なくても同じ金が稼げるなら、そのほうが利益が大きいからだ。

　そして、本数の減ったところで、そういう映画を作り出すのは誰かってことになる。監督だろうか。違う。ここに落とし穴があるんだ。映画を最終的に売り込むのはやはり俳優の力だから。これまでもっとも名前と顔だけで映画をヒットさせてきた俳優といったら、クリント・イーストウッドじゃないかな。

　スタジオ側は映画の本数をできるだけ少なく抑えたいんだ。同時に、映画をヒットさせるのに望ましい俳優たちの才能を独占したいとも思っている。ワーナーはどうやって、クリント・イーストウッドがカウボーイ役や『ダーティハリー』シリーズなどをやりつづけて、自分たちから離れないようにしたか。"クリントが監督をやりたがるような企画はないか探せ"。これだ。（つまり、"そうすれば、次の『ダーティハリー』の企画が用意できるまで、彼に暇がないようにできる"と考えるからだ。）そして、"なに、しかも主演も自分でやりたがってるって？　いいとも！　やってもらおう！〟（そして、腹の中では〝どうせストレートにビデオ化してしまえばいいんだ〟と考える。）

ほかに、この俳優の監督業にまつわる悲しい物語の急増ぶりにうまい説明がつくだろうか。〝おい、こんどのケヴィン・コスナー監督の傑作はもう観たか？〟という話が、ジョディ・フォスター、ショーン・ペン、エミリオ・エステヴェス、ジョン・タトゥーロ、キーナン・ワヤンズ、アラン・アルダ、レナード・ニモイ、ウィリアム・シャトナーとつづき、そのうちラッシーも、ってことになるぞ。実に、ぞっとするよ。

アメリカでは、映画スターたちがいつ何を撮影するかを決め、監督というのはただの雇われ労働者に過ぎないんだ。ブニュエルや黒澤のような監督を理想にするなら、そういった夢の実現のためにアメリカに目を向けてはいけない。反骨精神のあるアメリカ人監督も何人かはいる、という甘いロマンティシズムもあるようだがね。キューブリックを見てごらんよ。彼はブライアン・オールディスが書いた『A.I.』という映画の準備に九年間を費やした。しかし、エージェントのマイケル・オヴィッツがディズニーに移ってしまった。オヴィッツは〝『A.I.』のことなんか、忘れたほうがいい。本気で映画を撮りたいって？　それなら、『アイズ ワイド シャット』がいい。トム・クルーズとニコール・キッドマンで。それなら、段取りをつけるよ。ほら、これが脚本だ。〟この場合、本当に力を握っているのは誰か。結局、キューブリックはずるずると製作を引き延ばして、二年半もかけてあれを撮ったけれど、最後までスタジオの雇われ監督に過ぎなかった。現役の監督としては最高の人だったのに、九年も温めてきた企画をとうとう実現することができなかったんだ。その代わり、スタジオにやれって言われた映画を撮った。映画化したくて長い歳月をかけてきたのに、実現しないまま終わるなんて、こんな悲しいことはないよ。でも、どうしようもないんだ。人生は勝利の栄光の連続ってわけにはいかない。最善を尽くして、それでもなお、失敗を受け入れる用意がなくちゃならない。結局のところ、くよくよ心配しなくちゃならない理由は何もないんだ。本当に評価すべきは、インディペンデント系で作ったパーソナルな映画だけなんだから。時代を超越して人の記憶に残る映画というのは、そういうものだけだと思う。

ハリウッドは、実は映画が作られる場所じゃないんだ。本当は、権威主義に凝り固まったやつらが、自分たちのおびえを打ち消したくて他人を言いなりにしようとするだけの場所だ。映画の世界では、誰でもすぐにどれほど映画を愛しているか、どれほどハリウッドで映画を作りたいと願っているか、いとも簡単に口にする。でも、誰もすばらしい作品を作り上げたいとは思っていないんだ。連中が考えているのは、安っぽい野心と月並みなアイディアを混ぜ合わせた臭い肥溜めを元手に、社会的地位と金とを手に入れたいってことぐらいなんだよ。そんなものには、どんなことをしてでも背を向けたほうがいい。

これまでぼくが作った映画で、注ぎ込んだ金の大半を失うことになったものがいちばん出来が良く、かなりの金を稼ぎだしたものがいちばん出来が悪いのかもしれない。金と質のあいだに相関関係はないんだ。メキシコ人たちには、それがよくわかっている」

コックスは栄光を求めてはいない。そんなものが欲しかったのなら、とっくの昔に手に入れていたことだろう。評論家たちから絶賛された『レポマン』と『シドアンドナンシー』のあとも、彼はその成功を下敷きにしてその方向に進みつづけようとはしなかった。『ロボコップ』をはじめ、引き受けていたら彼の人生そのものを変えていたに違いない大きな仕事の話も数多く舞い込んだ。しかし、そういったものの代わりに彼が選んだのは、『ウォーカー』や『PNDCエル・パトレイロ』といった、非常に個人的嗜好の強い作品だった。これらは観客層の主流から大きな支持を得られるようなものではなく、したがってメジャー系スタジオからの資金提供を受けることはできなかった。コックスは作品のほとんどを監督するだけでなく、その脚本も自ら執筆する本物の映画作家であり、どういう映画にするかに強い支配力を行使しようとする製作システムの外で仕事をするほうが好きなのである。そして、何とか次々にユニークな作品を生みだして、彼ならではのアナーキーで不条理主義的な個性を発揮しつづけてきた。

IT'S EASY TO BE IN THE
MOVIES!
FAST MONEY!
$100'S
FOR DOING NOTHING!
Casting Company is looking to cast "extras" TODAY for current projects filming in L.A.! Everyone is welcome because we need all types for Movies, TV Shows, Commercials, and Music Videos. This is an easy way to get money, PLUS you make money when you want to, and you get to hang out with your favorite stars. Going to the set, is like going to a party! Full time, part time, spare time (weekends).
Making money shouldn't be this much fun!
CALL TODAY (818) 503-2362
Your Area Rep is: Nicole Moore
MAKE 100'S APPEARING IN - MOVIES/TV/VIDEOS
CALL TODAY (818) 503-2362

ロスアンジェルスの街角の電柱に貼ってあった、ハリウッドの幻想を象徴するようなポスター。「なんにもしなくても100ドル稼げる！」というキャッチ・コピーにあきれたコックス自身が剥ぎ取ってきたもの

アレックス・コックスは今でもアウトサイダーである。今日のハリウッドの映画産業は『スリー・ビジネスメン』で彼が鋭く批判してみせた世界経済の枠組みの一部に組み込まれ、会計士やアルマーニのスーツに身を固め、ひっきりなしに携帯電話を使う神経質でずる賢い男たちや女たちに支配されている。インディペンデント系の監督として、コックスは絶対にイエスマンにはならず、「一緒にメシでもどう?」と近づいて支配力を行使しようとする輩からは頑として距離を置くことのできる男である。あれこれ画策して成功者としての地位を固めようとするより、すばやく行動して意欲的でむずかしい企画に取り組もうとするほうを選ぶのだ。これまでも自ら既存のやりかたやジャンルに新しさを吹き込んできた彼は、これからも永遠に真のオリジナル作品を生み出しつづけるのである。こうした既存のジャンルを否定するアナーキーなスタイルに唯一の問題があるとすれば、彼の作品群に一貫性が求められないということだ。観客は事前にどういう映画であるかを知りたがるものである。コックスの作品では、観客はつねに挑戦状を叩きつけられる。彼がロスアンジェルスのパンク野郎たちの映画ばかりを撮りつづけていたら、そんな問題はまったくなかっただろう。現に、『シド アンド ナンシー』のあと、ジミー・マクガバンの『注射針(Needle)』(テレビ・シリーズ、90〜、未)や『バスケットボール・ダイアリーズ』[九五年にスコット・カルバート監督により映画化]を監督しないかという申し込みがあったのだが、彼はすでに麻薬中毒ネタには飽きていた。麻薬中毒やロックンロールをテーマに撮る監督としてキャリアを築きたいとは毛頭思っていなかったのである。また、『ナチュラル・ボーン・キラーズ』[九四年にオリヴァー・ストーン監督により映画化]の話もあったが、ただヴァイオレンスやアクション・シーンが面白いだけの映画にも興味がなかった。したがって、彼の興味が向くものがつねに新しく、世間とは少し違うところにあるがために、観客にはわかりにくいものになってしまうのだ。また車が空を飛ぶような映画を期待する観客は、間違いなくがっかりするだけなのである。

ハリウッドの袋小路から出て行けと言われたコックスは、現在、オレゴンをベースに相変わらず旅ばかりの暮らしをつづけている。メキシコやロスアンジェルス、アルメリア、ロンドン、リヴァプールをはじめ、映画の仕事があるところなら、どこへでも行く。そして、つねに映画のことばかり考えたり、話をしたり、新しい企画についてリサーチをしたり、画期的なアイディアを生み出したりと、多忙な日々がつづく。そして、その中でもっとも肝心なのは、彼がつねに心から作りたいと思う映画だけを作っている、ということだ。単純明快に、彼には後悔も、万一必要だとしても自分が変わってないと証明する必要も、まったくない。個性に素直にしたがう意志の強さと実力とをもって、彼は決めごとをはねつけ、根回しなどして都合よく事を運ぶやりかたを拒否し、いつも自分のやりかたを貫いてきた。現代のハリウッドから圧力を受けようと、決してそれには乗らずに頑として彼らのシステムには抵抗するつもりなのだ。そして、彼の作り出す映画は、今後も特定のタイプに決めつけられることを拒みつづけることだろう。同じ語り口がずっとつづくと思ってはいけない。映画的混沌の範囲内で、最高の出来を期待するだけで十分なのである。

この二十年間に、アレックス・コックスはすばらしい映画を生み出しつづけた。しかし、彼のような才能の持ち主にはありがちなことだが、その事実はまだあまり広く知れ渡ってはいない。現在のところ、アレックス・コックスのようなタイプの映画監督が有名なハリウッドの凡才たちと競り合うことはむずかしいことも、本人自らよく承知している。そうした凡才たちは、黙っていても出資者たちから製作費や宣伝費を得られるからである。しかし、百年も経てば、今日の退屈なゴミ映画を観ようとする人はいなくなっていることだろう。

　それまで、この熱血漢に注目していて欲しい。そして、このアナーキストが次にどんなものを見せてくれるか、楽しみに待とうではないか。

訳者あとがき

「アレックス・コックスはつねに瀬戸際の人生を送っている」
「ああ、頼むよ！　そういうの、本当に困るんだ！　うまくごまかしといてくれないかな？」
本書の翻訳作業を終わろうとしていた本年七月上旬、久しぶりに会ったアレックスは、第一章の書き出しを指さして「カッコいいじゃない？」とからかう私に向かい、心底つらそうな表情を浮かべてこう言った。

本書はまだ二十代前半の新進ジャーナリスト、スティーヴン・ポール・デイヴィーズの処女作にして、映画監督アレックス・コックスの真実を初めて明らかにする優れた評伝である。映画監督としての彼については、作品論を含めて専門の評論家の方々にお任せするとして、ここでは本書に対する私の個人的な思いについて述べさせていただきたい。

アレックスと初めて出会ったとき、私はまだ某映画配給会社の社員だった。もともと『シド・アンド・ナンシー』に出資したエンバシーの社員だった関係から、私は日本での宣伝を担当した配給会社の同僚三人とともに、彼を箱根旅行に連れ出した。このとき以来、アレックスの温泉好きはつとに有名になった。渋滞した箱根の坂道をたどりながら、私の運転するシビックの助手席に座った彼といろんな話をした。後部座席の三人は熟睡していた。ただの世間話だったが、奇妙なほど穏やかな会話だったことが印象に残った。

その後、フリーの通訳となった私は、彼が来日するたびにマスコミの取材に同席し、かなりの長い時間を一緒に過ごすこととなった。思えば、非常に幸運かつ光栄なことであった。作品や映画全般あるいは人生について、彼自身の生の言葉を聞く機会にふんだんに恵まれたからである。インタヴューに答える彼を間近で見ていて感じたのは、とにかく、きちんとしていて頭の良い人だということだった。礼儀正しく、誠実な答えかたをする。話の構造がしっかりしているので訳しやすい。インタヴュアーもおのずと礼儀正しくなる。その空気を読めず、パンク映画を撮ったツッパリ野郎的テキトーさを期待するメディアは、彼の本心を引き出せずに敗走するしかない。しかし、そんなテレビのヴァラエティ番組でさえ、彼はがんばる若いスタッフたちに敬意を表して、どんなくだらない要求にもきちんと応じた。彼をただの「若者ウケする軽い人」であるかのように片づけ、消費文化まみれの企画のおかずにしようという意図がメディア側に見えるとき、端で見ている当方は何とも胸が痛む。仕方ない。これも作品を世に知ってもらうためだ。

すでに本書を読了した方ならおわかりのように、彼は自らの価値観や芸術観にしたがって、良い映画を作りたいという気持ちのままに生きてきた人である。好んで「瀬戸際の人生」を生きてきたのではなく、思うところに誠実だっただけだ。こんな誠実な人を世間に紹介するのなら、より高い志に基づいたものであって欲しい。アレックス・コックスという人を知れば知るほど、私の心の中のそんな願いはますます強くなった。

本書の話が舞い込んだとき、これはどうあっても引き受けなくてはならないと思ったのは、そういう願いがようやく叶いそうな気がしたからである。ここに書かれてあること、特に引用されているアレックス・コックス自身の言葉には嘘はない。彼が作った映画を気に入ろうと気に入るまいと、映画に興味のある方にはぜひ一読していただきたい。ここで明らかにされているのは、彼自身の誠実な芸術性の追求と、その芸術性と商業主義に引き裂かれる映画ビジネスの宿命である。映画を楽しもうとするとき、その宿命を承知しているかどうかという前提は、踊らされて終わるか、あるいは自分の見たいものを選別できる力を養えるかどうかにつながる、非常に重要な鍵となるのである。

最後に、本書を訳出するにあたり、アレックス・コックスから直接細部の説明を受けることができた。貴重な時間を割いて辛抱強く記憶をたどったり、メールでスペイン語の補足までしてくれたアレックスに、ここに深く感謝の意を捧げたい。I'd like to express my deepest gratitude to Alex Cox for his time and patience in explaining on many details and some Mexican movie titles.

平成十四年八月

鈴木玲子

ルイス・エストラーダ監督作品『ヘロデ王の掟』の出演者たち

第二部

アレックス・コックス関連作品解説

文：岡田秀則
七里 圭

レポマン　Repo Man　(84)

［解説］

ローンの支払いを渋る人間から強制的に車を「取り返す」(Repossess) 奇妙な職業、レポマン。合法でありながら、事実上の自動車泥棒でもあるという二面性をはらんだこの危険な商売を、コックスは長篇デビュー作の題材に選んだ。コックスは実際にレポマンたちの生活に入り込んで取材したが、後にコックス組の常連となるサイ・リチャードソンも、本物のレポマンだったところをスカウトされた俳優だ。製作にあたっては、モンキーズを引退後、ハリウッドの音楽ビジネスの大立者となったマイケル・ネスミスが資金調達にあたり、キャスト面でも『エッジ・シティ』に出演させることのできなかった名優ハリー・ディーン・スタントンを準主役に射止めている。全体を貫く疾走感が印象的なこのインディーズ作品は、孤独なパンク少年をめぐる青春の物語でありながら、銃撃戦を盛り込んだアクション映画でもあり、さらにはマッド・サイエンティストが暗躍して登場人物たちを翻弄するSF映画の要素を見ることもでき、そうしたマルチ・ジャンルな猥雑さも魅力だ。撮影は数々のヴィム・ヴェンダース作品で知られ、夜の都市を撮ることにかけては類い稀な力を発揮するロビー・ミュラー。スタッフやキャストのクレジットが、通常と反対に上から下へ降りてくる不気味な感触や、未知の物質が禍々しく光り出すというアイディアは、ロバート・オルドリッチ監督の傑作『キッスで殺せ』(55) からヒントを得ているが、それどころかコックスは、車中の原子爆弾でロスアンジェルス中が吹っ飛んでしまうという物騒な結末を当初は予定していたという。音楽は、ロスアンジェルスで活躍していたパンク・バンドを揃えているが、冒頭を飾る、ギター・リフが印象的なテーマ曲「レポマン」は、パンク・ムーヴメントに先立つ孤高のロッカー、イギー・ポップによるもの。ニューヨークのナイトシアターで徐々に人気を集めたこの作品はポップス・シーンでも注目され、イギリスの音楽紙「ニュー・ミュージカル・エクスプレス」からも一九八五年の最優秀作品に選ばれている。

（岡田）

［略筋］

毎日が退屈なパンク少年オットーは、中年男のバッドに、未払い自動車の取り立ての仕事を持ちかけられる。仲間は一癖ある連中ばかりだが、宗教狂いの親が待つ家より、危険ながらスリルのあるこのレポマンなる稼業を選ぶオットー。ある日彼は、研究所から四つの宇宙人の死体を盗んで自分の車に積んでいる原子力科学者パーネルの話を、その元同僚レイラから聞かされる。だが間もなくレイラは拉致されてしまう。パーネルの車に懸賞金がかかると、レポマンたちや商売敵のロドリゲス兄弟も動き出して争奪戦になる。衰弱していたパーネルはようやく自分の車を取り戻したが、オットーの目前で死んでしまう。しかしオットーも、手に入れた車をバッドに持ち出され、しかもパンク仲間の強盗騒ぎに巻き込まれてやがて科学者グループに捕まってしまう。レポ仲間はオットーを救い出し、怪我をしたバッドも病院から連れ出された。科学者グループとの銃撃戦から抜け出す頃には、パーネルの車はギラギラと発光し始めていた。そこへ運転できないはずのレポ仲間ミラーが乗り込む。ミラーはオットーを誘い、二人を乗せた車は輝きながらUFOの如く空へと飛び立っていった。

シドアンドナンシー Sid and Nancy (86)

［解説］

パンク・ロックの歴史そのものであるスキャンダラスなグループ、セックス・ピストルズ。そのベーシストだったシド・ヴィシャスと、彼のグルーピーだったナンシー・スパンゲンの、死に至る破滅的な恋愛をファンタスティックに描いた世界的なヒット作。コックスはこの企画を一九八〇年頃からすでに温めていたが、当初はセックス・ピストルズのアメリカ・ツアーを物語の中心にするはずだったのが、企画を練るにつれてシドとナンシーの物語に惹かれ、そこへ収斂していったという。事実関係については、本物の二人を知る元ピストルズの仲間ジョニー・ロットン（現ジョン・ライドン）は、二人の行動を現実よりロマンティックに演出したコックスの姿勢を強く非難している。しかし劇作の面においては、監督自らが「最高の瞬間」と語っている、ゴミの降る中を抱き合う二人のショットが象徴しているように、現代における悲劇のモデルを新たに創造した点でコックスの貢献は大きい。この撮影を担当したのは、後に『バートン・フィンク』(91)や『ファーゴ』(96)などのコーエン兄弟作品、また『ショーシャンクの空に』(94)といった秀作にも携わる名手ロジャー・ディーキンス。キャストの面では、シド役に、当初ダニエル・デイ・ルイスが予定されていたというのも今となっては驚くべき逸話だ。結局、シドと同じロンドン・バーモンジー地区出身のゲイリー・オールドマンに落ち着いたが、後にハリウッドでも個性的な演技を見せる彼は『不滅の恋—ベートーヴェン—』(94)に出演し、シド・ヴィシャスとベートーヴェンを演じた例を見ない俳優となっている。肝腎のピストルズ・ナンバーはすべて、オリジナル・メンバーだったスティーヴ・ジョーンズやグレン・マトロックを呼び寄せ、オールドマンやロットン役のドリュー・スコフィールドが実際に歌を吹き込んだ再録音である。オリジナルのスコアは、当時パンク界をピストルズと二分していた元クラッシュのリーダー、ジョー・ストラマーが担当した。（岡田）

［略筋］

ニューヨークのチェルシー・ホテルで女の刺殺死体が発見された。警察はその場に放心状態で座り込んでいた男シドを取り調べた。親友のジョニーに誘われてセックス・ピストルズに加わったシド。あるギグの後、知り合ったばかりのナンシーに、ドラッグを買う金がほしいと泣いてせがまれる。有り金を渡して再会の約束をすると、彼女は翌朝本当に戻ってきた。二人の仲は深まり、セックスとドラッグの日々が始まる。レコーディング中もシドにまとわりつくナンシーをジョニーは毛嫌いするが、船上ライヴの後、警察とのいざこざを抜け出した二人は結婚を誓う。そこへ、バンドの育ての親で金儲けにもソツのないマルコムが、二人を引き離すためにアメリカ・ツアーを企画した。だがどこのギグも散々で、シドは暴行事件の後ドラッグとアルコールのやり過ぎで入院、さらにジョニーの脱退でバンドはツアー半ばで空中分解する。つかの間の休暇でパリにも出かけたが、チェルシー・ホテルに籠るようになった二人はますます孤立していった。金もドラッグも消え、喧嘩ばかりが続く。ある朝シドが目覚めると、ベッドはナンシーの血で真っ赤になっていた……。留置所から出たシドの横にタクシーが乗り付けた。それはウェディングドレスに身を包んだナンシーだった。

ウォーカー Walker (87)

［解説］

十九世紀半ばのニカラグアで大統領を名乗り、独裁体制を敷いたアメリカ人ウィリアム・ウォーカーの破天荒な半生に、コックス独特のパンキッシュな解釈で迫った異色の歴史映画。この時代のアメリカは、神の意志によって隣接国の「文明化」に努めなければならないという「運命顕示説」(Manifesto Destiny)の旗のもと、中米地域を侵略し、領土拡張と資源の収奪を行っていた。その象徴とも呼べるウォーカーの生きざまを脚本にするようコックスが依頼したのは、モンテ・ヘルマン監督の『断絶』(71)やサム・ペキンパー監督の『ビリー・ザ・キッド／21歳の生涯』(73)で知られる小説家兼脚本家のルーディ・ワーリッツァー。愛国的な理想主義者が次第に誇大妄想へと突き進んでゆく過程を描こうとする彼とコックスは、コンピュータ、「ニューズウィーク」誌、コカコーラからヘリコプターまで十九世紀には存在しない時代錯誤をシナリオに散りばめ、製作当時の、レーガン政権によるニカラグアへの武力介入を意図的に重ね合わせている。さらに当初のシナリオでは、マイアミに逃れたウォーカーが、シェラトン・ホテルで現代のアメリカ保守派たちの喝采を浴びながら演説をぶつという挑発的な結末が考えられていたという。この映画の着想は、一九八四年にコックスが『レポマン』のプロデューサー、ピーター・マッカーシーとニカラグアへの「選挙監視ツアー」に出かけ、当時のサンディニスタ政府の兵士たちからの声援を受けたことに始まる。アメリカの援助する「コントラ」勢力に攻撃されていたサンディニスタ政府は、やがてニカラグアを再訪したコックスや撮影隊を全面的に援助した。商業的には失敗に終わったが、狂気の大統領を演じたエド・ハリスのカリスマ的な存在感、そしてクラッシュ時代に三枚組のアルバム「サンディニスタ！」を発表したこともあるジョー・ストラマーの音楽を援軍として、ハリウッド映画への対抗心を燃やすコックスの、グローバリズムに向けての本格的な宣戦布告となった映画である。(岡田)

［略筋］

一八五三年、ウィリアム・ウォーカーを隊長とするアメリカ人の一隊がメキシコに渡った。その遠征は失敗に終わり、裁判沙汰にさえなったが、中米を開化するというアメリカの理想を雄弁に語る彼は無罪となった。財界の大物ヴァンダービルトに認められ、経済の要衝ニカラグアの支配を命じられた彼は、愛妻の病死をきっかけにそれを引き受ける。「五八人の不死隊」を引き連れたウォーカーは、上陸するや否や暴力で住民たちをねじ伏せ、本国の援軍を得て内戦を終わらせると、軍の最高指揮官にまで登りつめる。そして本国には自分の手柄を誇張した新聞記事を送り、援助金を無心するようになった。やがてその独裁はエスカレートし、大統領コラールを処刑して自分がその地位につくと、近隣諸国は抵抗して宣戦を布告。そして船舶や資産を「ニカラグア国有」にされてしまったヴァンダービルトも彼への援助を断った。ニカラグア全土は混乱に陥り、部下も去ってゆく中、ウォーカーは町を焼くことを命じて最後の演説を行う。その時、合衆国から派遣されたヘリコプターが、アメリカ人を連れ帰ると称して空からやってきた。「私はニカラグア大統領だ！」と叫ぶウォーカー。一八六〇年、彼はホンデュラスで処刑された。

ストレート・トゥ・ヘル Straight to Hell (87)

［解説］

監督本人が「人生の中で最も楽しめた出来事」と語るこの映画のきっかけとなったのは、コックスと、元クラッシュのリーダー、ジョー・ストラマーが、『シドアンドナンシー』のテーマ曲「ラヴ・キルズ」のプロモーション・ビデオを撮影するため、スペインはアルメリアの沙漠地帯を訪れたこと。チャールズ・ブロンソン主演のマカロニ・ウェスタン『チャトズ・ランド』（マイケル・ウィナー、71）で使われたという、崩れかけたセットを発見した二人はそのたたずまいに魅了され、コックスはこの奇想天外な映画を着想した。プロデューサーのエリック・フェルナーの機敏な判断で、コックスはウィリー役の俳優でもあるディック・ルードとともに三日間で脚本を執筆、そのキャラクターたちは出演する人間をあらかじめ当て込んで書かれたという。ゲリラ的な機動性を存分に活かして二百万ドルの製作費、四週間の撮影で完成したこの映画には、ルードやサイ・リチャードソンといったコックスの友人たちとともに、異色のキャラクターが首を揃えている。石油王ファーベンには怪優デニス・ホッパーが、マクマホン家の執事ハイブスに英国ロックの粋なスター、エルヴィス・コステロが、マクマホン一家の荒くれガンマンたちに祝祭的なアイリッシュ・ロックで知られるザ・ポーグスの面々が、三人組の謎の雇い主デードに監督ジム・ジャームッシュが扮しているのがとりわけ注目に値する。撮影のトム・リッチモンドは、長焦点レンズの使用によって前景にもバックにもピントを合わせた「マカロニ」流を採用して現場に臨み、タイトなクロースアップとともに自己主張の強い画面を生み出した。この作品がアメリカ西部劇ではなくむしろマカロニ・ウェスタンのパロディを指向していることには、「勝者が敗者へ、夢が苦悩へと転じた人々に興味がある」と語る監督のアメリカ批判が反映されていると言えるだろう。その意味で、この作品は同時に『ウォーカー』への予行演習ともなっている。

（岡田）

［略筋］
標的をしくじったノーウッド、ウィリー、シムズの殺し屋三人組は、ノーウッドの妊娠中の妻ベルマも一緒になって逃げ出す途中、銀行を襲って大金をせしめる。しかし間違って車に重油を入れてしまって砂漠の真ん中でエンスト、四人は盗んだ金を埋めて、やがてマクマホン一家が支配する町エル・ブランコにたどり着く。ベルマは、マクマホン一家の残虐を目にして三人に逃げようと訴えるが、それを聞かずにバーへ行った三人は、出現した賞金稼ぎたちをまぐれで始末、その結果マクマホン農場に招待されることになった。祝賀パーティで、酒と女の誘惑に負けてうかつにも銀行強盗の話をしてしまうウィリー、魅力的な女に誘われるシムズ。ベルマまでマクマホンの手下にひっかけられ、マクマホン一家はあらゆる手を使って彼らの金を奪おうとする。一家の番頭格のグランパが孫娘サブリナに殺されると、別人のホワイティが濡れ衣を着せられ、暴力支配はさらにエスカレートする。そこへ町の近代化を狙う石油成金のファーベンが登場、続いて三人組の雇い主であるデードまで現れた。最後の撃ち合いが始まり、エル・ブランコは廃墟と化した。走り出した車は再びエンストし、生き残った者たちは荒野に放り出された。

PNDC エル・パトレイロ El Patrullero (91)

［解説］

メキシコの沙漠地帯で、ハイウェイ・パトロールに配属された理想にあふれる青年が、現実の社会の歪みに直面し苦悩する中で新しい自我を見出してゆくアクションを青春映画。一九九〇年からメキシコをベースに定めたコックスの最初のメキシコ製作、スペイン語の映画となった。コックスがメキシコを愛するのは、アメリカの搾取を受け、国内に腐敗を抱えていても、それに屈しない高い品位と落ち着きを持った国だからだと語り、彼がその側面を投影しようとしたのがこの作品だ。実際のハイウェイ・パトロールマンに取材してシナリオを書き下ろしたのはメキシコ育ちのプロデューサー兼脚本家のロレンゾ・オブライエン。もともとメキシコ映画には「ハイウェイ・パトロールもの」というジャンルがあるが、賄賂や家庭の不和といったこのジャンルがタブーとするリアルな側面を加えたこの映画には警察の応援が得られず、従ってコスチュームもすべて自前で用意、「PNDC」という警察の名も架空のものだ。スタッフがロケ地に選んだメキシコ北部のパリャス周辺は、偶然にもコックスが敬愛するサム・ペキンパー監督の『ワイルドバンチ』(69)の撮影場所であった。映画全体の構成はクロースアップを使わずワンシーン・ワンカットを基調としており、撮影のミゲル・ガルソンは手持ちキャメラのロングテイクを中心とする難しい現場をこなしたが、そのため一〇三分の映画がたった一八七ショットにまとめられている。その意味で従来のコックス映画のイメージを覆す試みとなったが、彼特有の切れ味鋭い画面作りは健在、冒頭タイトルバックの鮮やかな画面処理はとりわけ物語世界への効果的な導入となっている。主演のロベルト・ソサはメキシコを代表する国際派スターで、この作品ではスペインのサン・セバスチャン国際映画祭で最優秀男優賞を受賞。一五〇万ドルというメキシコのスペイン語映画としては破格の予算で作られたが、そのほぼ全額を日本の企業が提供したことでも斬新な企画となった。

（岡田）

［略筋］

理想に燃える青年ペドロは、一番の成績で、親友のアニバルとともにハイウェイ・パトロール学校を卒業した。北部の沙漠地帯での勤務を命じられたペドロは、ある日違反を見逃してほしいという女グリセルダの誘惑に負け、結婚にまで至るが、結ばれるや否や彼女はペドロの収入が少ないと文句を言う。上司からも検挙件数が足りないと言われ左遷されたペドロは、ついに賄賂を受け取るようになった。理想と現実のギャップに悩むペドロは酒に溺れ、娼婦マリベルに熱を上げる。それを知った妻は彼をなじるが、賄賂の金を見せると満足してしまう。やがて仕事に苦悩する中で父も失ったペドロの生活は混乱していった。さらに、麻薬密輸者を追っていたアニバルは撃たれて殉職、ようやく見つけたマリベルは麻薬中毒患者になっていた。アニバルの残した仕事にケリをつけるべく、密売人エミリオを追いかけるペドロ。だが、説得しようとして誤ってエミリオを撃ち殺してしまった彼は、自責の念にかられて辞職を決意する。グリセルダの農場を継ぐことになった彼は、マリベルの頼みにも応じて彼女を養うことにし、新しい人生に向かっていった。

ザ・ウィナー　The Winner　(96)

[解説&略筋]

勝者、いいタイトルだ。この映画に勝者は登場しない。ただ賭け事のツキを、神の啓示のごとく唐突に与えられた男と、その幸運に群がるさもしくも魅力的な小悪党達の、奇跡と金と愛を巡る寓話である。

もともとはニューヨークのネイキッド・エンジェル・シアターで上演されたウェンディ・リス作「さらに暗い目的（The Darker Purpose）」という舞台劇で、これを映画化しないかというオファーを受けた理由を、コックスは「生活費のため」と素っ気なく答える。それはこの作品が完成後に、製作側から勝手に編集されてしまったからだ。『デス＆コンパス』劇場版の仕上げでメキシコにいたコックスは、慌てて抗議するも受け入れられず、欧米ではその再編集版が公開された。この不幸な記憶が彼に投げやりな発言をさせるのだろう。しかし、日本のみで見られるディレクターズ・カットは、心震える快作なのだ。

話は、ラスヴェガスで五週続けて負けなしの男がいるという噂から始まる。その男フィリップは、ギャンブラーには到底見えぬお人よし。それもそのはず、自殺前にたまたま立ち寄ったカジノでツイて以来、日曜毎にまるで教会に通うようにルーレットに賭け続けているのだから。賭場の歌姫ルイーズは、彼を誘惑し、多額の借金を何とかして欲しいと泣きつく。だが彼女の本当の目的は、勝ち金をいただいてこの町から逃げ出すこと。フィリップはそれに気づいていながら、大金を前借りして彼女に渡し、一人最後の賭けに出る。たとえ負けてもかまわないと彼は思う。彼女を本当に愛してるのだから。その純真にほだされたルイーズはフィリップのもとへ引き返すのだが……。

メロウな筋立てでも、ここに描かれるラスヴェガスは、ただの欲望の町とは異質だ。上空の怪しげな雲行きからは閃光が放たれ、主舞台のカジノではオーナーのキングマンが、丘の上の賢者のごとく下階の客達を見下ろしている。宗教的なイメージは、空間を異化し、そこが作り物の町であることを強調する。アレックスは、かつてL.A.を、貧富に応じて荒んでいかざるを得ない、非人間的な構造の"エッジ・シティ"（崖っぷち）と呼んだが、ラスヴェガスにも同じ視線が注がれているのだろう。崖っぷちを生きる脇役達が、実にいい。取り立て屋のジャックはルイーズに翻弄されるばかりだし、前科者の兄ウルフは親父の亡骸まで利用して、弟にタカろうとする。初めは金目当てだった三人組のチンピラの親分ジョーイは、そんなフィリップを守らねばならないという使命に取り憑かれる。彼らは皆、滑稽で哀れだ。そんな登場人物達のやり切れない思いがラストシーンに噴出する。

　カジノに戻ったルイーズを待っていたのは銃弾。映画は、彼女の死を以て、詩に突入する。墓場と化したカジノに残されたフィリップは、彼女が持ち帰った金を交換所で、光り輝くコインのようなものに替える。それはもしかしたら"エル・アレフ"（ボルヘスの原作で、コックスが初めに映画化を望んだ）なのかもしれない。光体を賭けて、ルーレットを回すフィリップ。そこまでで、キングマンはカジノの電源を落とす。と、ラスヴェガスを彩るイルミネーションは次々と消えてゆき、最後には夜空を埋める星までもが、人工の照明だったかのごとく、闇に呑み込まれていく。（七里）

デス&コンパス　Death & the Compass　(96)

［解説］

原作がボルヘスだからといって、冒頭から石造りの迷路をぶっきらぼうに映すあたりがすでに人を食っている。しかし、一九九一年にTV企画として立ち上がった作品を、五年の歳月をかけて劇場版に完成させたのだから、並々ならぬ意欲作であることも疑いない。コックスは、BBCからスペインの世界侵略五百周年を記念してドラマを作らないかと持ちかけられるまで、ボルヘスについては無知だったと言うが、本当だろうか？　これまでの映画化というと、ベルナルド・ベルトルッチ『暗殺のオペラ』(70)と、原作ではないが影響下にあるニコラス・ローグ『赤い影』(73)。どちらも敬愛する監督として公言する二人だから、かなり意識はしていたはずだ。ボルヘスの作品群の中からこれを選んだ理由を、「探偵モノだから」と答えるあたりが慧眼である。

あらゆる題材は書き尽くされてしまったと認識するほどの読書狂だったボルヘスは、とくに探偵小説を偏愛した。それだけに、一九四二年の作品であるが、この物語には現代犯罪小説のルーツとも言えるアイディアがある。それは、不可解な事件に現実的な謎解きをする、という推理小説のパターンを転倒したことだ。ランロットは悪魔的な推理をすることで、非日常的な思考に迷い込み、犯罪と同化していく。こうした捜査と犯行の鏡像関係について、コックスは『PNDCエル・パトレイロ』の時に気づいたそうだが、今回はそうした世界に嵌まり込むことを、皮肉るような挿話を加えている。回想の初めに語られる、スカーラックの紙幣焼却工場襲撃シーンがそれだ。主観カメラがどこまでも移動してゆく長回しは、見る者を底知れぬ迷宮の奥深くへと連れ込むが、その果てに登場する盲目のボルヘス警部はあっけなく殺されてしまう。この尻切れ感は何だろう？　アレックスは、自作に共通する点について、「捜し求めているものが、結局どこにも無い、あるいは得られないことだ」と分析する。それを不毛や徒労と言い換えるならば、まさに迷宮というテーマへの彼流の解釈になる。ランロットの死に場所が巨大な迷路の中心にあるという象徴的な映像のラストシーン。彼は、ものごと(事件)を単純に考えさえすれば、殺されずに済んだのである。(七里)

［略筋］

何かにおびえる元警察署長トレヴィラヌスの回想のかたちで綴られる悪夢的な迷宮譚。舞台は近未来のメガロポリス。北ホテルで起きた殺人事件を、市民からの人望厚い警部ランロットが解決に乗り出す。同行したトレヴィラヌスは、単なる物取りと断定するが、ランロットは、被害者がユダヤ学者であること、彼のタイプライターに「御名の第一の文字は語られた」という言葉が残っていたことに着目。犯人を割り出すために、カバラを読み、神の名前を研究する。的外れの捜査とも思われるが、そこへ第二の殺人が起き、現場には「第二の文字は語られた」の血文字。ランロットは自分の方針の正しさを確信する。けれどもその真相は、彼の研究に協力する新聞記者ズンズが、推理に合わせて事件を起こしていたのだ。しかも、ズンズの正体は凶悪犯罪者スカーラックで、殺された弟の復讐を果たすための罠だった。ランロットは、東、西と続き、最後の方位（コンパス）である南に位置する廃墟で事件が起こることを予言し、その通り、連続殺人の結末を自分自身の死（デス）によって完結することになる。

スリー・ビジネスメン Three Businessmen (98)

［解説］

世界の不条理さをこんな風に脱力して描かれると、見ている方まで力が抜けてしまう。ある意味で二十世紀末の倦怠感がよく出ていて、今思うに少し懐かしい。

この映画を語るに際して、不条理だしキリスト教的題材も扱ってるし、プロダクション名まで『皆殺しの天使』だから、コックスは大好きなブニュエルをやりたかったのだと言うのは、どこか違う気がする。かといって、都市が変わっても同じ街にいると思い込んでる設定は、世界が同質化してることへの皮肉だとか、プルトニウムカードのくだりは、実体のない経済の不気味さを暗示してると言うのも、まあそうなんだけどね、という感じだ。劇中でコックスが自演しているフランクは、新聞を読みながら気になった記事を破り取り、ポケットに入れるが、あれは本人の習性なのだそうだ。彼はそれをパソコンにスキャンし蓄積していて、いつか世界の真理について理解できる日を待ってるのだが、同時にそんな日は来ないのも分かってる。そんな自分をカリカチュアして見せるのが、彼的な内省なのかもしれない。コックスは、「時々、一本の映画を一生かかって作ってるような気がする」と言う。シビアな現実を笑い飛ばす姿勢の底には、どこか淋しい異邦人の目が潜んでるのではないか。オトボケをかましながらも、案外素直に自分を語ったのが、この作品なのではと思う。

ところで、そもそもオランダのＴＶ局から依頼された企画は、「美と癒し」をテーマに、誰も死なないハッピーエンドの物語を、ということだったらしい。まあ、確かにそうなっていると言えば、なっている。コックスとブニュエルの共通項は、筋金入りのひねくれ者だということだろう。

（七里）

［略筋］

リヴァプールにやって来たアメリカ人の自称古美術商ベニーは、ホテルのレストランでいつまで待っても食事が出ないのにしびれを切らす。たまたま同席した、やはり自称古美術商のイギリス人フランクと厨房を覗いてみれば、なんとそこはもぬけの殻。二人は、誰もいなくなったホテルを抜け出して、食事を求め夜の街に出る。ところが、どこへ行っても何故か食事にありつけない……と言うと、ルイス・ブニュエル『ブルジョアジーの秘かな愉しみ』(72)の"おあずけ"のようだが、話はそれだけでは済まない。ベニーとフランクの弥次喜多道中は、バス、地下鉄など公共交通機関に乗るたびに、リヴァプールからアムステルダム、香港、東京といつの間にか移動してしまい、しかも二人はそのことに全く気づかない。数々の奇跡に遭遇しても平然としている同じくブニュエル『銀河』(68)の巡礼者のごとく、新宿東口を「博覧会跡の日本庭園だな、きっと」と納得する始末。荻窪からタクシーで砂漠に着くと、やはりそこがシカゴだと思っている三人目の黒人ビジネスマンが合流する。彼らは、ある民家の軒先でようやく食事にありつくのだが、その家には生まれたばかりの赤子がいて、三人はそれぞれ贈り物をする。つまり、救世主にまみえるスリービジネスメン(東方の三賢者?)というわけだ。道中いたるところに貼ってあったポスターが、"DA・Z(Zオヤジ)"という名の新しい救世主らしいが、ベニーとフランクはそんなことには全くおかまいなく、最後までリヴァプールにいると思い込んだまま、腹を満たして帰路につく。

復讐者の悲劇（仮）

Revengers Tragedy (02)

［解説］

異邦人の帰還と言うべきか。コックスが故郷を舞台に製作したこの映画は、主人公のヴィンディチ（イタリア語で復讐者の意）が、かつての縄張りのリヴァプールに帰って来ることから始まる。原作はシェイクスピアの協力者の一人であるトーマス・ミドルトンの戯曲（従来一般的にはシリル・ターナー作とされ、ミドルトン作者説を取る研究者との間で論争が続いているが、コックス自身はミドルトン説を取っている）。十七世紀当時は狂人が書いたもののように扱われ、全く理解されなかった血なまぐさいユーモアや人殺しのドタバタが、四百年近くを経た現代では、ブラック・コメディとして十分通用すると気づいたのは、まだ司法試験の勉強をする学生の頃だったという。パンク世代が台頭したその頃と、『復讐者の悲劇』の時代には類似性があると考えた彼が、それから四半世紀の間、異邦人として世界を渡り歩いた後に、母国に帰還してその企画を撮るということは、これもある意味で復讐かなと思ってしまう。

さて。自作を語るときに、好きな監督と作品を臆面もなく持ち出すコックスは、この映画の場合、『ガルシアの首』を意識したと言う。しかし、首を巡る復讐譚として考えるなら、両作品にはネガとポジのような違いがある。ペキンパーの映画に流れるペシミズム、全てが無駄に終わってしまうという深い人生の喪失感は、コックス作品にも受け継がれるが、それは喜劇としてである。『ガルシアの首』での、苦悩に満ちた復讐の輪廻に対して、ここでは、復讐者はただひたすら復讐に邁進し、無に帰す。その様は、爽快なまでに滑稽で、悲劇なのに笑える。それはねらいであるとともに、そうならざるを得ないのではないだろうか。常に、先行する世代の偉大な作品群に敬意を隠さぬコックスにとって、あらゆる映画はもう既に一度撮られているというある種の諦念が、明確な意識として、作意をコメディへ向かわせているのだろう。救いの無いテーマだからこそ、同じことを繰り返せば、笑うしかないのだ。

それでは、笑える悲劇を作ることで、復讐しようとした相手は誰か。それは、甘いファンタジーに終わった『シドアンドナンシー』、すなわちパンクだと考えるのは、深読みに過ぎるだろうか。（七里）

［略筋］

衛星や監視カメラが終始人々を追尾しているから、きっと近未来なのだろう。緑だけが無造作に萌える朽ち果てた街路を、死体満載のバスが音もなく横切り、その車内からヴィンディチは登場する。冒頭から荒唐無稽なマカロニ色を漂わせながら始まる物語は、地下埋葬所でヴィンディチが、殺された恋人の骸骨を使って腹話術する、「復讐！」の連呼とともに怒涛のように展開する。彼は早速、警備員に身をやつす兄カルロの力を借りて、街の支配者デュークの長男ルサリオーゾ(好色者の意)に接近し、付き人になる。ルサリオーゾはナイフ投げの娘キャスティザに執心だが、彼女はヴィンディチの成長した妹だった。ヴィンディチと兄、妹の三人は、デュークの跡目を狙う四人の息子達の権力争奪を利用して、好色につけこみ、復讐を遂げる計画を遂行する。が、計画とは言うものの、行き当たりばったり感は否めない。それでも復讐者達は省みもせず、ひたすら復讐に励み、最後は一族を互いに殺し合わせて壊滅する。しかし、復讐者達に平穏の時は来ない……。

『私立探偵 濱マイク 第十一話 女と男、男と女。』(02)

［解説］

これは笑うべきなのだろう。潔いまでに伏線を排した粗野な筋立てに、大仰な哀愁のメロディーがこれでもかと流れ続ける。カラス役の田口トモロヲや天海役の塚本晋也らは、拳銃を持った子供のようにに喜々として演じていて、なんとも微笑ましい。

コックスはこの作品で、西部劇とは、ガンと流れ者と、男の友情と女への愛だということを直截的に示したのだ、などと語るのはたやすい。しかし、『ウォーカー』や『PNDC エル・パトレイロ』など志の高い秀作を撮り続けてきた作家に、こういうのを、マカロニへのオマージュだと評しては失礼だろう。少なくとも『ストレート・トウ・ヘル』には、この世を呪いながら死んでいこうとするディック・ルードを、瀕死のジョー・ストラマーが「いいか兄弟、世間を恨んじゃいけねえよ」と諭す、名場面があった。

監督のオファーが来た当初、コックスは、濱マイク・リヴァプール出張編という構想を提案したらしい。ビートルズの生地見学ツアーに来た日本人が誘拐事件に巻き込まれるという物語は、諸般の事情で実現しなかったが、そのおかげで日本のスタッフ・キャストとの幸福な出会いは生まれたのだ。聞くところによると、シリーズ中最も笑顔の絶えない現場だったようで、誰もが、監督はジェントルだったと言う。

やってる人達が一番楽しそうで、なんだか学園祭映画を見たような気持ちになった。

（七里）

私立探偵 濱マイク DVD-BOX
＜初回限定生産＞
税抜￥7,600
発売元：アーティストフィルム／東芝デジタルフロンティア
発売元：パイオニアLDC

［略筋］

あるとき、濱マイクの探偵事務所は、黒服のガンマン達の襲撃を受ける。数的有利な彼らに対して、マイクは立てこもるしかない。黒服の一人が余裕をかまして、屋根に止まるカラスを撃ち殺そうとした瞬間、「動物をいじめるな！」という声とともに、立ちはだかる謎の男。早撃ちで、あっと言う間に黒服達を倒してしまう。男は、背に入れた刺青からカラスと呼ばれている伝説の殺し屋で、マイクの旧友だった。

そのころ、ノブはライヴハウスで、一本のカギを見つめながら悩んでいる。一方で、マイクの助手のミルクも、幼少時のトラウマに悩まされていた。夜、一人でアパートに戻った彼女は、父親に虐待を受けた記憶が蘇り、心配して訪ねたマイクを誤って刺しそうになる。

ミルクをいたわるマイクのもとに、ノブのライヴハウスが荒らされて、彼も姿を消したという知らせが入る。ノブの行方を捜すマイクの前に、再びカラスが現れる。そして、ノブには竜という仲間がいて、一カ月前に竜はヤクザの天海組の金庫を持ち逃げし、そのカギをノブに預けたということを教える。

残虐な天海がノブと竜をいたぶっているところへ、飛び込んでくるマイクは、逆に捕まってしまう。そこへ、三度カラスが現れ、天海とその一味をやはり早撃ちで、あっと言う間に倒してしまう。

救出されたノブは、カラスと別れた後で、カギが無くなっていることに気づく。実はカギは、カラスがいつの間にかくすねていたのだ。そのカギを首から下げたカラスは、船で、どこへともなく去っていく。

さて。冒頭の銃撃戦で荒らされた事務所もなんとか片付き、いつものメンバーが顔をそろえた時のこと。一人の部屋に戻りたくないミルクに、タダシが愛を告白し、皆に祝福される。夜の帳がおりて、兄のマイクに寄り添うせつない妹アカネ。そんな二人をいつもより大きな月が優しく照らしている。

エッジ・シティ　Edge City　(80)

［解説］

UCLA在籍時にコックスが自らを主演にして作った十六ミリ中篇で、《Sleep is for Sissies》(眠りは女々しい奴らのもの)という監督お気に入りの別名もある。一九七七年から二年をかけて撮影されたが、機材はUCLAから無料で借りられたため、総予算はフィルム関係と食事代だけのたった八千ドル。撮影のマイケル・マイナーは、後に『ロボコップ』シリーズのクリエイターとして活躍する人物である。プロットの源は、物語のバックボーンともなっている、ネタ探しのために銀行襲撃をたくらんだ作家についての新聞記事。コックスは「最初の映画には自分の持っているすべてを注ぎ込もうとするものだ」と語っているが、白黒とカラーの入り混じるこの映画も、パンク・ロック、ラテンアメリカの左翼運動、カーチェイスから迷宮感覚に至るまで、後のコックス映画が担うあらゆる要素が詰まっている。題名にある「エッジ」とは、都市の外縁部を意味しながら、当時の政治情勢における人間の不安な心理をも示しているが、同時に彼が撮影を進めながら念頭においていたのは、心酔していたニコラス・ローグ監督の『赤い影』(73)だったという。(岡田)

［略筋］

ロスアンジェルスの郊外。イギリス人グラフィック・アーティストのロイは、買ったオーディオのローンも払えない。取り立てに来たオジーの仲介で、ヒゲ面の男から漫画の仕事を頼まれるが、いくら描いても金はもらえない。ヒゲ男は実は麻薬の売人だった。ある日ロイは、ヒッピー生活をしていた女クリシュナに出会う。ラテンアメリカ系住民のデモが警察に弾圧される不穏な空気の中、外国人のロイは入国管理局からマークされていた。ある晩クリシュナはロイの部屋を訪れ、やがて二人は愛し合うが、翌朝鎮静剤を飲んだクリシュナはロイが買い物をしている間に浴槽で眠って溺れ死んでしまう。そこへ入管からロイの監視役に派遣された二人の兵士が、クリシュナの死体を見つけた。ロイは逃亡し、カーチェイスの果てに沙漠の小屋を見つけるが、そこで彼が見たのは、アメリカの俗悪さを丸出しにしたテレビ・スタジオの幻影であった。進退窮まって銀行を襲おうとするロイを、遠くからオジーの銃口が狙っていた。そこへ銀行から飛び出してきた本物の強盗たちは、撃たれたロイを置き去りにしていった。

イングランド・グローリー England's Glory (86)

『シドアンドナンシー』のメイキング短篇。シャイな素顔を見せるゲイリー・オールドマン、本物のジョニー・ロットンさながらのへらず口をキャメラに向けるドリュー・スコフィールド、そして気さくな人柄と撮影現場の緊張感が同居し、ときにはそれを巧みに使い分けるコックスの姿が印象的な一本。コックスのブリストルの映画学校時代からの友人、マーティン・ターナーが監督を務めている。

ロケの地味なディナーをはさんでオールドマン、ウェッブと監督が雑談に興じている。朝のロケーション撮影で、的を得ない俳優論を始めるプロデューサーたち、そしてコックスは撮影監督と一緒にクレーンに乗ってエキストラたちと談笑しているが、やがてクレーンは上がってゆく。楽屋のパンクス役たちがシドやドラッグについて語る。大量のパンクスを甲板に詰め込んだエリザベス号での船上ライヴの撮影がそろそろ始まる。ガールフレンドたちと冗談を言い合っていたが、やがて本番が近くなり、機敏に指示を出し始めるコックス。スタッフは、パンクスたちを逮捕しに来る警察のボートに指示を出す。本番が始まり、オールドマンのがなる「アナーキー・イン・ザ・UK」に合わせて暴れ始めるパンクスたち。それに続く逮捕劇のシーンまで難しいところを乗り切る。スコフィールドは、セックス・ピストルズの映画なのに酒もコカインもないと冗談交じりの不平をこぼす。「ステッピング・ストーン」のサウンドをバックに、シド役の選定の経緯を語るコックス。シドのそっくりさんは何人も来たが、結局役者を使うという結論になった。だが逆にオールドマンがシドの何たるかを知らないので、全部自分が教えてやったという。大きなセットの組まれた劇場で、シドが「マイ・ウェイ」を歌うシーンの撮影。シドへの演技指導に続いて、客席に座っている聴衆役の人々に向かって、「涙」「歓声」「恐怖」などと書かれたパネルで細かい指示を出すコックス。シドが客席にいくつもの銃弾を撃ち込むスローモーションで幕。

（岡田）

クロサワ：ラスト・エンペラー Kurosawa:The Last Emperor (99)

アレックス・コックスと黒澤明。作風からは縁遠い印象を受けるが、彼は長年、黒澤についてのドキュメンタリーを考えていたようで、チャンネル4で企画が成立した時には、すでに直接話を聞けぬ人になっていたのが、残念だったと言う。

内容は、黒澤作品の一部を紹介しながら、影響を受けた監督達や、黒沢に縁の深いスタッフと俳優の証言で構成される。登場するのは、フランシス・コッポラ、ベルナルド・ベルトルッチ、ジョン・ウー、アンドレイ・コンチャロフスキー、マイク・ホッジス、そして野上照代、松江陽一、原正人、斎藤孝雄、仲代達矢、土谷嘉男、寺尾聰など。またドナルド・リチーが、彼の略歴や『トラ トラ トラ！』(70)の降板について解説する。ヴァーホーヴェンが唾を飛ばさんばかりに『羅生門』のカメラワークを語る様などは狂っていて、ときおり面白いのだが、黒澤モノとしてはアタリマエの感が否めない。それが最後に、演出意図であることが判明する。

コックスは、退屈で感傷的な『まあだだよ』(93)をとても重要な作品だと位置付ける。主人公の内田百閒は、リア王を下敷きにした『乱』と同様に、愚かで惑わされている。『乱』ではそのことに気づき絶望の中で死んでいく悲劇として救われるが、『まあだだよ』の百閒は、何もできない赤子のようなのに“先生”として皆に慕われ、猫がいなくなっただけでめそめそする彼を、周りは大騒ぎして心配する。黒澤は晩年、世界中の映画祭に招待され、賞賛と敬愛に包まれながら、王様のような自分をそんな風に見ていたのではないか。そして、先生を盲信する教え子達が、長寿を祝う宴会でまるで軍隊の行進のように群舞するシーンを、黒澤が、時代劇で培った勇壮な演出で強烈に描いたことは、彼が個人と個の責任をテーマにし続けたことを思えば、深く辛辣なメッセージを最後に残したのだろう、とコックスは考える。つまり番組を、黒澤を誉め称える言葉で埋め尽くすことで、逆に、彼の孤独と倦怠を浮き彫りにして見せたのだ。そうなると、愛娘の黒澤和子が話す父としての黒澤の思い出で、証言の最初と最後を締めているのもうなずける。家庭では無邪気で大きな子供のようだった黒澤の人間性が、いかに作品中の人間観に投影されているか。それがコックスの視点なのだろう。旧友の谷口千吉に、黒澤が両親から大切に育てられた長男(彼の兄は心中した)だったこと、会社からは同期の助監督の中で将来有望とあらかじめ結論づけられていたことを語らせる辺りにも、『ラスト・エンペラー』というタイトルを付けた意味合いが滲み出ている。

番組は、『乱』の秀虎が葬送される下りを、黒澤明の墓につなげて終わる。ねらいがキマったそのラストシーンよりも、その前に不意に挿入される、夜の山手線の何でもない車窓の映像が妙に物悲しく、一番美しかった。

（七里）

バック・トゥ・ヘル　Back to Hell (99)

十四年前の『ストレート・トゥ・ヘル』に参加した出演者やスタッフに、コックスが撮影時の想い出や出来事についてインタヴューしたドキュメンタリー作品。低予算かつ短期間の撮影が、かえってクルー全体の士気を高め、映画にノリと痛快さを与えていった様を、数々の証言が描写している。苛酷な撮影にもかかわらず、次回作があったら出たいかという質問にクルーのほとんどが出たいと語るラストは、この映画が生み出したクルーの陽気にして強力な連帯を示している。

当時の出演者やスタッフによる自己紹介。『シド アンド ナンシー』を出品したカンヌ国際映画祭の後、サンディニスタ政権を支持するミュージシャンのニカラグア・ツアーの資金繰りを考えていたコックスらが、プロデューサーのフェルナーに相談すると、すぐ脚本を書いて映画に取りかかれと言う。ストラマーやコックスが惚れていたスペインのセットで、すぐに沙漠の合宿が始まった。やがて、話題はウィンナー売りのカールを演じたザンダー・シュロスへのいじめに移る。セットを訪れたコックスは、この物語への「生け贄」として彼を選んだと語る。何度も蹴り倒され、遂には汚水に顔を突っ込まされる彼の役柄について、仲間の言葉も「当然」「仕方ない」「手加減した方だ」と厳しい。エルヴィス・コステロが縛られるシーンも、女たちは彼を本気で張り倒していたとストラマーは証言する。だがコックスも人使いが荒いだけの楽な立場ではない。炎天下で土の中から手だけを出す役を誰もやりたがらず、やむなく監督がやると、スタッフは地中の監督をわざと置き去りにしたという。ただ、苛酷な条件のもとにはあっても、「全員が作品のために動いた」映画だったと撮影のトム・リッチモンドは語る。サイ・リチャードソンにとっては、俳優生活の出発点になった幸せの映画でさえあった。もう一度やるとしたら出たいかという質問にも、みんな口を揃えて出たいと言う。シュロスさえ、「今度はいじめる方に回る」と注文をつけながらもオーケー。ホッパーに至っては、次は監督したいと言い出す始末。ただ一人「低予算映画はノー」と答えたのは、涼しい顔をしたコートニー・ラヴであった。(岡田)

ハード・ルック A Hard Look (00)

ソフトコア・ポルノというジャンルの代名詞である『エマニエル夫人』(ジュスト・ジャカン、74)と、その後の"エマニュエルもの"について考察するドキュメンタリー。ソフト・フォーカスの画調なのに、「ハード・ルック」という副題をつけたところに、コックスの視点がある。

それはまず、『エマニエル夫人』の性表現が物議をかもし、イギリスでの公開時に、検閲によって酷い改ざんを受けた問題を取り上げる。BBFCの元検閲官ジェイムズ・ファーマンは当時を振り返り、合意のうえでのセックスには寛容だったが、セックスの強制ととれる表現は厳しく禁じたと証言する。しかし、ご存じのとおりこの映画の後半の物語は、マリオという老紳士に導かれ、うぶなエマニュエルが、犯される快楽に目覚めるという筋立てだ。これは強制なのか、合意なのか。例えば、シルヴィア・クリステルは、あれは苦痛以外のなにものでもなかったと発言し、リンダ・ルース・ウィリアムズらフェミニストの抗議理由と似ているが、彼女達と検閲局とは見解を異にする。BBFCは思想的信条を排し、あくまで性犯罪の温床になり得る危険を防止する目的だったと強調するが、ACLUの弁護士であるナディーン・シュトロセンは、ポルノが性犯罪を導いた証拠はどこにもないと説明する。コックス自身の主張はこれに一番近いようで、相手が政府だろうと企業だろうと、表現へのあらゆる抑圧は、権力を振りかざして利益を得ようとする者達がいる以上なくならないと、個人的な恨みも込めて嘆いている。

しかしこの番組が、BBCらしいただの社会派ドキュメンタリーに陥らないのは、コックスに"エマニュエルもの"への愛着があるからだろう。とくに、二作目と四作目の監督フランシス・ジャコベティに憧憬を抱いているようで、『続・エマニエル夫人』(75)はセルジオ・レオーネの『ウェスタン』に匹敵する傑作とまで持ち上げる。さらにコックスは、もう一人のエマニュエルであるローラ・ジェムサーにもインタヴューし、彼女を主演にイタリアで撮られた"ブラック・エマニュエル"シリーズについても言及する。つまり、"エマニュエルもの"とは性を題材にしたマカロニだ、と彼は考えているのだ。

ところで、エロスの映像表現は、八十年代のビデオ文化の到来とともに急激に変質していく。今ではもう、性のファンタジーへといざなう、あの頃の優雅なソフトコア・ポルノというジャンルが大スクリーンを賑わすことはない。そういう感傷的な思いも、「ハード・ルック」という副題には込められているのではなかろうか。番組の最後は、七七年に公開された三作目『さよならエマニエル夫人』の原題である"Goodbye Emmanuelle"の字幕で、静かに幕切れる。

(七里)

『シドアンドナンシー』のバイカー・パッチ

アレックス・コックス フィルモグラフィ（作成：桑野仁）

■「エッジ・シティ（眠りは弱虫たちのためにある）」
EDGE CITY (SLEEP IS FOR SISSIES)
製作会社：コミーズ・フロム・マーズ・コーポレーション
製作：ナンシー・キング、デイヴィッド・バートン
脚本：アレックス・コックス
撮影：マイケル・マイナー
追加撮影：トム・リッチモンド
音楽：グレッグ・ワイスマン
ギャファー：ショーン・マディガン
出演：アレックス・コックス（ロイ・ローリングズ）、ビル・ウッド（オジー・マンバー）、クリスティン・バートン（クリシュナ）、ボブ・ローゼン（スマック・ヘイスティ）、R・L・ベンジャミン、グレッグ・アラーコン（兵士たち）、ショーン・マディガン、ラモン・メネンデス、ダン・アインスタイン、クラーク・ヘンダースン（銀行強盗たち）
1980年／アメリカ／35mm／カラー／モノラル／40分
日本公開：特殊上映のみ（※2002年７月２日、東京国際フォーラム、ぴあフィルムフェスティバル〈アレックス・コックス・レトロスペクティヴ〉にて）

■『レポマン』
REPO MAN
製作会社：エッジ・シティ・プロ
製作総指揮：マイケル・ネスミス
製作：ジョナサン・ワックス、ピーター・マッカーシー
製作補：ジェラルド・オルスン
脚本：アレックス・コックス
撮影：ロビー・ミュラー
追加撮影：ロバート・リチャードスン
音楽：ウンベルト・ラリヴァ、スティーヴン・Ｊ・ハフステター
テーマ曲：イギー・ポップ
編集：デニス・ドーラン
美術：Ｊ・レイ・フォックス、リンダ・バーバンク
セット装飾：シェリル・カトラー
衣裳：シーダ・ディ・レイマス
メイク、ヘア：シャロン・ショート
特殊効果：ロビー・ノット、ロジャー・ジョージ
第一助監督：ベッツィ・マグルーダー
第二助監督：ウィリアム・“リップ”・マレー
キャスティング：ヴィクトリア・トマス
出演：ハリー・ディーン・スタントン（バド）、エミリオ・エステヴェス（オットー）、トレイシー・ウォルター（ミラー）、オリヴィア・バラシュ（リーラ）、サイ・リチャードスン（ライト）、スーザン・バーンズ（ロジャース捜査官）、フォックス・ハリス（Ｊ・フランク・パーネル）、トム・フィネガン（オリー）、デル・ザモーラ（ラガート）、エディ・ベレス（ナポ）、ザンダー・シュロス（ケヴィン）、ジェニファー・バルゴビン（デビ）、ディック・ルード（デューク）、ミゲル・サンドバル（アーチー）、ヴォネッタ・マギー（マーリーン）、リチャード・フォロンジー（オットー・プレッチナー）、ブルース・ホワイト（ラリー牧師）、ビフ・イェイガー（捜査官Ｂ）、エド・パンサロ（捜査官Ｅ）、スティーヴ・マットスン（捜査官Ｓ）、チャールズ・ホプキンズ（ハンフリーズ氏）、ヘレン・マーティン（パークス夫人）、ジョン・セント・エルウッド（マイナー）、ケリッタ・ケリー（ディライラ）、ヴァーナム・ハニー（バイクの警官）、スー・キール（マグルーダー嬢）、デイヴィッド・チャン（保安官）、シンシア・シゲティ（ＵＦＯの女性）、ドロシー・バートレット（ゴミ回収のイギリス婦人）、ジョナサン・ハガー（オットーの父）、シャロン・グレッグ（オットーの母）、デイル・レイノルズ（ピアスン）、ジャック・マッキャネリー（パクマン）、シェップ・ウィッカム、グレッグ・テイラー、ジョン・フォンディ、キース・マイリー、マイケル・ベネット、ブラッド・ジェイミスン、ジミー・バフェット（応援の金髪捜査官たち）、ジャネット・チャン、アンジェリーク・ペティジョン、ローガン・カーター、ローラ・ソレンスン（レポマンの妻たち）、ジョージ・サワヤ（最初のレポマンの犠牲者）、コニー・ポンス（レポマンの犠牲者の妻）、ボビー・エリス（ソーダ水売場のカウンター係の代役スタント）、クエンティン・グティエレス（レッカー車の運転手）、リチャード・スルカワ、“アースクェイク”ヘッスン（酒屋の店員たち）、ザ・サークル・ジャークス［キース・モリス、グレッグ・ヘトスン、チャック・ビスカッツ、アール・ロバティ］（ナイトクラブのバンド）、ジ・アンタッチャブルズ［クライド・グライムズ、チャック・アスカニーズ、ケヴィン・ロング、ジェリー・ミラー、ロブ・ランプロン、ジョシュ・ハリス、ハーマン・アスカニーズ］（スクーターの連中）、キム・ウィリアムズ、ミシェル・パースン（クリーニング屋の人間）、ウォリー・クローニン（医者）、モノナ・ワリ、デロレス・デラックス（看護婦）、コズモ・マタ（生意気な奴）、ロドニー・ベンゲンハイマー（クラブの店主）、ホルヘ・マルティネス、メラニー・シュロス、ナンシー・リチャードスン（テニス選手たち）、コン・コーヴァート（ハリー・ペイス）、ハリー・ハウス（ヘリコプターのパイロット）、エディ・ハイス、リック・バーカー、ウィル・ドースン、ハリー・ワウチャック、リック・シーマン、フレッド・スクーウィラー、マイケル・ウォルターズ、ダニー・コスタ（スタントたち）
1984年／アメリカ／35mm／カラー／モノラル／ヴィスタ／92分
日本公開：1987年１月31日（ユーロスペース配給）

■『シド アンド ナンシー』
SID＆NANCY
製作会社：ジーニス・プロ
製作協力：イニシャル・ピクチャーズ
製作総指揮：マーガレット・マシスン
製作：エリック・フェルナー
共同製作：ピーター・マッカーシー
製作補：ピーター・ジャック（ＵＫ）、アビー・ウール（ＵＳＡ）
脚本：アレックス・コックス、アビー・ウール
スクリプト監修：リビー・バー
撮影：ロジャー・ディーキンズ
音楽：ジョー・ストラマー、ザ・ポーグス、プレイ・フォー・レイン
音楽監修：グレアム・ウォーカー
サントラ・コンサルタント：キャシー・ネルスン
音響：ピーター・グロソップ
編集：デイヴィッド・マーティン
美術：アンドルー・マッキャルパイン（ＵＫ）、Ｊ・レイ・フォックス、リンダ・バーバンク（ＵＳＡ）
セット装飾：マーシー・デイル

衣裳：キャシー・クック（ＵＫ）、シーダ・ディ・レイマス（ＵＳＡ）
メイク：ピーター・フランプトン
ヘア・デザイン：アーロン・グリン
製作管理：アンドルー・Ｚ・デイヴィス
第一助監督：クリス・ローズ（ＵＫ）、ベッツィ・マグルーダー（ＵＳＡ）
第二助監督：ジョン・ドッズ（ＵＫ）、リップ・マレー（ＬＡ）、バービー・ペインター、マリアン・マイアット（ＮＹ）
第三助監督：ジョシュ・キング（ＬＡ）
キャスティング：ルーシー・ボールティング（ＵＫ）、ヴィッキ・トマス（ＵＳＡ）
出演：ゲイリー・オールドマン（シド・ヴィシャス）、クロエ・ウェッブ（ナンシー・スパンゲン）、デイヴィッド・ヘイマン（マルカム・マクラレン）、デビー・ビショップ（フィービー）、アンドルー・スコーフィールド（ジョニー・ロットン）、ザンダー・バークリー（バワリー・スナックス）、ペリー・ベンスン（ポール・クック）、トニー・ロンドン（スティーヴ・ジョーンズ）、サンディ・バロン（アメリカのホテル支配人）、サイ・リチャードスン（メタドンのケースワーカー）、エドワード・チューダー＝ポール（イギリスのホテル支配人）、ビフ・イエーガー（探偵）、コートニー・ラヴ（グレッチェン）、ラスティ・ブリッツ（記者）、ジョン・スペイスリー（チェルシーの宿泊人）、コーティ・ムンディ（フロント係）、エド・パンサロ、ヴィンセント・Ｊ・アイザック、Ｊ・スティーヴン・マーカス（探偵）、アン・ラムトン（リンダ）、サリー・アン・フィールド（歌手）、キャシー・バーク（ブレンダ・ウィンザー）、サラ・シュガーマン（アビー・ナショナル）、マーク・モネロ（ジャー・クライヴ）、ミシェル・ウィンスタンリー（オリーヴ・マクボロックス）、アンディ・ブラッドフォード（ディック・ベント）、トム・リトル（パブの主人）、バーバラ・コールズ（記者）、ピート・リー＝ウィルスン（デューク・バウマン）、グレアム・フレッチャー＝クック（見事な髪型の男）、ステュアート・フォックス（ロック・ヘッド）、ヴィクトリア・ハーウッド（ハーマイオン）、ジュディ・オルダースン（マ・ヴィシャス）、ジェームズ・スネル（エドワード）、ニヴン・ボイド（ロック・ヘッドのトレイナー）、ミゲル・サンドバル（レコード会社の幹部）、リチャード・Ｗ・バーカー三世（シドの世話人）、パティ・ティッポ（日焼けして官能的なブロンド娘）、ジョン・ジャクスン（ランス・ボイルズ医学博士）、ピーター・マッカーシー（ヒュー・カレス）、デジレー・イラズマス（ヒュー・カレス夫人）、グロリア・リロイ（スパンゲンの祖母）、ミルトン・セルツァー（スパンゲンの祖父）、ブルース・Ｊ・マグレイン（アンディ）、ステファニー・アウエルバッハ（ベティ）、ジェフリー・クマー（バズ）、ブラッドリー・リーバーマン（チッパー）、トリシア・バーソロミー（メアリー・ジェーン）、ジーニー・マッカーシー（トレル）、ジョン・スナイダー（ヴィト）、ロン・モーズリーJr.（ワックス・マックス）、フォックス・ハリス（老ステイン）、イギー・ポップ、スキ（見込みのありそうな客）、ダン・ウール（ギタリスト）、ミッチ・ディーン（ドラマー）、ザ・サークル・ジャークス（おてんば娘たち）、エンジェル・ダヴ、シェリス・プリンス、ケリー・ルイーズ・リン、スリ・ジョンストン、ジェイミー・Ｌ・クロウ、ジュリー・マリー・カポーン（パンク姿の女のコたち）、レイモンド・ロサリオ、ダニエル・リーヴァス、ファヴィアン・グザヴィエ（ＡＢＣキッド）、アル・アリ（ＴＶのインタヴュアー）、ボビー・エリス、ペイトン・カークパトリック（消防士）、ジミー・エミッグ（チェルシーの子供）、キース・モリス（ライカーの店のジャンキー）、アレグザンダー・フォーク、ディック・ルード（ライカーの店の門番）、Ｇ・Ｊ・トンプスン、ローレンス・ベルJr.、ローム・ジャファースンJr.（ダンシング・キッド）、キャット・ヴィシャス（スモーキー）、アレックス・コックス（ヘッズ氏の部屋に座っている男／ノークレジット）
1986年／イギリス＝アメリカ／35mm／カラー／ドルビー・ステレオ／ヴィスタ／108分
日本公開：1988年３月18日（ヘラルド・エース＝日本ヘラルド映画配給）

■『ウォーカー』
WALKER
製作会社：エドワード・Ｒ・プレスマン・プロ
製作協力：インシネ
製作総指揮：エドワード・Ｒ・プレスマン
製作：アンヘル・フローレス・マリーニ、ロレンソ・オブライエン
ライン・プロデューサー：カルロス・アルバレス
製作補：デビー・ディアス
製作管理：マイケル・フリン
脚本：ルーディ・ワーリッツァー
撮影：デイヴィッド・ブリッジス
追加撮影：デニス・スロッサン、フランク・ピネダ、スティーヴ・フィアバーグ、トム・リッチモンド、ラファエル・ルイス
音楽：ジョー・ストラマー
編集：カルロス・プエンテ、アレックス・コックス
録音：デイヴィッド・バチェラー、ジョーゼフ・ガイシンガー、ジョン・プリチェット
音響デザイン：リチャード・ベッグス
音響効果編集：ティム・ホランド
ミキシング：ピーター・グロソップ、デイヴィッド・バチェラー
美術：ブルーノ・ルベオ
美術監督：セシリア・モンティエル、ホルヘ・セインツ
セット装飾：ブライス・ペリン
衣裳：パム・テイト
メイク：モラグ・ロス
マット・アーティスト：ロッコ・ジョフレ
特殊効果主任：マルセリーノ・パチェコ・グスマン
第二班監督：ミゲル・サンドバル
第一助監督：メアリー・エレン・ウッズ
第二助監督：ミゲル・リマ
キャスティング：ヴィクトリア・トマス、ミゲル・サンドバル
出演：エド・ハリス（ウィリアム・ウォーカー）、リチャード・マジュア（イフレイム・スクワイア）、ルネ・オーベルジョノワ（ジークフリート・ヘニングトン大佐）、キース・ソロボツコ（ティモシー・クロッカー）、サイ・リチャードスン（ホーンズビー大尉）、ザンダー・バークリー（ブライオン・コール）、ジョン・ディール（ステッビンズ）、ピーター・ボイル（コーニリアス・ザンダービルト）、マーリー・マトリン（エレン・マーティン）、アルフォンソ・アラウ（ラウセット）、ペドロ・アルメンダリス・（ムニョス）、ロベルト・ロペス・エスピノーサ（マヨルガ）、ゲリット・グレアム（ノーヴェル・ウォーカー）、ウィリアム・オリアリー（ジェームズ・ウォーカー）、ブランカ・グエッラ（イレナ）、アラン・ボルト（ドン・ドミンゴ）、ミゲル・サンドバル（パーカー・フレンチ）、ルネ・アッサ（ドクター・ジョーンズ）、ベネット・ギルロイ（アキリーズ・キューエン）、ノーバート・ワイサー（プランジ）、ブルース・ライト（アンダースン）、リチャード・エドスン（ターリー）、チャーリー・ブラウン（ブルーノ・フォン・ナムサー）、リンダ・キャラハン（ビンガム夫人）、ミルトン・セルツァー（判事）、リチャード・ゾベル（レミュエル）、レン・ウッズ（アルタ・キ

ューウェン)、フレデリック・ノイマン(ウィリー・マーシャル)、デイヴィッド・ヘイマン(ロシター神父)、エドワード・テューダー=ポール(ダブルデイ)、ジョー・ストラマー(フォーセット)、シャロン・バー(ダーリーン)、キャシー・バーク(アニー・メイ)、フォックス・ハリス(地方検事)、エンリク・ベラサ(コラル)、ルイス・コントレラス(ベニート)、エド・パンサロ(アンガス大佐)、ジャック・スレイター(サンダース)、スパイダー・ステイシー(ダヴェンポート)、デル・サモーラ(ビヒル神父)、ビフ・イェーガー(ルドラー)、ウィリアム・ユーテイ(フライ)、ジョージ・ベランジャー(保安官補佐)、ザンダー・シュロス(ヒューイ)、ウィリアム・ロスライン(デューイ)、デイヴィッド・チャン(ルイ)、パウリーノ・ロドリゲス(カステロン)、ディック・ルード(ウォッシュバーン)、ルーディ・ワーリッツァー(ギャリスン)、ネストール・メンデス・ガルシア(ガルシア)、リック・バーカー(ブレッケンリッジ)、J・D・シルヴェスター(ヒューストン)、ロバート・ディックマン(会社の人間)、ジョー・セレステ(陪審長)、マーティン・エイレット、ラモン・アルバレス、レイモンド・ケトレス、トム・コリンズ(記者たち)、ルイス・マシューズ(神父)、デクスター・テイラー(リヴァプール)、ミシェル・ウィンスタンリー(メイド)
1987年/ニカラグア=アメリカ/35mm/カラー/ステレオ/ヴィスタ/95分
日本公開:1988年12月23日(ヘラルド・エース=日本ヘラルド映画配給)

■『ストレート・トゥ・ヘル』
STRAIGHT TO HELL
製作会社:イニシャル・ピクチャーズ、コミーズ・フロム・マーズ・プロ
製作総指揮:ケイリー・ブロコウ、スコット・ミラニー
製作:エリック・フェルナー
製作補:ポール・ラファエル
脚本:アレックス・コックス、ディック・ルード
撮影:トム・リッチモンド
音楽:ザ・ポーグス、プレイ・フォー・レイン
編集:デイヴィッド・マーティン
録音:イアン・ヴォイト
ダビング編集:ジャスティン・カーシュ
ダビング・ミキシング:アンディ・ネルスン
美術:アンドルー・マッキャルパイン
美術監督:キャロライン・ハナニア
衣裳:パム・テイト
メイク:モラグ・ロス
ヘア:ミリ・ベン=スクロモ
特殊効果:フアン・ラモン・モリーナ
製作管理:カール・ブラウン
第一助監督:ジョー・オチョア、ユーセフ・ボハリ
第二助監督:ナンシー・プラット、ビル・ラジャード
第三助監督:ポール・ウッド
出演:ディック・ルード(ウィリー)、サイ・リチャードスン(ノーウッド)、コートニー・ラヴ(ヴェルマ)、ジョー・ストラマー(シムズ)、グロリア・ミラレス・ルイス(女中)、フアン・ウリベ(警官)、ジョー・キャッシュ(車の中の死人)、ホセ・ポメディオ・モネデーロ(ゴメス)、サラ・シュガーマン(チャック)、ミゲル・サンドバル(ジョージ)、ジェニファー・バルゴビン(ファビアンヌ)、ビフ・イェーガー(フランク・マクマホン)、シェーン・マクガウアン(ブルー・マクマホン)、スパイダー・ステイシー(エンジェル・アイズ・マクマホン)、フランク・マレー(ビフ・マクマホン)、テリー・ウッズ(トム・マクマホン)、ジェームズ・フィアンリー(ジミー・マクマホン)、アンドルー・ランキン(ランス・マクマホン)、フィリップ・シェヴロン(エド・マクマホン)、エド・パンサロ(マック・マクマホン)、マーティン・ターナー(ステューピッド・マクマホン)、ポール・ヴァーナー(レポ・マクマホン)、ザンダー・バークリー(プリーチャー・マクマホン)、ケイト・オライオドン(スリム・マクマホン)、フアン・トーレス(チャーボ)、スー・キール(レティシア)、キャシー・バーク(サブリナ)、ミシェル・ウィンスタンリー(ルイーズ)、エルヴィス・コステロ(執事のハイヴス)、ザンダー・シュロス(カール)、フォックス・ハリス(キム・ブロウスン)、ジェム・ファイナー(グランパ・マクマホン)、アニー=マリー・ルドック(モリー)、シャロン・ベイリー(ポーター)、ターナム・グリーン(マギー)、エドワード・テューダー・ポール(ラスティ・ジンマーマン)、チャーリー・ブラウン(ブラックスミス・マクマホン)、ショーン・マディガン(海兵隊員1)、ポール・ウッド(海兵隊員2)、デル・ザモーラ(ポンチョ)、ルイス・コントレラス(サル)、チョーキー・デイヴィス(烙印された犠牲者)、グレアム・フレッチャー=クック(ホワイティ/ジーヴス)、デニス・ホッパー(ファーベン)、グレース・ジョーンズ(ソニア)、ジム・ジャームッシュ(デイドド氏)、犬のリンダ(ワイナー)
1987年/イギリス=スペイン/35mm/カラー/モノラル/ヴィスタ/82分
日本公開:1989年11月22日(東北新社提供、ケイブルホーグ配給)

■『PNDC エル・パトレイロ』
EL PATRULLERO
製作会社:トゥゲザー・ブラザーズ・プロ、ウルトラ・フィルムズ
製作総指揮:サミー・O・マサダ、根岸邦明
共同製作総指揮:立川直樹
製作:ロレンソ・オブライエン
共同製作:ジャン=ミシェル・ラコル
製作補:ポール・ラファエル
脚本:ロレンソ・オブライエン
撮影:ミゲル・ガルソン
音楽:ザンダー・シュロス
編集:カルロス・プエンテ
音響効果編集:トッド・トゥーン
美術:セシリア・モンティエル
衣裳:マヌエラ・ロエーザ
メイク:マリア・ユージニア・ルナ
第一助監督:ルネ・ビジャレアル
キャスティング:クラウディア・ベッカー
出演:ロベルト・ソサ(ペドロ・ロハス)、ブルーノ・ビシール(アニバル・ゲレイロ)、ヴァネッサ・ボーシュ(マリベル)、ザイデ・シルビア・グティエレス(グリセルダ・マルコス)、ペドロ・アルメンダリスJr.(バレラス巡査部長)、マレーナ・ドリア(アブエラ)、トウィ・イズラス(エミリオ)、エルネスト・ゴメス・クルス(ナバロ署長)、マイク・モロフ(サンチェス署長)、ホルヘ・ルセク(マテオス氏)、アナ・ベルタ・エスピン(サンチェス夫人)、エドゥアルド・ロペス・ロハス(ロハス氏)、マリクルス・ナヘイラ(ロハス夫人)、アジャリ・チャサロ(イサベル)、カルロス・アルバレス(ルイス)、カール・ブラウン、アレックス・コックス、ロン・ストライアー(白人たち)、ギレルモ・リオス(ペレス警部補)、アルトゥーロ・ファルファン(トラック運転手)、ダミアン・アルカサール、アレハンドロ・ブラチョ(容疑者たち)、ガブリエル・ピンガロン(警部補)、ホルヘ・フェガン(バス運転手)、ルネ・ペレイラ(機械工)、ヘラルド・セペダ“チキリン”(生意気な男)、マウリシオ・ルビ(酔った運転手)、セルジオ・カル

デロン（通行人）、モイセス・イバン（司令官の息子）、アロンソ・エチャノベ（ボラノス医師）、マグダ・ロドリゲス（美しい女）、レジノ・ヘレラ（老バーテンダー）、ヘラルド・モスコソ（司令官）、クラウディオ・ベッカー（コンスエロ修道院長）、ドロレス・エレージャ（無線配車係）、ビクトリノ・ポルカヨ（電話交換手）、アナ・リトナー（ＴＶリポーター）
1991年／メキシコ＝日本／カラー／ステレオ／スタンダード／104分
日本公開：1993年７月３日（Ｍ．Ｍエンターテインメント提供、ケイブルホーグ配給）
※ビデオ題名『サウス・ボーダー　ハイウェイパトロール』（パイオニアＬＤＣ）

■『ザ・ウィナー』
THE WINNER
製作会社：マーク・デイモン・プロ
製作協力：ヴィレッジ・ロードショー・プロ、クリップサル・フィルムズ、ケン・シュウェンカー・プロ
製作総指揮：マーク・デイモン、レベッカ・デモーネイ
共同製作総指揮：アンドルー・プフェファー
製作：ケネス・シュウェンカー
共同製作：ジェレマイア・サミュエルズ、ウェンディ・リス
ライン・プロデューサー：ダラ・Ｌ・ワイントローブ、ダリル・シルヴァー
脚色：ウェンディ・リス
原作：ウェンディ・リス（戯曲“A DARKER PURPOSE”）
撮影：デニス・マローニー
追加撮影：ナンシー・シュライバー
音楽：ダニエル・リクト［ディレクターズ・カット版ではプレイ・フォー・レイン］、ザンダー・シュロス
編集：カルロス・プエンテ
美術：セシリア・モンティエル
衣裳：ナンシー・スタイナー
メイク：デスネ・ホランド
ヘア・デザイン：ラナ・チャーコ
ミキシング：マーク・ウラノ
特殊効果：チャールズ・ベラーディネッリ、トミー・ベリッシモ、シャノン・トンプスン、クリスティー・サムナー
マット・アーティスト：ロッコ・ジョフレ
第一助監督：リサ・キャンベル
第二助監督：ティア・アードラン
キャスティング：ジーン・マッカーシー
出演：レベッカ・デモーネイ（ルイーズ）、ヴィンセント・ドノフリオ（フィリップ）、リチャード・エドスン（フランキー）、サベリオ・グエッラ（ポーリー）、デルロイ・リンド（キングマン）、マイケル・マドセン（ウルフ）、ビリー・ボブ・ソーントン（ジャック）、フランク・ホェイリー（ジョーイ）、ルイス・コントレラス（女連れの男）、エド・パンサロ（腕を怪我した男）、サイ・リチャードスン（バーテンダー）、クレイグ・ヴィンセント（男）、ビフ・イェーガー（フィリップの父親）、デル・ザモーラ（ムショ仲間）、ロジャー・ジェニングズ（クルピエ）、アレックス・コックス（ガストン）
1996年／アメリカ／カラー／ドルビー・ステレオ／ヴィスタ／アメリカ公開版92分、ディレクターズ・カット（日本公開版）95分
日本公開：1998年６月13日（ギャガ・コミュニケーションズ＝ケイブルホーグ配給）

■『デス＆コンパス』
DEATH & THE COMPASS
製作会社：エスティディオ・チュルブスコ・アステカ、ＫＨＢ、ＰＳＣ
製作協力：ケイブルホーグ、トゥゲザー・ブラザーズ・ピクチャー
製作総指揮：石熊克己
共同製作総指揮：ディエゴ・ロペス・リベラ、ミゲル・カマチョ・フィゲロア
製作：ロレンソ・オブライエン、カール・Ｈ・ブラウン
製作補：根岸邦明
製作補、製作管理：アレハンドラ・リセアガ
脚色：アレックス・コックス
原作：ホルヘ・ルイス・ボルヘス
撮影：ミゲル・ガルソン
インサート場面撮影：ティム・ロス
迷宮場面撮影：トム・リッチモンド
音楽：プレイ・フォー・レイン
録音：ロベルト・ムニョス・Ｍ、メモ・カブラスコ
編集：カルロス・プエンテ
美術：セシリア・モンティエル
衣裳：マヌエラ・ロアエサ、アンジェラ・ドブスン
メイク、ヘア・デザイン：ガブリエル・ソラナ
特殊効果監修、マット・アーティスト：ロッコ・ジョフレ
メイン・タイトル・デザイン：アレックス・コックス
第一助監督：ミゲル・リマ、ルネ・ビジャレアル
キャスティング：クラウディア・ベッカー
出演：ピーター・ボイル（ロンロート）、ミゲル・サンドバル（トレヴィラヌス）、クリストファー・エクルストン（スカーラック／ズンズ／グライフィアス）、ザイデ・シルビア・グティエレス（ミズ・エスピノザ／道化）、ペドロ・アルメンダリスJr.（ブロット）、アロンソ・エチャノベ（ノバリス）、エドゥアルド・ロペス・ロハス（ブラック・フィネガン）、アレックス・コックス（ボルヘス警視長）、カール・ブラウン（巡査部長／グリーン・スカーラック）、ガブリエラ・グロラ（売春婦／道化）、アリアン・ペリサー（ナターシャ）、マリオ・イバン・マルティネス（ホテル経営者）、ルネ・ペレイラ（アセベード）、ロベルト・ソサ（麻薬中毒者１）、ブルーノ・ビシール（麻薬中毒者２）、マリア・フェルナンダ・ガルシア（魅力的な女）、エイベル・ウールリッチ（バーテンダー）、マーティン・ラサル（ヤーモリンスキー博士）、ルイス・デ・イカーサ（偽善者）、クラウディオ・ブルック（ＴＶアナウンサー）、レティシア・アルバラド（道化）、セシリア・モンティエル、マヌエラ・ロアエサ、レジーナ・レイエス、サンドリーヌ・ラコル、カッサンドラ（売春婦たち）、マルコ・ロサド、ヘスス・フェルナンデス、カルロス・ミレット（弁護士たち）、ヘラルド・モスコソ（銀商人）
1996年／メキシコ＝日本＝アメリカ／カラー＋モノクロ／モノラル／87分
日本公開：1997年９月27日（ケイブルホーグ＝ＰＳＣ配給）
※1992年に作られ、イギリスのＢＢＣとスペインのＴＶ局で放映された50分の同名ＴＶドラマを、後に追加撮影を行なって長編映画に引き延ばしたもの

■「スリー・ビジネスメン」
THREE BUSINESSMEN
製作会社：エクターミネイティング・エンジェル・プロ
製作総指揮：ヴィム・カイザー
製作：トッド・デイヴィス
製作補：石熊克己
脚本：トッド・デイヴィス
撮影：ロバート・トレゲンザ
追加撮影：アダム・ヴァーディ
音楽：プレイ・フォー・レイン

編集：ボブ・ロバートスン
美術：マーティン・ターナー
音響デザイン：リチャード・ベッグズ
録音：クリスティン・ヴァン・ローン
出演：ミゲル・サンドバル（ベニー）、ロバート・ウィズダム（リロイ）、アレックス・コックス（フランク・キング）、アンドルー・スコフィールド（フロント係）、イサベル・アンプージャ（ジョセフィーナ）、クリスティン・コルヴィン（リヴァプールの女性バーテンダー）、エイドリアン・ヘンリ（詩人）、エイドリアン・カイ（ホテルの支配人）、ジョン・マクマーティン（リヴァプールのビジネスマン）、永瀬正敏（盲目の男）、田口トモロヲ（中華料理屋の男）、滝沢涼子（中華料理屋の女）
1998年／オランダ＝アメリカ＝日本／35mm／カラー／ステレオ／スタンダード／77分
日本未公開：ＤＶＤ発売あり（IVC）

■「クロサワ：ラスト・エンペラー」
KUROSAWA：THE LAST EMPEROR
製作会社：エクターミネイティング・エンジェル・プロ、チャンネル４ＴＶ
製作：トッド・デイヴィス
製作管理：石熊克己、クリスティン・コルヴィン
撮影：今関あきよし、ダニー・ディミトロフ、レイ・ファウリス、ビフ・ブラクト、メガン・ドーンマン
音楽：プレイ・フォー・レイン
編集：レイ・ファウリス
録音：ハマグチブンコ、マイケル・ベラチッコ、ペドロ・メヒア、ジョン・モーガン
オンライン編集：デイヴィッド・ハッチマン
ミキシング：クリス・ロウグリーン
インタヴュアー（サンフランシスコ）：ポール・ジョイス
通訳：鈴木玲子
製作秘書：大林千茱萸
製作ヘッド・アシスタント：クリスティ・バリンジャー
製作アシスタント：モチヅキミサ、ケリー・アン・フォッグ、チャーリー・ワイルド
会計：テリ・ルーウィン・トマス
ロケーション・マネージャー：キム・ライアン、ジェレミー・トマス
出演：黒澤和子、小泉堯史、斎藤孝雄、谷口千吉、土屋嘉男、寺尾聰、仲代達矢、野上照代、原正人、松江陽一、ベルナルド・ベルトルッチ、フランシス・フォード・コッポラ、マイク・ホッジス、アンドレイ・コンチャロフスキー、ドナルド・リッチー、アルトゥーロ・リプスタイン、ポール・ヴァーホーヴェン、ジョン・ウー
1999年／イギリス／カラー／ステレオ／50分
日本未公開
※黒澤明監督についてのドキュメンタリー

■「バック・トゥ・ヘル」
BACK TO HELL
製作会社：エクターミネイティング・エンジェル・プロ
製作：トッド・デイヴィス
撮影：トッド・ダーリング、トム・リッチモンド、アレックス・コックス
音楽：プレイ・フォー・レイン、ザンダー・シュロス
編集：レイ・ファウリス
出演：ジェニファー・バルゴビン、ザンダー・バークリー、ルイス・コントレラス、アレックス・コックス、デニス・ホッパー、スー・キール、ショーン・マディガン、エド・パンサロ、ディック・ルード、ミゲル・サンドバル、オリヴィア・サンドバル（コートニー）、サイ・リチャードスン、トム・リッチモンド、ザンダー・シュロス、ジョー・ストラマー、ダン・ウール、ビフ・イェーガー、デル・ザモーラ
2000年／アメリカ／ヴィデオ／26分
日本未公開：『ストレート・トゥ・ヘル』ＤＶＤの映像特典として収録
※『ストレート・トゥ・ヘル』(1987)のスタッフ・キャストたちが、12年前のスペインでの撮影を振り返ってその舞台裏を物語るドキュメンタリー。

■「ハード・ルック」
A HARD LOOK
製作会社：エクタミーネイティング・エンジェル・プロ
製作：トッド・デイヴィス
製作管理：クリスティン・コルヴィン
撮影：エイブラハム・ヘイル・ビルー、エマ・ジェンセン、マーク・モールズワース、トム・リッチモンド、マーク・リヴァーズ、ゲイリー・ヤング
音楽：プレイ・フォー・レイン
美術：アニタ・グプタ
編集：レイ・ファウリス
録音：トム・デ・グルート、ジョン・ハイランド、ロバート・ポス
出演：アレックス・コックス、シルヴィア・クリステル、ローラ・ゲムサー、ジュスト・ジャカン、ジェイムズ・ファーマン、デニス・ホッパー
2000年／イギリス／カラー／60分
日本未公開
※映画『エマニエル夫人』シリーズをめぐるＴＶドキュメンタリー

■「復讐者の悲劇」
REVENGERS TRAGEDY
製作会社：バード・エンターテインメンツ・プロ、エクターミネイティング・エンジェル・プロ
製作総指揮：ポール・トルービッツ、キャロリン・ベネット
製作：マーガレット・マシスン、トッド・デイヴィス
製作管理：ジュリア・ヴァレンタイン
脚色：フランク・コトレル・ボイス
原作：トマス・ミドルトン
撮影：レン・ガウイング
編集：レイ・ファウリス
音楽：チュンバワンバ
美術：セシリア・モンティエル、レミ・ヴォーン＝リチャーズ
衣裳：モニカ・アスラニアン
メイク：レスリー・ブレナン
第一助監督：キム・ライアン
キャスティング：ゲイリー・デイヴィー
出演：クリストファー・エクルストン（ヴィンディチ）、エディ・イザード（ルスリオーソ）、デレク・ジャコビ（デューク）、アンドルー・スコフィールド（カーロ）、カーラ・ヘンリー（カスティーザ）、マージ・クラーク（ハナ）、アンソニー・ブース（アントニオ卿）、ソフィー・ダール（イモジェン）、ダイアナ・クイック（デューク夫人）、ジャスティン・サリンジャー（アンビティオーソ）、マーク・ウォーレン（スーパーヴァキュオ）、ポール・レイノルズ（ジュニア）、フレイザー・エアズ（スピューリオ）、ショーン・メイスン（ヒッポリト）、ジョー・コトレル・ボイス（若い暴漢）、アレックス・コックス（デュークの運転手）
2002年／イギリス／35mm／カラー／ヴィスタ／110分
2003年日本公開予定（配給ケイブルホーグ）

■『私立探偵 濱マイク』
第11回「女と男、男と女。」
製作会社：よみうりテレビ、ＰＵＧ ＰＯＩＮＴ ＪＡＰＡＮ、私立探偵 濱マイク プロジェクト
製作協力：サンダーボルト、ロケットパンチ
製作：藤門浩之、益田康久、畠中基博
ＥＰ：堀口良則
プロデューサー：仙頭武則、古賀俊輔、岡野彰、ステフィン・シブル
協力プロデューサー：金森保
プロデューサー補：杉本三千世、安直美
製作統括：中村哲也
制作管理：畠中節代
原作：林海象
脚本：アレックス・コックス
撮影監督：トム・リッチモンド
撮影：福本淳
音楽：プレイ・フォー・レイン
主題歌：「くちばしにチェリー」ＥＧＯ－ＷＲＡＰＰＩＮ’
編集：矢船陽介
照明：和田雄二
録音：細井正次
コンセプチュアル・デザイン：種田陽平
美術：井上心平
装飾：竹内正典、赤塚佳仁、櫻井啓介
スタイリスト：大塚勇造
ヘア：勇見勝彦
メイク：ＡＫＥＭＩ
特殊メイク：松山和夫、飯田文江
刺青：霞涼二
小道具：井本綾子
持道具：矢野浩加
カラーリスト：松本康弘
整音：松本能紀
音響効果：今野康之
仕上げ進行：刈屋真
助監督：杉山真一
出演：［レギュラー］永瀬正敏（濱マイク）、中島美嘉（濱茜）、市川美和子（みるく）、村上淳（丈治）、松岡俊介（忠司）、阿部サダヲ（誠）、井川遙（比留間ひる）、小泉今日子（サキ）、酒井若菜（ミント）、川村亜紀（ノリコ）、中村達也（ノブ）、山本政志（山本）、松田美由紀（さよこママ）、
［ゲスト］田口トモロヲ、塚本晋也、金山一彦、片桐はいり、田中要次、眞島秀和、三原康可、鬼丸、村上連、玉一敦也、中薗光博、赤池高行、上野山浩、蘭一、宇和川士朗、碇由貴子、東京スカパラダイスオーケストラ、根岸邦明、石橋蓮司、杉本哲太
2002年／日本／46分
2002年9月9日日本テレビにて放映

◆自作以外の出演およびスタッフ参加作品

■「ドニーブルック氏の退屈に関する奇妙な事件」
THE STRANGE CASE OF MR.DONNYBROOK'S BOREDOM (1981)
監督：デイヴィッド・シルヴァーマン
声の出演：ＡＣ
日本未公開
※近年、『モンスターズ・インク』(2001)の共同監督も務めたＤ・シルヴァーマン監督による短編アニメ

■「傷跡をつけられて」
SCARRED [aka RED ON RED or STREET LOVE] (1984)
監督・脚本：ローズマリー・ターコ
助監督：ＡＣ
出演：ジェニファー・メイヨ、ジャッキー・ベリマン、リコ・Ｌ・リチャードスン、ＡＣ（ポルノの絶倫男）
日本未公開

■「イングランド・グローリー～メイキング・オブ・シド&ナンシー～」
ENGLAND'S GLORY (1987)
製作・監督：マーティン・ターナー
製作：ＡＣ
出演：『シド アンド ナンシー』のスタッフ・キャスト
日本未公開：ビデオ発売あり（バップ）
※『シド アンド ナンシー』のメイキングの様子を綴ったドキュメンタリー

■『ハートに火をつけて』
CATCHFIRE (1989)
監督：アラン・スミシー
脚本：レイチェル・クロンシュタット＝マン、アン＝ルイーズ・バルダッチ、スティーヴン・Ｌ・コトラー、ラニー・コトラー、トッド・デイヴィス、ＡＣ（後の４人はノー・クレジット）
出演：デニス・ホッパー、ジョディ・フォスター、ディーン・ストックウェル、ＡＣ（Ｄ・Ｈ・ローレンス／ノー・クレジット）
※ 本来の監督であるデニス・ホッパーが製作者側とモメて、自分の名前を監督のクレジットに載せることを拒否したため、アラン・スミシー名義の作品に。1991年、ホッパー自身が再編集を手がけて新たなヴァージョンを作り直し、タイトルも“BACKTRACK”と改題［日本公開題は『BACKTRACK／バックトラック』］。監督ホッパー、およびコックスの出演も正式にクレジットされた（コックスの共同脚本の方のクレジットは依然なし）。
日本公開：1991年５月3日（アスキー配給）

■「なまけ者」
DEAD BEAT [aka PHONEY PROFESSOR] (1994)
監督・共同脚本：アダム・デュボフ
出演：ブルース・ラムゼイ、バルタザール・ゲティ、デビー・ハリー、ＡＣ（英語教師役）
日本未公開

■「夜の女王」
LA REINA DE LA NOCHE (1994)
監督：アルトゥーロ・リプステイン
出演：パトリシア・レジェス、アルベルト・エストレーリャ、ロベルト・ソサ、ＡＣ（クラウス・エダー役）
日本公開：特殊上映のみ（※1997年６月、青山、草月ホールでのメキシコ映画祭にて上映）

■「ジタバタともがいて」
FLOUNDERING (1994)
監督・脚本：ピーター・マッカーシー
出演：ジェームズ・ルグロス、ザンダー・シュロス、ジョン・キューザック、ＡＣ（写真家役）
日本未公開
※『レポマン』『シド アンド ナンシー』のプロデューサーを務めたＰ・マッカーシーによる監督第２作

■『ペルディータ』
PERDITA DURANGO (1997)
監督・脚本：アレックス・デ・ラ・イグレシア
原作：バリー・ギフォード

出演：ロージー・ペレス、ハビエル・バルデム、ジェームズ・ギャンドルフィーニ、ＡＣ（ドイル役）
日本公開：1999年12月11日（日本ヘラルド映画配給）

■『ラスベガスをやっつけろ』
FEAR AND LOATHING IN LAS VEGAS (1998)
監督：テリー・ギリアム
脚本：テリー・ギリアム、トニー・グリソーニ、トッド・デイヴィス、ＡＣ
原作：ハンター・Ｈ・トンプスン
出演：ジョニー・デップ、ベニチオ・デル・トロ、トビー・マグワイア、クリスティーナ・リッチ
日本公開：1999年12月18日（東北新社配給）

■「ヘロデ王の掟」
LA LEY DE HERODES (1999)
監督・共同脚本：ルイス・エストラーダ
出演：ダミアン・アルカサール、ペドロ・アルメンダリスJr.、デリア・カサノバ、ＡＣ（グリンゴ役）
日本未公開

■「ジョン・レノン・ストーリー：彼の生涯」
IN HIS LIFE : THE JOHN LENNON STORY (2000)
監督：デイヴィッド・カースン
出演：フィリップ・マクイラン、ブレア・ブラウン、クリスティン・キャヴァノー、ＡＣ（本人）
日本未公開
※ジョン・レノンを主人公にしたＴＶドラマ

■「スタンリー・キューブリック」
STANLEY KUBRICK : A LIFE IN PICTURES(2001)
監督・ヤン・ハーラン
ナレーター：トム・クルーズ
出演：アーサー・Ｃ・クラーク、ジェームズ・Ｂ・ハリス、スティーヴン・スピルバーグ、ＡＣ（本人）
2002年9月22日NHK-BSにてTV放映
※キューブリックの義弟で、『バリー・リンドン』(1975)以降の彼の全作の製作総指揮を務めたＪ・ハーランが、キューブリックの映画と人生について綴ったドキュメンタリー

執筆者・翻訳者一覧

（第一部）

スティーヴン・ポール・デイヴィーズ
ロンドンのゴールドスミス・カレッジ卒業後、史上最年少のニュース・キャスターとして2年間ヴァージン・ラジオで活躍した。ジャーナリストとしての処女作になる本書のあと、現在はフィルム編集者のアンドリュー・プルヴァーと共著で『Brad Pack: Confidential』を執筆中。コックスの新作『Revengers Tragedy』ではパブリシティ・コーディネーターを務めている。

鈴木玲子（すずき・れいこ）
静岡県御殿場市出身。青山学院大学卒業。英会話教師や出版編集アシスタントなどを経て映画配給会社に入社。1992年から来日アーティストの通訳や雑誌・書籍の翻訳家として活躍中。おもな訳書は「イル・ポスティーノ」（徳間文庫）、「タイタニック：ジェームズ・キャメロンの世界」（ソニーマガジンズ）、「ビリー・ホリデイ：音楽と生涯」（日本テレビ出版）ほか多数。

（第二部）

岡田秀則（おかだ・ひでのり）
1968年愛知県生まれ。東京国立近代美術館フィルムセンターの研究員として、映画の保存や復元、上映企画の運営などに携わる。近年は日本のノンフィクション映画史に強い関心を持つ。
http://users.ejnet.ne.jp/~manuke/

七里圭（しちり・けい）
1967年東京都生まれ。監督。長篇映画『のんきな姉さん』が2003年公開。短篇映画『夢で逢えたら』もあります。

桑野 仁（くわの・ひとし）
1965年生まれ。文筆業。ｅ／ｍブックス・シリーズのほか、雑誌の新作映画評、ＷＯＷＯＷで放映される映画作品のデータ作成、ＤＶＤの解説原稿等の仕事を担当。

e/m BOOKS Vol.11

Alex Cox　アレックス・コックス

著者：スティーヴン・ポール・デイヴィーズ（第一部のみ）
訳者：鈴木玲子（第一部のみ）

編集：遠山純生

アート・ディレクション：岡本明彦（レスポンス）
デザイン：レスポンス

写真：スティーヴン・ポール・デイヴィーズ、ケイブルホーグ、川喜多記念映画文化財団

Alex Cox　Film Anarchist

Text©Steven Paul Davies 2000
Diary Extract, "Roads to the South" article and Moviedrome section ©Alex Cox 2000
Foreward ©Dennis Hopper 2000

2002年10月30日　第1刷発行
発行者：松崎壮一郎
発行所：株式会社エスクァイア マガジン ジャパン
〒102-0093　東京都千代田区平河町2-1-2
住友半蔵門ビル別館3F
TEL.03-3511-1790
印刷：図書印刷株式会社

＊価格はカバーに表示してあります。
乱丁・落丁本は、お手数ですが、
小社エスクァイア マガジン ジャパン宛にお送りください。
送料小社負担にてお取り替えいたします。
© 2002, Printed in Japan

ISBN4-87295-084-4 C0074 ￥2000E